Hegel beim Billard

Die besten Anekdoten über große Denker

Gesammelt und herausgegeben von
Peter Kauder

Verlag C. H. Beck

Die Deutsche Bibliothek – CIP-Einheitsaufnahme

Kauder, Peter:
Hegel beim Billard : die besten Anekdoten über große
Denker / ges. und hrsg. von Peter Kauder. Orig.-Ausg. –
München : Beck, 2000
  (Beck'sche Reihe ; 1386)
  ISBN 3 406 45926 9

Originalausgabe
ISBN 3 406 45926 9

Umschlagentwurf: + malsy, Bremen
Umschlagabbildung: © Editions F. Nugeron, Frankreich
© Verlag C. H. Beck oHG, München 2000
Gesamtherstellung: C. H. Beck'sche Buchdruckerei, Nördlingen
Printed in Germany

www.beck.de

Inhalt

Vorwort

> „Lieber Gott, schenke mir die Gnade der Gabe,
> mich an einem Scherz zu freun, gib mir genug
> Sinn für Humor, daß ich sehe, wie klein und
> nichtig die Dinge sind, über die wir uns sorgen.
> [...] Humor ist nicht erlernbar. Neben Geist und
> Witz setzt er vor allem ein großes Maß von Her-
> zensgüte voraus, von Geduld, Nachsicht und
> Menschenliebe."
>
> (Curt Goetz)[1]

Darf ein Philosoph lachen? Ist es ungehörig, Philosophen unter-
haltsam zu präsentieren? Oder ist die Philosophie eine so ernste
und tiefsinnige Angelegenheit, daß sie Humor nicht nur nicht
verträgt, sondern überhaupt nicht zuläßt? Ist es mit der Philosophie so, wie ein englischer Fußball-Manager dieses Spiel einem
Journalisten gegenüber charakterisiert haben soll: „Allgemein
wird behauptet, Fußball sei ein Spiel, bei dem es um Leben und
Tod geht – aber glauben Sie mir, es ist viel ernster." Für jede
der beiden Auffassungen gibt es vermutlich plausible Begrün-
dungen, wobei mich die der anderen Seite nicht interessieren. Als
Argument kann ich auf mehr als fünfhundert Geschichten hin-
weisen, die ich im Laufe der Jahre gefunden habe, und er-
freulicherweise irrte sich der Hegelschüler Karl Rosenkranz, als
er 1844 in seiner Hegel-Biographie feststellte: „In einer kleinen
Universitätsstadt erhalten an sich unbedeutende Vorfälle und
Äußerungen eine größere Wichtigkeit und bleiben länger im Gedächtnis, während in den heutigen größeren Universitätsstädten
fast gar keine Anekdoten mehr von den Professoren möglich
sind."

I.

Ernst ist die Philosophie nur für die, die sie todernst nehmen.
Aber das muß man ja nicht unbedingt tun, und zum Glück haben das auch nicht alle Philosophen getan. Wilhelm Weischedel
zum Beispiel, der Verfasser der vielfach verkauften „Philosophischen Hintertreppe", hat auch noch eine gereimte Philosophie-

geschichte gedichtet, wie es auch der Düsseldorfer Philosoph Lutz Geldsetzer tat. Hans Lenk legte 1987 eine gleichermaßen scharfsinnige wie unterhaltsame, mit Parodien, Anekdoten, Sentenzen u. a. gespickte „Einführung in die jokologische Philosophie" vor, deren Haupttitel „Kritik der kleinen Vernunft" eine leichte, aber treffende Anspielung auf einen der bedeutendsten Texte der philosophischen Literatur ist. Daß Philosophen Spaß verstehen, liegt auf der Hand, aber wer weiß schon, daß es Philosophen gibt, die in ihre Bücher Witze eingeflochten haben?

Wenn man die zahlreichen eher sachlich gehaltenen Autobiographien und die mehr im Plauderton daherkommenden Memoiren von Philosophen liest, dann fällt auf, mit wieviel humoriger Distanz mancher auf den eigenen Berufsstand geblickt hat. Rothackers „Heitere Memoiren" sind ein Beispiel, ein anderes die „Erinnerungen" Max Dessoirs. Russells dreibändiges Erinnerungswerk macht zeitweilen vergessen, daß hier ein Philosoph schreibt, Glockner weiß in seinem „Heidelberger Bilderbuch" manches Komische zu berichten, auch Gadamer und selbst der so trockene Karl Jaspers haben da und dort eine komische Begebenheit erzählt. Wer Odo Marquards „transzendentalbelletristischen Stil" nicht kennt, dem seien seine lehrreichen wie sprachlich höchst anspruchsvoll gefertigten Aufsätze ans Herz gelegt, und schließlich darf der Spötter Paul Feyerabend nicht fehlen, der nicht nur eine selbst für humorvolle Philosophen nahezu despektierliche Autobiographie geschrieben, sondern auch noch mit seinem Kollegen Hans Albert einen über weite Strecken höchst vergnüglichen Briefwechsel unterhalten hat.

Doch die, die aus erster Hand mit zwinkerndem Auge über Philosophie und ihr Geschäft Berührendes schreiben, sind nicht die einzigen, die Stoff zum Schmunzeln liefern. Was wären sie ohne die Philosophen, über die, gerade weil sie echte Typen waren, Anekdoten zuhauf existieren? Wir dürfen den vielen Biographen dankbar sein, die uns Kant, Hegel, Schopenhauer, Kuno Fischer, Wilhelm Windelband, Heinrich Rickert, Max Scheler, Ernst Cassirer, Ernst Bloch u.v.a., von den Denkern der griechischen Antike ganz zu schweigen, auch menschlich nahegebracht haben, weil sie uns deren Schwächen mit Humor und Nachsicht übermittelt haben.

II.

Die vorliegende Sammlung präsentiert mit Apophtegmata, Bonmots, Grotesken, Scherzen, Schwänken, Sentenzen und Witzen,
vor allem aber mit Anekdoten die breite Palette epischer Kurz-
formen. Insgesamt wird also im weitesten Sinn Anekdotisches ge-
boten. Ohne nun zu gelehrt werden zu wollen, ist zur Kenn-
zeichnung der Anekdote nur dies zu sagen:

Genaugenommen ist ein Buch mit Anekdoten ein Unding, denn
ursprünglich enthält die Anekdote – griechisch: an-ekdoton, d. h.
„nicht herausgegeben" – etwas Diskretes, das deshalb nur münd-
lich überliefert werden und gerade damit der schriftlichen Fixie-
rung entzogen sein soll. Die vermutlich erste Sammlung, die das
Wort „Anekdote" im Titel trägt, ist die des Prokopios im 6. Jahrhundert n. Chr., die sogenannte Geheimgeschichten des Kaisers
Justinian enthält. Der Ursprung der Anekdote jedoch ist viel älter.
Der Sache nach sind bereits im 7. Jahrhundert v. Chr. in die Werke
griechischer Philosophen und Geschichtsschreiber Anekdoten eingeflochten, außerhalb Europas sollen erste Anekdoten im 4. Jahrhundert v. Chr. im Orient und im Fernen Osten verfaßt worden
sein. Also dürfte die Anekdote nahezu so alt sein wie das Bedürfnis
des Menschen nach Unterhaltung und Klatsch. Gerade das Gehei-
me, das Privatleben einer öffentlichen Person interessiert ihn, und
wohl war von jeher die Versuchung zu groß, Anekdoten aufzu-
zeichnen und sie schriftlich kursieren zu lassen. So ist die Anekdote
sozusagen das literarisch gewordene „offene Geheimnis".

Die Anekdote ist normalerweise die Erzählung einer kleinen,
aber bezeichnenden Episode aus dem Leben eines berühmten
Menschen und der Zeit, in der er gelebt hat. Oft ist sie heiter,
gleichzeitig prägnant und nicht zu ausschweifend. In jedem Fall
muß sie geschickt aufgebaut sein, damit die plötzliche Pointe um
so mehr überrascht. Eines aber braucht die Anekdote nicht zu
sein, nämlich wahr. Das kann sie in vielen Fällen auch gar nicht
sein, wenn sie durch mehrfaches Weitererzählen stetiger Verände-
rung ausgesetzt ist. Daß dabei manche ursprüngliche Inhalte
fortfallen und andere, je nach Geschmack und Sympathien der
Weitergebenden, hinzukommen, liegt nahe. Gleichwohl: Die
überwiegende Mehrzahl der hier versammelten Anekdoten hat
vermutlich mindestens einen wahren Kern. Andere Anekdoten

sind kunstvoll ersonnen, um einer bestimmten Person entweder zu schaden oder ihr zu huldigen, und wiederum gibt es manche Wanderanekdote, die über die Jahrhunderte mal dieser, mal einer anderen interessanten Persönlichkeit angedichtet worden ist. Ärgerlich ist es, wenn man sofort erkennt, daß eine Anekdote bewußt jemanden hochstilisiert oder aus mangelnder Kenntnis einer Person dieser eine Wesensart zuschreibt, die sie nach allem, was man von ihr weiß, wohl nicht gehabt hat. Eine Anekdote, in der Kant zynische oder polemische Spitzen verteilt, ist ebenso wie eine, in der Schopenhauer charmant Komplimente verteilt, nicht glaubwürdig, weil unwahrscheinlich. Und gerade darauf kommt es an: Mag eine Anekdote gar nicht oder nicht ganz der Wahrheit entsprechen (die wir ohnehin in den meisten Fällen nicht rekonstruieren können), so muß sie, um gelungen zu sein, wahrscheinlich sein. Man muß also zu dem Eindruck kommen, eine Begebenheit könnte sich tatsächlich so abgespielt haben, d.h., die Anekdote muß realistisch möglich sein. Eine erfundene Anekdote sollte in diesem Sinn also gut erfunden sein.

III.

Die anekdotischen Geschichten handeln von Philosophen bzw. von Leuten, die im weitesten Sinn als solche verstanden werden können. Deshalb bitte ich um Nachsicht, wenn einige Leser Voltaire, Einstein, Max Weber oder Luhmann bislang nicht als Philosophen gekannt haben. Vermutlich läßt sich keine alle zufriedenstellende „Definition" darüber erstellen, was ein „Philosoph" ist. Wenn schon innerhalb der akademischen Fach-Philosophen umstritten ist, wer als „Philosoph" gilt, und wenn man zusätzlich bedenkt, daß es eine Reihe von Berufsphilosophen gab und gibt, die nicht (oder nur kurz) an der Universität lehrten und von den anderen „scheel" angesehen werden, so ist es müßig, eine auch nur halbwegs genaue „Definition" geben zu wollen. Angesichts des „Streits der Philosophen" (s. Kapitel III) kann man – läßt man die humorigen und liberalen Zunftvertreter beiseite – drei Philosophen fragen, was einen solchen ausmacht und wer als solcher gilt, um dann sechs unterschiedliche Antworten zu bekommen.

Damit bin ich bei der Frage der Auswahl der Anekdoten: Ich habe versucht, solche Personen heranzuziehen, die normalerweise von Philosophiegeschichten oder entsprechenden Lexika als Philosophen geführt werden, gleich ob als Privat- (wie Schopenhauer) oder Universitäts-Fachphilosoph (wie Hegel). Selbst einige, die wie Einstein noch in einem sehr weiten Sinn als Philosophen gelten, sind aufgenommen. Allerdings: Um ein bündiges Entscheidungskriterium, warum z.B. andere Gelehrte wie Gauss fehlen, habe ich mich nicht bemüht, aber darum: Die ausgewählten Geschichten müssen – erstens – mir gefallen und mich zum Lachen oder Schmunzeln gebracht haben; ihre Pointe sollte – zweitens – ohne besondere Vorkenntnisse für einen breiten Leserkreis, der an Philosophie interessiert ist, verstehbar sein; hingegen sind – drittens – menschenverachtende Anekdoten und solche, die einen Menschen politisch ins Zwielicht setzen (weil er sich selbst hineingesetzt hat oder andere Interesse haben, ihn dahin zu setzen), nicht aufgenommen.

Die Sammlung beschränkt sich weitgehend auf europäische Philosophen; das schließt nicht aus, daß auch in anderen Kontinenten Anekdotisches von Philosophen erzählt wird, aber davon habe ich leider keine Kenntnis (bin aber für Mitteilungen dankbar).

IV.

Die Sammlung umfaßt zehn thematisch geordnete Kapitel. Die ersten fünf deuten das Spektrum menschlicher Möglichkeiten und Umgangsformen von Philosophen untereinander an, und das dritte Kapitel bietet einige besonders drastische Aussprüche oder Begebenheiten, die zeigen, wie hier die Philosophieverständnisse aufeinanderprallen und was der Zuschreibung „Philosoph" für einen Kollegen im Wege stehen kann. Wie Philosophen sich als Kinder oder mit Kindern, Frauen und Herrschern anstellen, zeigen die Kapitel sechs bis acht.

Die beiden letzten Kapitel gehen ins anekdotisch-philosophische Grenzgebiet: Im vorletzten Kapitel wird der Leser – vermutlich zu seinem Erstaunen – erfahren, daß gerade der als staubtrocken und humorlos geltende Kant nur einer von mehreren Philosophen war, der über Humor verfügte und Witze erzählt hat; neben solchen sind viele weitere Witze und Scherze verzeichnet, die teils mit philosophischen Gedanken Schabernack treiben, teils von Philosophen anderen Philosophen auf Kongressen erzählt werden und den eigenen Berufsstand aufs Korn nehmen. Das Schlußkapitel wartet mit Kuriosa auf, die belegen, daß es so etwas wie philosophischen Erfindungsgeist gibt, der manchmal unfreiwillig, manchmal absichtlich komische Züge trägt. Davon geben einige Gedichte, regelrechte Denk-Rätsel, schlecht (weil Unwahrscheinliches überliefernde) erfundene Anekdoten und brillante Anekdotenparodien Zeugnis. Der Gipfel philosophischen Erfindungsgeistes schließlich ist mit einigen Kabinettstückchen erreicht, in denen Philosophen eigene und noch zu Lebzeiten selbst veröffentlichte Nachrufe schreiben, Aprilscherze in die Welt setzen oder es sich gefallen lassen müssen, selbst in den April geschickt zu werden.

V.

Sind Anekdoten um Philosophen und Philosophisches auch schon selbst philosophisch? Das ist eine spannende Frage. Ihre Antwort hängt davon ab, was man als „philosophisch" zu bezeichnen geneigt ist. Wenn die eine oder andere Anekdote den Blick öffnet für den Reichtum menschlicher Möglichkeiten (von edelmütigen Handlungen über Schusselig- und Eitelkeiten bis hin zu ehrabschneidenden Verdikten) und auf Phänomene aufmerksam macht, die – wie das Sein, das Denken, das Wahre, das Wertvolle, das Leben, der Tod, die Freundschaft, die Feindschaft usw. – seit jeher Gegenstand des Philosophierens gewesen sind, dann sind viele der hier zusammengetragenen Geschichten durchaus „philosophisch".

Vielleicht wird es mir in absehbarer Zeit möglich sein, einen solchen elementarphilosophischen Zugang näher auszuführen: Im Kern kommt es mir darauf an, anhand anekdotischer Lebensgeschichten das in jedem Menschen schlummernde Vermögen zu philosophischen Gedanken so zu wecken, daß er davon in seinem Alltag Gebrauch machen kann. Daß dies kein genuin wissenschaftlich-akademischer Zugang ist, muß dabei nicht von Nachteil sein: Bei all ihren Verdiensten steht die wissenschaftliche Philosophie einem ursprünglichen Philosophieren manchmal im Weg. Ja, die Sache des Denkens ist zu wichtig (aber nicht immer auch ernst), um der akademischen Philosophie ganz überlassen zu werden. Also kann eine gewisse Distanz nicht schaden. Wer zur Distanz und Selbstdistanz fähig ist, der verfügt bereits über Humor, und damit läßt sich manches Unbill leichter ertragen.

VI.

Es würde mich freuen, wenn das Buch möglichst vielen Menschen (auch den Berufsphilosophen), vor allem denen, die als sogenannte „Laien" an Philosophie interessiert sind, Vergnügen bereitete. Vielleicht ist es geeignet, einigen die nähere Bekanntschaft mit Philosophie und ihren historischen wie aktuellen Texten schmackhaft zu machen. Die Lektüre dieses Bändchens wird ihnen hoffentlich die Berührungsängste nehmen, da auch Philosophen, aus der humorigen Distanz heraus gesehen, im Grunde genauso normal wie wir alle und darin zuletzt Menschen sind. Im übrigen ist es niemandem verwehrt, über die eine oder andere Anekdote auch ins Grübeln zu geraten. Ein Mehr an Anspruch als Unterhaltung und ein bißchen Besinnlichkeit hat das Buch nicht.

Einige Personen, mit denen ich über das Buch gesprochen habe, haben durchaus Humor gehabt und mir wichtige Anregungen gegeben, nämlich Nina Hensel (Witten), Leonie Horbrügger (Neukirchen-Vluyn), Peter Konrad-Herchert (Duisburg), Nina Reddig (Waltrop), Jörg Peters (Dinslaken) und schließlich meine wunderbare Frau Sibylla. Ihnen allen danke ich herzlich.

VII.

Falls einige Leserinnen und Leser mir die Kenntnis mancher Anekdoten voraushaben, so fände ich es bedauernswert, wenn sie diese für sich behielten, anstatt sie mir (über den Verlag) zuzusenden, damit sie in einer möglichen erweiterten Auflage berücksichtigt werden können.

Und nun: Genug der Gelehrsamkeit: Bei Curt Goetz heißt es:

> „Gelehrt sind wir genug.
> Was uns fehlt, ist Freude,
> was wir brauchen, ist Hoffnung,
> was uns nottut, ist Zuversicht,
> wonach wir verschmachten, ist Frohsinn."[2]

Mülheim an der Ruhr,
am 17. Januar 2000

Peter Kauder

I. Der Philosoph im Brunnen

Von patenten und ungeschickten Denkern und wundersamen philosophischen Käuzen

> „Die sicherste allgemeine Charakterisierung der philosophischen Tradition Europas lautet, daß sie aus einer Reihe von Fußnoten zu Platon besteht."
>
> (Alfred North Whitehead)[3]

> „Was für eine Philosophie man wähle, hängt [...] davon ab, was man für ein Mensch ist: denn ein philosophisches System ist nicht ein toter Hausrat, den man ablegen oder annehmen könnte, wie es uns beliebte, sondern es ist beseelt durch die Seele des Menschen, der es hat."
>
> (Johann Gottlieb Fichte)[4]

Als Thales einmal die Sterne beobachtete, fiel er, weil er nicht auf den Weg achtete, in einen Brunnen. Eine thrakische Magd verspottete ihn: „Die Dinge am Himmel willst du erkennen, aber siehst noch nicht einmal, was vor deinen Füßen liegt."[5]

Eines Tages merkte Thales, daß es eine üppige Olivenernte geben würde. Rasch kaufte er alle Olivenpressen auf, um sie mit hohem Zinssatz zu vermieten. So erwarb er eine große Summe Geld.[6]

Sokrates machte sich mit seinen Gesprächen, in die er seine Mitbürger verwickelte, nicht sehr beliebt. Es kam vor, daß er seine Gesprächspartner so reizte, daß diese ihn dem allgemeinen Spott preisgaben oder sogar schlugen. Dies alles ertrug Sokrates geduldig. Als er gar einen Fußtritt bekam und manche ihn fragten, wie er sich das gefallen lassen könne, meinte er: „Wenn mich ein Esel getreten hätte, würde ich diesen doch auch nicht gerichtlich belangen."[7]

Am Tage seines Todes wurde Sokrates in seiner Gefängniszelle besucht. Er war gerade dabei, einige Gedichte zu verfassen. Die Besucher fragten ihn, warum er dies denn noch so knapp vor seinem Tode tue. Darauf sagte Sokrates: „Schon mehrfach erhielt ich im Traum die Aufforderung, Musenkunst zu betreiben. Lange hielt ich meine Weise des Philosophierens für die angemessene Einlösung dieses Traums. Nun aber, nachdem das Urteil gesprochen ist und die Vollstreckung kurz bevorsteht, drängt es mich, die Weisung wörtlich zu nehmen. Wann sonst kann ich damit beginnen, wenn nicht vor meinem Tode?"[8]

Platon begann seine Karriere als Schriftsteller mit dem Abfassen eines Epos. Das aber verbrannte er sofort, weil es ihm zu sehr hinter den Schriften seines Vorbilds Homer zurückblieb. Danach versuchte er sich als Tragöde. Er hatte sich sogar an einem Wettbewerb beteiligt. Doch noch während dieser lief, hörte er zum ersten Mal Sokrates, dessen Charisma er sich nicht entziehen konnte. Kurz entschlossen zog er seine Teilnahme am Wettbewerb zurück, versuchte sich nie wieder als Dramatiker und begann seinen Weg in die Philosophie.[9]

Diogenes bat seine Freunde, ihn nach seinem Tod nicht zu bestatten, sondern einfach liegenzulassen. „Aber die Vögel und die wilden Tiere werden dich fressen", antworteten die Freunde entsetzt. „Wenn ihr euch darum sorgt, dann legt doch einen Stab neben mich, damit ich die Tiere verjagen kann", versuchte Diogenes sie zu beruhigen. „Aber wie willst du das denn anstellen, wenn du nichts mehr empfinden kannst?" fragten sie zurück. „Wenn ich also nichts mehr empfinde", so versetzte Diogenes, „dann kann es mir doch gleichgültig sein, von Tieren zerrissen zu werden."[10]

Um nicht zu lange zu schlafen und genug Zeit zum Philosophieren zu haben, nahm Aristoteles eine Eisenkugel in die Hand, unter der sich eine Schüssel mit Wasser befand. Sobald er eingeschlafen war, fiel die Kugel ins Wasser, so daß er geweckt wurde und sein Philosophieren fortsetzen konnte.[11]

Cicero hatte wegen seiner großen Eitelkeit viele Feinde, aber gleichwohl blieb unbestritten, daß er seine Prozesse sauber und einwandfrei leitete. Zum Beweis wird folgende Geschichte erzählt: Ein Mann stand unter Cicero vor Gericht. Der Mann glaubte, daß ihm aufgrund seiner Beziehungen zu vielen wichtigen Persönlichkeiten nichts geschehen werde. Noch während der Abstimmung ging er nach Hause, ließ sich den Kopf scheren und ein weißes Gewand anlegen. In der Annahme, den Prozeß gewonnen zu haben, ging er zum Gericht zurück. Als er dort ankam, wurde ihm schon an der Tür mitgeteilt, daß er mit allen Stimmen verurteilt worden war. Darauf kehrte der Mann nach Hause zurück, legte sich ins Bett und starb.[12]

Der Beiname des Philosophen „Cicero" bedeutet „Kichererbse". Doch er bestand darauf, diesen Namen beizubehalten, auch wenn er politische Ämter auszufüllen habe. Als Quästor in Sizilien ließ er eine silberne Opfergabe anfertigen, auf der nur seine ersten beiden Namen „Marcus Tullius" ausgeschrieben waren. An die Stelle des dritten Namens ließ er eine Kichererbse neben die beiden anderen Namen eingravieren.[13]

Cicero wollte ein Haus kaufen. Da es ihm an Geld mangelte, nahm er bei Sulla, der zu dieser Zeit einer gerichtlichen Anklage unterstand, heimlich ein Darlehen auf. Doch noch vor dem Kaufabschluß kam dieser Handel durch eine Indiskretion an die Öffentlichkeit. Man warf Cicero vor, daß er Geld von jemandem angenommen hatte, der in ein schwebendes Gerichtsverfahren verwickelt war. Cicero hingegen leugnete rundweg, daß er irgendwelches Geld von Sulla angenommen habe, ja er versicherte, daß er das Haus nicht habe kaufen wollen. Später aber stellte sich heraus, daß Cicero das Haus tatsächlich mit Sullas Geld erworben hatte. Im Senat wurde er dann der Lüge bezichtigt. Doch Cicero entgegnete ohne Verlegenheit: „Euch mangelt es an gesundem Menschenverstand, wenn ihr nicht wißt, daß ein kluger Mensch, der etwas kaufen will, gerade diese Kaufabsicht leugnen muß, um keine Mitbewerber zu haben."[14]

Plotin schämte sich, einen Körper zu haben. Diese Leibesverachtung führte so weit, daß er auf Massagen, Waschungen und anderes mehr völlig verzichtete, wodurch sich allmählich allerlei Eitergeschwüre bei ihm bildeten und er zu „riechen" begann. Das war besonders für seine Schüler peinlich, pflegte er sie doch stets zur Begrüßung mit einem Kuß zu empfangen.[15]

Thomas von Aquin trug den Beinamen „der stille Ochse". Dieser Name ist ihm von Mitstudenten zuerkannt worden, weil Thomas gern unauffällig bleiben wollte. Albertus Magnus kommentierte das: „Ihr nennt ihn den stummen Ochsen; aber das Brüllen dieses Ochsen wird so laut werden, daß es die ganze Welt erfüllt."[16]

Thomas von Aquin war – entgegen dem, was man vielleicht von Philosophen annehmen mag – alles andere als schlank. Seine Leibesfülle soll so groß gewesen sein, daß an seinem Schreibtisch ein runder Ausschnitt angefertigt werden mußte, damit er an ihm sitzen und arbeiten konnte.[17]

Für René Descartes war die Natur beherrscht von mechanischen Gesetzen, und Mensch und Tier verstand er als Maschinen. Den Weg, die Menschen besser, geschickter und weiser zu machen, als sie es sind, sah er in der Medizin. Aus diesem Grund betrieb er u. a. umfangreiche physiologische Studien. Besuchern, die er in sein Arbeitszimmer lud, in dem er zahlreiche sezierte Tiere aufbewahrte, erklärte er: „Das sind meine Bücher."[18]

Im 17. Jahrhundert verband man mit dem Buchtitel „Meditationen" in der Regel ein Handbuch zum Zwecke frommer Seelenführung. So kam es, daß Descartes, der selbst „Meditationen" geschrieben hatte – freilich anderen Inhalts –, von einem Freund gebeten wurde, ihm dies „heilige Buch" für seine religiösen Exerzitien in der Karwoche vorübergehend zu leihen.[19]

Ein in Geldnöten befindlicher Drucker versuchte Voltaire zu erpressen. Er schrieb ihm: „Ich besitze hundert Skandalgeschichten über Sie, die ich veröffentlichen werde, falls Sie mir nicht hundert Louisdor zahlen." Voltaire antwortete: „Ich finde Ihre Idee ganz vorzüglich und möchte mich gern an dem Geschäft beteiligen. Wenn Sie mir hundert Louisdor zahlen, bin ich gern bereit, weitere hundert Skandalgeschichten zu schreiben."[20]

Eines Tages bemerkte Rousseau, daß ihm die Uhr gestohlen worden war. „Ein Glück", meinte er, „jetzt brauche ich mich wenigstens nicht mehr nach ihr zu richten."[21]

Jeden Nachmittag besuchte Kant seinen Freund Green, den er stets schlafend im Stuhl vorfand. Kant setzte sich daneben, ging zunächst seinen Gedanken nach, um dann ebenfalls einzunicken. Etwas später traf regelmäßig der Bankdirektor Ruffmann ein, der es seinen Vorgängern nachmachte. Schließlich trat Motherby zu einer bestimmten Uhrzeit an die schlafende Gesellschaft heran und weckte sie, so daß man sich bis sieben Uhr munter unterhalten konnte. Die Freunde gingen dann jeweils so pünktlich auseinander, daß die Bewohner der Straße sagten, es könne noch nicht sieben Uhr sein, denn der Professor Kant sei noch nicht vorbeigegangen.[22]

Als Kant bei dem Königsberger Buchhändler Kanter wohnte, störte ihn der Hahn des Nachbarn regelmäßig bei seinen Überlegungen. Kant bot dem Nachbarn deshalb eine beträchtliche Summe Geldes, um den Hahn zu kaufen, aber umsonst: Der Nachbar ließ sich nicht überreden, denn ihm war unbegreiflich, wie ein einzelner Hahn einen Philosophen aus der Ruhe bringen konnte. Schließlich gab Kant auf und bezog eine andere Wohnung.[23]

Die letzte Wohnung Kants lag nahe beim Gefängnis. Hier wurde er regelmäßig bei Tag und bei Nacht durch den Choralgesang der Häftlinge bei seiner Arbeit gestört. Insbesondere war dies im Sommer der Fall, wenn Kant das Fenster öffnete. Gemeinsam mit anderen Anwohnern, die sich ebenfalls gestört fühlten, wandte er sich an die Polizei mit dem Vorschlag, daß die religiösen Gefühle der Gefängnisinsassen wohl keinen Schaden nehmen würden, wenn diese ihre Gefühle bei geschlossenen Fenstern zum Ausdruck brächten. Dieser Vorschlag wurde angenommen, und Kant hatte Ruhe.[24]

Zum Ausgleich zu seinen Studien las Kant, der sein Leben lang die Gegend um Königsberg nicht verlassen hatte, mit Vorliebe Reisebeschreibungen. Er prägte sich das Gelesene mit hoher Genauigkeit ein, und so fragte ihn ein Londoner bei einer Tischgesellschaft, auf der Kant die Westminsterbrücke sehr exakt beschrieb: „Wie lange haben Sie denn in London gelebt, daß Sie die Brücke so genau kennen?"[25]

Ein besonderer Charakterzug Kants war seine Gutmütigkeit, die zuweilen in übergroße Ängstlichkeit umschlagen konnte: Ein

Hausangestellter hatte ein Weinglas zerbrochen. Kant ließ die Scherben aufsammeln und auf einen Teller legen. Dann bat er die gerade anwesenden Freunde, das Glas mit ihm im Garten zu vergraben, was dem Diener unmöglich zugemutet werden könne. Nachdem ein Spaten gebracht worden war, wurden für die Vergrabung verschiedene Plätze in Aussicht genommen, jedoch machte Kant immer den Einwand, es könne sich an einem der Orte später einmal bei der Gartenarbeit jemand an den Scherben verletzen. Nach vielem Hin und Her wurde dann doch noch, und zwar an einer alten Mauer, eine geeignete Stelle gefunden, und die Glasreste wurden in eine sehr tiefe Grube versenkt.[26]

Wie stark Kants Bestreben, sein Leben nach festen Grundsätzen zu führen, auch in den Alltag hineinspielte, verdeutlicht die folgende Episode: Körperlicher Beschwerden wegen mußte er täglich eine Tablette zu sich nehmen. Sein Arzt riet ihm, die Dosis zu verdoppeln, wenn die Beschwerden stärker würden. Kant überlegte nun, daß eine solche Steigerung leicht ins Unendliche gehen möchte, und er machte es sich daher zur Maxime, niemals mehr als zwei Tabletten täglich einzunehmen.[27]

Kant galt als ein Mann von Grundsätzen, wurde darin aber von seinem Freund Green weit in den Schatten gestellt: An einem Abend beschlossen beide, am nächsten Morgen um acht Uhr eine Spazierfahrt zu unternehmen. Green pflegte bei solchen Gelegenheiten ab Viertel vor acht mit der Uhr in der Hand in seiner Wohnung auf- und abzugehen, dann um zehn vor acht seinen Hut aufzusetzen und um fünf vor acht seinen Stock zu nehmen. Pünktlich zum Glockenschlag setzte er sich in seinen Wagen und fuhr los – ohne noch länger auf Kant zu warten. Unterwegs sah er Kant, der sich ausnahmsweise um wenige Minuten verspätet hatte und ihm entgegeneilte. Aber anstatt anzuhalten und den Freund mitzunehmen, fuhr er weiter, weil es ein Verstoß gegen die Vereinbarung und seine Regeln war.[28]

Erst in seinen späten Lebensjahren richtete Kant sich einen eigenen Haushalt ein. Zum Essen bat er täglich einige Freunde, die er erst am Morgen desselben Tages einlud, damit sie nicht seinetwegen eine andere Einladung absagten. Bei der Zahl der Eingeladenen verfuhr er so, daß die Anzahl der Tischgesellschaft, sich selbst inbegriffen, niemals die Zahl der Grazien unter- und die der Musen nicht überschreiten durfte.[29]

Durch langjährige Übung hatte Kant sich eine besondere Art zu eigen gemacht, sich beim Schlafengehen in seine Decke zu hüllen: Erst schwang er sich ins Bett, zog einen der Zipfel der Decke über seine Schulter unter dem Rücken hindurch bis zur anderen Schulter und dann weiter bis auf den Leib. So wartete er, eingesponnen wie ein Kokon, auf den Schlaf. Oft sagte er zu seinen Freunden: „Wenn ich dann zu Bett liege, so frage ich mich oft, ob irgendein Mensch gesünder sein kann als ich.“[30]

Eine von Kants Wohnungen war so gelegen, daß er von seinem Arbeitszimmer aus auf den Löbenichtschen Turm in Königsberg sehen konnte. Es war nun seine Gewohnheit, aus dem Fenster zu blicken und einen bestimmten Punkt am Turm zu fixieren, was seiner Konzentration förderlich war. Mit der Zeit gewöhnte sich Kant an den Anblick des Turms. Aber als die Pappeln auf dem Nachbargrundstück so groß geworden waren, daß sie ihm den Blick auf den Turm versperrten, hatte das zur Folge, daß seine Konzentration gestört wurde, weil der fixierte Punkt nicht mehr zu sehen war. Also schlug Kant dem Nachbarn vor, die Pappeln zu fällen. Darauf konnte dieser jedoch nicht eingehen, fand aber einen Kompromiß, der sowohl Kant als auch den Nachbarn zufriedenstellte: Er ließ die Wipfel der Pappeln so schneiden, daß Kant wieder freie Sicht hatte.[31]

In Kants Schlafzimmer hatten das ganze Jahr über die Läden geschlossen zu bleiben. Die Ursache für diese Anordnung war, daß Kant einmal einen zweitägigen Ausflug gemacht und vergessen hatte, die Läden zu schließen. Nach seiner Rückkehr fand er Wanzen im Zimmer vor. Von nun an war er überzeugt, daß, da vorher keine Wanzen im Zimmer waren, Dunkelheit die Existenz und die Vermehrung von Wanzen verhinderte. Künftig hielt er die Läden geschlossen und hatte keine Wanzen mehr. Diese Theorie trug er gelegentlich in Gesellschaften vor, nahm jedoch den kleinsten Widerspruch übel. Sein Freund Wasianski konnte sich mit dieser Theorie überhaupt nicht anfreunden, sondern ordnete –

ohne Kant davon in Kenntnis zu setzen – die regelmäßige Reinigung des Zimmers an, wodurch von vornherein ausgeschlossen wurde, daß sich Wanzen einfinden konnten. Ebenfalls befahl er, die Läden regelmäßig zu öffnen, um für frische Luft zu sorgen. So ließ er Kant in dem Glauben, daß die Läden niemals geöffnet wurden. In der Folgezeit schlief Kant besser, ohne den wahren Grund dafür jemals erfahren zu haben.[32]

Mit zunehmendem Alter wurde Kant immer vergeßlicher. So kam es, daß er sich kleine Zettel für die Dinge schrieb, an die er unbedingt zu denken hatte. Zu dieser Zeit war es unmöglich geworden, den mit ihm gleichfalls alt gewordenen Diener Lampe weiter zu beschäftigen, weil dieser sich allerlei Freiheiten und Nachlässigkeiten herausgenommen hatte. Kant, dem die Kündigung schwerfiel, notierte jedoch auf einem der besagten Zettel: „Der Name Lampe muß unbedingt vergessen werden."[33]

Neun Tage vor seinem Tod mußte Kant einen Arzt bemühen. Als dieser das Zimmer betrat, erhob sich Kant mühevoll von seinem Stuhl, um ihm die Hand zu geben. Der Arzt bat ihn, sich zu setzen, worauf Kant zögerte, aber der Bitte nicht nachkam, obwohl er sich kaum auf den Beinen halten konnte. Ein anwesender Freund Kants bedeutete dem Arzt, daß Kant sich setzen würde, sobald er Platz genommen habe. Kant bemerkte diese Worte und sagte: „Das Gefühl für Humanität hat mich noch nicht verlassen."[34]

Von jeher befolgte Kant eine bestimmte diätetische Lebensweise, von der er überzeugt war, daß sie der Erhaltung seiner Gesundheit diente. So machte er jeden Tag, gleich welches Wetter herrschte, einen Spaziergang, um einen Ausgleich zu seiner meist sitzenden Tätigkeit zu schaffen. Bei diesen Gängen legte er mit zunehmendem Alter immer weniger Wert auf Gesellschaft: Zum einen wollte er seinen Gedanken nachhängen, zum anderen hinderte eine Unterhaltung ihn daran, die Luft durch die Nase einzuziehen. Er war nämlich der Auffassung, daß die Luft beim Respirieren durch die Nase einen Umweg machen müsse und nicht so rauh und ungewärmt direkt in die Lunge gerate, als wenn man durch den Mund atmet. Zur Vorbeugung gegen Husten, Schnup-

fen, Heiserkeit usw. empfahl er allen seinen Freunden, es ihm
gleichzutun. Diese Lebensweise galt vorwiegend für die Winter-
zeit. Im Sommer dagegen, wenn es warm war, ging er gewöhnlich
langsam, um nicht ins Schwitzen zu geraten. Merkte er nun, daß
ihm doch der Schweiß ausbrechen würde, blieb er sofort, wo immer er sich aufhielt, stehen und wartete, bis er sich abgekühlt
hatte. Der Ausbruch von Schweiß mußte, so meinte er, unter allen
Umständen vermieden werden, denn ein leichter Luftzug genügte
dann, um sich eine Erkältung einzufangen.[35]

Völlig in seine Gedanken vertieft, arbeitete Hegel an einem Manuskript, als ein Diener hereinstürmte und schrie: „Es brennt! Das
Haus brennt!" Hegel schaute kurz auf: „Sagen Sie das doch meiner Frau." Am Abend dann erfuhr Hegel, daß gerade noch recht-
zeitig ein Brand in der Diele der Wohnung hatte gelöscht werden
können.[36]

Als Student war Hegel sehr starkem Weingenuß nicht abgeneigt,
ja es kam vor, daß die Weinrechnung die für Bücher überstieg.
Hölderlin tadelte ihn: „Du altes Vieh, Hegel, du hörst nicht eher
mit dem Saufen auf, bis du dir das letzte bißchen Verstand auch
noch weggesoffen hast."[37]

Wenn Schopenhauer sich unterhielt, achtete er auf nichts anderes
mehr. Ein Freund berichtet darüber: „So subjektiv und passioniert
aber auch seine Unterhaltung war, fiel etwas vor, das seine Aufmerksamkeit davon abzuziehen vermochte, so sah man ihn plötzlich verstummen und in einem Grade betrachtend und objektiv
werden, welcher der Zerstreutheit der meisten Menschen völlig
uneigen ist. So erinnere ich mich, daß ich einst bei ihm saß und zu
ihm sprach, als auf einmal sein Gesicht sich veränderte, indem sein
Blick auf den Pudel fiel, der eben ins Zimmer gelaufen war und
mich als einen Menschen, den er noch nicht recht kannte, aufmerksam fixierte. Ich schwieg, und erst nach einer langen Pause
ergriff er wieder das Wort mit der Frage: ‚Haben Sie den Blick des
Tieres gesehen?'"[38]

Schopenhauers Biograph Gwinner zeichnet folgendes Portrait:
„Bei unserem Freunde [...] hatte die Natur ein übriges getan, sein

Herz zu isolieren, indem sie es mit Argwohn, Reizbarkeit, Heftigkeit und Stolz in einem mit dem Gleichmut des Philosophen fast unvereinbaren Maße bedachte. Vom Vater angeerbt war ihm jene [...] an Manie grenzende Angst, die ihn zuweilen bei den geringfügigsten Anlässen mit solcher Gewalt überfiel, daß er bloß mögliches, ja kaum denkbares Unglück leibhaftig vor sich sah. Eine furchtbare Phantasie steigerte diese Anlage manchmal ins Unglaubliche. Schon als sechsjähriges Kind fanden ihn die vom Spaziergange heimkehrenden Eltern eines Abends in der vollsten Verzweiflung, weil er sich plötzlich für immer von ihnen verlassen wähnte. [...] Entstand in der Nacht Lärm, so fuhr er vom Bette auf und griff nach Degen und Pistolen, die er beständig geladen hatte. [...] Seine Wertsachen hielt er dergestalt versteckt, daß trotz der lateinisch gegebenen Anweisung, die sein Testament dazu gab, einzelnes nur mit Mühe zu finden war. Keine Aufzeichnung, die sein Vermögen, seine häusliche Ökonomie und seine sonstigen Privatangelegenheiten betraf, vertraute er der Landessprache an; er führte sein Rechnungsbuch seit seiner Rückkehr aus Italien englisch und bediente sich bei wichtigen Geschäftsnotizen des Lateinischen und Griechischen. Um sich vor Dieben zu schützen, wählte er täuschende Aufschriften, verwahrte seine Wertpapiere als Arcana medica (Geheimmittel), die Zinsabschnitte besonders, in alten Briefen und Notenheften, und Geldstücke als Notpfennig unter dem Tintenfasse im Schreibpult. Nie vertraute er sich dem Schermesser eines Barbiers an; auch führte er stets ein ledernes Schiffchen bei sich, um beim Wassertrinken in öffentlichen Lokalen nicht der Ansteckung preisgegeben zu sein. Die Spitzen und Köpfe seiner Tabakspfeifen nahm er nach jedesmaligem Gebrauche unter Verschluß. Aus Furcht vor dem Scheintode verordnete er, daß seine Leiche über die gewöhnliche Zeit hinaus offen beigesetzt werden solle."[39]

Schopenhauers Bangigkeit mißfiel ihm selbst, und er klagte, daß sie ihn daran gehindert habe, manche gute Gelegenheit zu nutzen: Als er einmal auf einem Bahnkörper spazierengehen wollte, unterließ er dies, als er ein Verbotsschild gesehen hatte. Einen ihm entgegenkommenden Fremden, der eben diesen Weg gegangen war, fragte er, wie er es trotz des Verbots wagen konnte. Der antwortete: "Wenn ich so ängstlich wäre wie Sie, hätte mich längst der Teufel geholt." Darauf sagte Schopenhauer: „Und mich, wenn ich nicht so wäre!"[40]

Im Jahre 1832 zog Schopenhauer nach Mannheim, hielt es aber dort nicht lange aus. An manchen Abenden überfiel ihn eine große Wut auf die Lebensumstände in dieser Stadt. Gelegentlich kam er dann abends nach Hause und schlug mit seinem Stock auf seine Möbel, wodurch er seine Mitbewohner im Haus weckte. Gefragt, wieso er solchen Lärm veranstalte, sagte er: „Ich zitiere meine Geister."[41]

Schopenhauer befand sich mit einem Bekannten in einem Streitgespräch. Ohne daß er es bemerkte, stand der Kellner bereits einige Minuten neben ihm, um den Teller zu füllen. Da sagte der Kontrahent, der den Kellner bemerkte, zu ihm: „Nun nehmen Sie doch ‚a priori', damit ich ‚a posteriori' zugreifen kann." Darauf schrie Schopenhauer ihn an: „Das sind heilige Begriffe, die man nicht profanieren darf." Danach mied Schopenhauer den Umgang mit jenem Mann und aß stets an einem anderen Platz, um vor solchen Ignoranten geschützt zu sein.[42]

Zum wiederholten Mal hatte Schopenhauer eine Haushälterin entlassen, weil sie ihre Hausarbeit zu laut verrichtete und Schopenhauer sich gestört fühlte. Nun suchte er Ersatz. Bald fand sich eine Frau ein, der die Stelle zusagte. Entschieden brachte sie ihre Gehaltsvorstellung zur Sprache, und Schopenhauer antwortete ihr: „Sie bekommen von mir das Doppelte, aber dafür müssen Sie auch doppelt so schnell arbeiten!" Die Frau war mit diesem Geschäft einverstanden. Schopenhauers Wohnung war von nun an nie mehr so sauber wie früher, aber dafür hatte er jetzt wenigstens mehr Ruhe.[43]

Kuno Fischer galt als sehr eitel. Nachdem er zur Exzellenz ernannt worden war, bemerkte er, daß er nur gelegentlich mit diesem Titel angesprochen wurde. Ein Kollege machte sich einen Scherz daraus und postierte entlang des Weges, den Fischer von seiner Wohnung zum Hörsaal zurücklegen mußte, jeweils einen Dienstmann, der ihm ein „Guten Morgen, Exzellenz" zurief.[44]

Kuno Fischer verkündete in einer besonders überfüllten Vorlesung, daß er aufgrund seines Alters in diesem Hörsaal zu bleiben gedenke, anstatt, wie man ihn gebeten habe, in die größere Aula umzuziehen. Nachdem einige Tage später ein Kollege einen solchen Umzug in die Aula vollzogen hatte, gab Fischer dann in der nächsten Vorlesung ohne Angabe von Gründen bekannt, daß er sich entschlossen habe, die Vorlesung künftig in der Aula abzuhalten.[45]

Franz Brentano war zunächst Priester, bis er aus Glaubenszweifeln aus der katholischen Kirche austrat. Einige Jahre später wurde er zum Professor der Philosophie in Wien ernannt. Wenige Jahre darauf sorgte er für einen weiteren Skandal, als er sich 1879 verlobte und im darauffolgenden Jahr heiratete. Die Empörung war groß, so daß Brentano seine Professur niederlegte. Es liegt auf der Hand, daß er für eine Weile Gegenstand gesellschaftlichen Klatsches wurde. Brentano hatte mit seinen langen, lockigen Haaren und seinem vollen Bart einen rechten Christuskopf. Anläßlich seiner Verlobung sagten die Leute, er strahle so vor Zufriedenheit, als ob ein Heiliger seinen Heiligenschein zurückbekommen habe.[46]

Hermann Cohen besaß in Marburg eine ausgesprochen eigene Stellung: Außer mit Natorp lag er in Zwist mit der gesamten Fakultät und wurde gemieden; seine Vorlesungen waren gut besucht, aber nur wenigen verständlich, die sich dann damit brüsteten. Gesellschaftlichen Umgang hatte er mit nur wenigen Menschen, darunter einige Frauen, die ihn schier anbeteten – Natorps Frau sprach von Cohens „Harem". Täglich hörte Cohen Musik und strich bei jeder Gelegenheit heraus, wie musikalisch er sei. Ein Kollege von ihm bezweifelte dies, denn einmal sang ihm Cohen eine Stelle aus dem „Don Juan" vor, den er nach mindestens fünfzigmaligem Anhören gut kennen mußte. Zum Beweis legte Cohen die Stelle auf der Schallplatte auf, aber damit bewies er nur, daß sein Gesang von vorn bis hinten falsch war.[47]

Hermann Cohen hatte keine Scheu, auch sehr radikale Auffassungen zu vertreten, bei denen ihm niemand mehr folgen konnte: Auf einer Gesellschaft wurde die Frage nach der Größe und der Bedeutung Bismarcks erörtert. Cohen wollte nicht in den Chor allgemeiner Zustimmung einstimmen: „Meine Herren, ich muß hier Bedenken anmelden. Schließlich hat Bismarck niemals eine historische Arbeit geschrieben. Das deutsche Reich gegründet zu haben halte ich nicht für eine besondere Leistung. Hätte er aber darüber eine Doktorarbeit angefertigt, dann müßte man ihn durchaus als einen bedeutenden Mann bezeichnen."[48]

Fast nie schaffte Nietzsche es als Student, mit dem monatlichen Wechsel auszukommen. Einmal schrieb er nach Hause: „Liebe Mutter, bitte überweise mir noch ein wenig Geld. Es läuft mir immer so rasch fort. Vermutlich liegt es daran, daß es rund ist."[49]

Wilhelm Windelband hatte im großen Bibliotheksraum des Philosophischen Seminars in Heidelberg den Zwischenraum zwischen den Bücherregalen und der Decke mit Kohleportraits berühmter Philosophen versehen lassen. Windelband wollte nämlich bei seinen Vorträgen für die breite Öffentlichkeit dem Publikum die Männer, über die er sprach, auch anschaulich nahebringen. Das Gesamtwerk – eine Arbeit eines weitläufigen Verwandten Rickerts, der Architekt und nicht eigentlich Künstler war – mutete zwei Studenten, die sich über die Portraits unterhielten, recht kurios an. Besonders merkwürdig sah der gezeichnete Windelband selbst aus: Anstatt dem Meister eine volle Gesichtsfarbe zu geben, die realistisch gewesen wäre, setzte der Künstler seine Idee um, das Gesicht grün zu schattieren, um die Vergeistigung Windelbands anzudeuten. Darauf machte der eine Student den anderen aufmerksam: „Sieht er nicht eher so aus, als betrete er gerade nach einer sehr stürmischen Bootsfahrt den Landungssteg in Helgoland?"[50]

Windelband hat neben anderem eine Reihe populärer Aufsätze und Reden geschrieben, mit denen er in die Philosophie einführen wollte. Zum Semesterende sprach ihn ein Kollege an, wie er denn die Sommerferien zu verbringen gedenke. „Sie kennen doch, Herr Kollege, meine populären Aufsätze. Ich nenne sie für mich meine ‚Präludien'. Ich möchte sie zu einem Buch zusammenstellen und die vor mir liegende Zeit dazu nutzen, die Fugen dieser Präludien zu verkitten."[51]

Fritz Mauthner berichtet über einen seiner wundersamen Philosophieprofessoren: Es sei kaum zu ertragen gewesen, wie dieser, ängstlich und verzwickt, sein Logik-Kolleg begann. Er nahm eine Einteilung der vernunftbegabten Wesen vor und unterschied dabei drei Klassen: Gott, Engel, Menschen und fuhr dann fort: „Wir können die Logik Gottes und der Engel nicht fassen, wir haben uns mit der Logik der dritten Klasse zu begnügen."[52]

Fritz Mauthner war auch für seine Leidenschaft bekannt, mit der er Bücher sammelte. Bereits als junger Mann verfügte er über eine große Bibliothek, die eine große Wand seines Zimmers komplett vom Boden bis zur Decke ausfüllte. Allerdings bekam Mauthner, der damals Redakteur war, diese Bücher von den Verlegern zugesandt – es handelte sich bei der Büchermenge fast sämtlich um Bücher, die er innerhalb der letzten drei Jahre hätte besprechen sollen.[53]

Paul Natorp hielt seine Vorlesungen nach exakt ausgearbeiteten Manuskripten. Eines Tages bemerkte er, als er ans Pult trat, daß er seine Aufzeichnungen daheim hatte liegen lassen. Eilig begab er sich nach Hause. Wie es seine Gewohnheit war, wechselte er beim Betreten der Diele seinen Rock und zog die Hausjacke an. Dann eilte er in sein Arbeitszimmer und steckte das vergessene Manuskript ein. Als er gerade das Haus wieder verlassen wollte, erinnerte ihn seine Frau daran, daß er noch die Hausjacke trage, mit der er keinesfalls in die Universität gehen könne. Erneut wurde also der Rock gewechselt. Als Natorp dann wieder am Katheder angelangt war, stellte er fest, daß er die Papiere erneut zu Hause hatte liegen lassen, sie steckten nämlich in der Hausjacke.[54]

Husserl erzählte von seiner Konzentrationsfähigkeit: „Wenn ich einschlafen möchte, so stelle ich mir einen Araber auf einem Pferd sitzend vor, mit farbenprächtigem Turban, gekrümmtem Säbel und vielen weiteren Einzelheiten. Wenn ich das alles deutlich und anschaulich vor mir sehe, bin ich bereits eingeschlafen."[55]

Einmal die Woche ging Plessner zu Husserl, um ihm über seine Fortschritte zu berichten. Stets fiel Husserl ins Wort und las aus seinen Manuskripten vor. Nach längerem Lesen verabschiedete er Plessner mit der tröstenden Bemerkung: „Machen Sie nur so weiter."[56]

Während eines sehr heißen Sommers in Straßburg ging Paul Hensel, um überhaupt daheim arbeiten zu können, dazu über, dies lediglich in Unterkleidung zu tun. Um nun nicht von Besuch überrascht zu werden, hängte er an seine Haustür folgenden Zettel: „Bitte nach dem Anklopfen drei Minuten warten." Diese Zeit benötigte er nämlich, um sich vorzeigbar ankleiden zu können. Dennoch: Eines Tages klopfte es, Hensel rief, wer denn da sei, man möge sich bitte gedulden – doch schon stand der damalige Rektor der Universität im Zimmer und sagte: „Lieber Hensel, wenn ich bei solchem Wetter zu Hause bin, trage ich auch keine Hosen!"[57]

Eine der besten Eigenschaften Whiteheads war seine Bescheidenheit. Oft sagte er, er bemühe sich, die Vorzüge seiner Mängel zu erkennen, und er sparte nicht mit unvorteilhaften Geschichten über sich. Nach außen wirkte er immer sehr gelassen und kontrolliert. Doch dieser Eindruck täuschte: Tatsächlich war er getrieben von der ungeheuren Angst, einmal kein Geld mehr zu besitzen. Um mit dieser Angst fertigzuwerden, schmiß er mit Geld nur so um sich. Damit machte er sich vor, sich das leisten zu können. Abgesehen von diesem Spleen irritierte er seine Umgebung mit seiner wechselhaften Stimmungslage: An einigen Tagen deklamierte er zum Schrecken der Dienstboten Selbstbeschimpfungen gegen sich, während er dann manchmal tagelang stumm blieb und an niemanden ein Wort richtete. Man kann begreifen, daß seine Frau oft um seinen Verstand fürchtete.[58]

Ernst Troeltsch konnte sein Temperament auch bei der Lektüre nicht zügeln: Enthusiastisch begann er ein Buch, beim zweiten Kapitel warf er es schimpfend in die Ecke, und einige Tage darauf konnte man eine begeisterte Kritik darüber lesen.[59]

Bis zum Jahr 1914 enthielt sich Russell jedes Alkoholgenusses. Als aber König George V. sein Volk darüber in Kenntnis setzte, daß er während der Dauer des Krieges keinerlei Alkohol zu sich nehmen würde, begann Russell, regelmäßig Whiskey zu trinken.[60]

Russell schrieb einem Bekannten: „Sie werden erfahren haben, daß mein Bruder plötzlich in Marseille gestorben ist. Ich erbe von ihm einen Titel, aber keinen Pfennig Geld, da er bankrott war. Ein Titel ist mir sehr lästig, und ich bin ratlos, was ich tun soll, aber auf jeden Fall wünsche ich nicht, daß er in Verbindung mit irgendeinem meiner literarischen Werke benutzt wird. Es gibt, soweit ich weiß, nur eine Art, ihn loszuwerden, nämlich wegen Hochverrats verurteilt zu werden, und dies würde einschließen, daß man mir den Kopf auf dem Tower Hill abschlüge. Diese Methode erscheint mir aber doch etwas übertrieben."[61]

Max Scheler gilt als einer der schillerndsten Philosophen des 20. Jahrhunderts. Seine unorthodoxe und exzessive Lebensführung spiegelte sich weniger in seinem Zigarrettenkonsum von bis zu 80 Stück am Tag oder seiner Großstadtexistenz, sondern eher in seiner ausgesprochen ungewöhnlichen Arbeitsweise, die nur wenig mit geordnetem wissenschaftlichen Arbeiten zu tun hatte. Er zog es vor, auf Visitenkarten, Speisekarten und Tischdecken Notizen zu schreiben, weil gerade nichts anderes zur Niederschrift eines wichtigen Gedankens zur Hand war. Auch riß er nicht selten eine Seite aus einem Buch heraus, um sie sogleich in einer Vorlesung zu verwenden. Beim Aufräumen seiner Bibliothek konnte schließlich festgestellt werden, daß Scheler etwa zwanzig Exemplare der „Kritik der reinen Vernunft" besaß, von denen kaum eines noch vollständig war.[62]

Scheler, der mühelos in einer halben Stunde Sprudel, schwarzen Kaffee, Kognak, Bier, Eier und vieles andere mehr zu sich nehmen konnte, verfügte über einen grotesken Humor: Auf einer Segeltour mit einem Freund geriet das Boot in einen schweren Sturm und drohte zu kentern. Scheler begann sogleich, Nachrufe auf sich zu formulieren.[63]

Wenn Scheler meinte, eine Sache ganz genau erkannt zu haben, war es oft nicht mehr möglich, ihn von dieser Meinung abzubringen: Nach einem Vortrag eines Jesuiten meinte er zu einem Begleiter, er habe besonders den Verstand und die hervorragende Form dieses Mannes bewundert, der doch zugleich dabei kalt, böse und herzlos sei. Sein Begleiter aber meinte, daß dies überhaupt nicht der Fall sei, schließlich kenne er den Pater seit vielen Jahren. Trotz aller Versuche, Scheler von seinem Urteil abzubringen, gelang es nicht, ja er weigerte sich sogar, sich auf die Gründe seines Gegenübers einzulassen.[64]

Im allgemeinen war Scheler ein höflicher Mensch, der allerdings in praktischen Dingen eine nahezu kindliche Hilflosigkeit an den Tag legte. Gelegentlich machte er seinem Briefträger oder seiner Wirtin oder auch beiden die heftigsten Szenen, wenn die Post ihm nicht einige heißersehnte Briefe brachte. Auf die Idee, daß bestimmte Personen gar nicht an ihn geschrieben haben könnten, kam er nicht, sondern unterstellte der Wirtin oder dem Briefträger, die Briefe zu unterschlagen.[65]

In sehr starkem Maß verehrte Cassirer Goethe. Oft machte sich Cassirer Sorgen, daß die Manuskripte Goethes im Krieg Schaden nehmen könnten. Kurz vor seinem Tod erfuhr er, daß diese Texte in einem Salzbergwerk in Bayern den Krieg unbeschadet überstanden hatten, was ihn sehr beruhigte.[66]

Cassirer und seine Frau besuchten das Goethe-Haus in Weimar. Beiden fiel auf, wie stark der Diener ihn beobachtete. Cassirers Frau sprach den Wärter darauf an, und er antwortete: „Als der Herr das Zimmer betrat, dachte ich im ersten Moment, der alte Goethe selbst wäre gekommen – die Ähnlichkeit ist verblüffend." Cassirer, der damals erst 31 Jahre war, mußte darüber schmunzeln, denn der Vergleich schmeichelte ihm und seiner Liebe zu Goethe.[67]

In seinen letzten Lebensjahren lebte Cassirer mit seiner Frau in New York. Er war sehr bemüht, ihr im Haushalt zu Hilfe zu kommen, was aber oft nicht gutging. Cassirer lernte nie, einen modernen Küchenherd zu benutzen, um z.B. Wasser zu erwärmen. Wenn er Rasierwasser benötigte, sagte er jedesmal: „Ich kann warten, bis du Wasser warm gemacht hast." Eines Tages lag seine Frau mit schwerer Migräne zu Bett und bat ihn, den fertigen Kaffee auf dem Herd zu erwärmen, die dazugehörende Milch befinde sich im Kühlschrank. Einige Minuten später ertönte ein lauter Knall, und Frau Cassirer, ihre Migräne vergessend, rannte in die Küche. Dort kniete Cassirer auf dem Boden und versuchte, den in Milch getauchten Raum sauberzuwischen. Nach einigen Fragen erfuhr sie, daß Cassirer die Milch erwärmen wollte, weil sie zu kalt für den Kaffee war, und deshalb hatte er, der sich viel mit Physik beschäftigt hatte, die geschlossene Milchflasche auf den eingeschalteten Herd gestellt.[68]

Nachdem Cassirer das nationalsozialistische Deutschland verlassen hatte, lebte er eine Zeit in Oxford und bemühte sich sehr darum, Englisch zu lernen, damit er seine Veranstaltungen halten konnte. Seine Aussprache war zwar nicht tadellos, aber er beherrschte die Grammatik vollkommen. Das sprach sich in Oxford herum, und als ein ausländischer Student einen Professor fragte, wo er in Oxford das beste Englisch hören könne, antwortete dieser: „Dann gehen Sie zu Professor Cassirer, denn keiner von uns beherrscht die Sprache so wie er."[69]

Auf einer Abendgesellschaft wurden Einstein von allen Anwesenden viele Fragen gestellt, die er bereitwillig und ausführlich beantwortete. Zuletzt stellte ein Mathematiker eine Frage. Anstatt sofort zu antworten, runzelte Einstein die Stirn, sagte lange nichts und lachte dann: „Auf Ihre Frage muß ich die Antwort vorerst schuldig bleiben, weil ich noch niemals über dieses Problem nachgedacht habe."[70]

Als Einstein in Princeton wohnte, kam regelmäßig jeden Nachmittag ein kleines Mädchen aus der Nachbarschaft zu ihm. Schließlich entschuldigte sich die Mutter des Mädchens bei Einstein für diese Belästigung, doch der beschwichtigte sie: „Es ist überhaupt keine Belästigung. Wir kommen bestens miteinander aus. Ich mag es, wenn sie mir Süßigkeiten mitbringt, und sie mag es, wenn ich ihre Mathematikaufgaben erledige."[71]

Einstein gratulierte Chaplin zur Geburt eines weiteren Kindes. Er lobte die Größe der Kunst Chaplins, die in allen Ländern der Welt verstanden werde. Chaplin dankte ihm sehr für seine Zeilen und schrieb: „Ihr Ansehen in der Welt finde ich noch viel erstaunlicher, denn obwohl kaum jemand die Dinge versteht, mit denen Sie sich beschäftigen, werden Sie überall bewundert und geliebt."[72]

Einstein befand sich auf einer Vortragsreise. In der Bahnhofshalle suchte er die Fahrkarte für den nächsten Zielort, konnte sie aber in seinen Taschen nicht finden. Ein Schaffner riet ihm, einfach eine neue Karte zu kaufen und die alte einzureichen, wenn er sie gefunden hätte, das Geld würde ihm dann erstattet werden. „Das hilft mir nicht", sagte Einstein, „ohne die Karte weiß ich nicht, wohin ich zu fahren habe."[73]

Die Einsteins hatten Besuch. Es wurde über Politik gesprochen, und Einstein debattierte heftig mit. Schließlich sagte seine Frau leise zu ihm: „Reg' dich bitte nicht so auf, das ist nicht gut für deine Gesundheit. Bleibe bei deiner Relativitätstheorie. Das ist ein windstilles Thema und bekommt dir am besten."[74]

Otto Neurath, einer der Protagonisten des Wiener Kreises, war ein Mensch von enormem Ausmaß und wirkte auf seine Zeitgenossen wie ein Elefant. Er war sich dessen bewußt, denn anstatt seine Briefe zu unterschreiben, zeichnete er einen Elefanten.[75]

Während der Inflationszeit ärgerte sich Bloch über die ständig steigenden Preise für eine Tasse Kaffee. „Verflixt nochmal", sagte er, „gestern habe ich 500 Millionen Mark für den Kaffee bezahlt, und heute kostet er bereits 970 Millionen Mark." Der Ober, dem Bloch unbekannt war, nahm's gelassen und beruhigte Bloch: „Ärgern Sie sich nicht, mein Herr, sondern seien Sie Philosoph!"[76]

Während eines Aufenthalts in Warschau wurde Bloch auch zu einem Besuch des sowjetischen Kulturpalastes gebeten. Bloch mochte den Bau überhaupt nicht: Als er auf der Plattform auf dem Dach dieses Gebäudes mit Blick auf Warschau stand, wurde er gefragt, welches Gebäude ihm in der Stadt am besten gefallen habe. „Dieses", entgegnete Bloch, „weil man von hier aus den Kulturpalast nicht sehen kann." Wieder unten angekommen, fügte er, nachdem er den Palast von außen in Augenschein nahm, noch hinzu: „Meine freundschaftliche Verbundenheit zur Sowjetunion bleibt unerschütterlich."[77]

In seinen letzten Lebensjahren fragte Bloch sich, ob er etwas falsch gemacht habe, weil er so viele Ehrungen von Freunden, aber auch von zahlreichen Feinden erhalten hatte. Dazu paßt, daß bei seinem Begräbnis Vertreter der Gewerkschaften und der sozialistischen und kommunistischen Parteien – also die, in denen Bloch die Hauptträger des Prinzips Hoffnung gesehen hatte – nicht anwesend waren.[78]

Rothacker mußte sich zu einem runden Geburtstag photographieren lassen. Der Photograph schlug als geeigneten Ort Rothackers Arbeitszimmer vor, und er wurde vor einer Bücherwand postiert. Der Photograph achtete aber nicht darauf, daß Rothacker im Regal hinter sich in Kopfhöhe einen Karton stehen hatte, in dem er zusammengehörende Bücher sammelte. Auf der fertigen Photographie dann war nicht nur Rothacker deutlich zu erkennen, sondern neben seinem Haupt prangte auch ein Karton mit der Aufschrift „Mondamin".[79]

Wittgenstein war ein überaus ungewöhnlicher Philosoph, selbst für die Maßstäbe anderer Philosophen, auch wenn sie an manche Schrulle gewöhnt sind. Nachdem, so wird berichtet, Wittgenstein seine die Teilnehmer und vor allem ihn selbst sehr anstrengenden Vorlesungen und Seminare gehalten hatte, wollte er sich entspannen. Daher ging er – was seinen deutschen Kollegen mehrheitlich als „unphilosophisch" erschienen sein mag – in ein Kino.[80]

Wittgenstein hielt nicht viel auf seine äußere Erscheinung. Als er in einem Gefangenenlager war, sah er ziemlich abgerissen aus, so daß man glauben mußte, der Offizier stamme aus ärmlichen Verhältnissen. Zufällig kam in einem Gespräch die Rede auf ein Portrait von Klimt, ein Fräulein Wittgenstein darstellend. Wittgenstein sprach von diesem Bild als von dem „Portrait meiner Schwester". Aber der Kontrast zwischen dem unrasierten Wittgenstein und dem Bild der Schwester war so groß, daß ein Anwesender fragte: „Ja, bist du denn ein Wittgenstein?"[81]

Wittgenstein besaß eine sozusagen „komplexe Persönlichkeit": Mit einem Bekannten besuchte er einen Vortrag von G. E. Moore. In der Diskussion trug Wittgenstein einen Einwand vor, den sein Bekannter für nicht stichhaltig hielt, weil Wittgenstein nicht die gesamte Argumentation Moores berücksichtigt hatte. Nach

Schluß der Veranstaltung ging Wittgenstein zu seinem Bekannten und sagte zornig: „Wenn Sie von irgend etwas eine Ahnung hätten, dann wüßten Sie, daß ich niemandem gegenüber je ungerecht bin. Das beweist nur, daß Sie von meinen Vorlesungen absolut nichts verstanden haben." Der Bekannte war reichlich betroffen. Als er einige Tage später an einer Grippe erkrankte, kam völlig unerwartet Wittgenstein an sein Bett und sagte: „Mittlerweile hat mir jemand erklärt, was Sie mir bei dem Moore-Vortrag sagen wollten. Ich habe Sie mißverstanden, und ich bedaure, so heftig gegen Sie geworden zu sein."[82]

Während Maria Scheler in ihrer Wohnung bis zum Abend auf einen Elektriker wartete, hielt sich Scheler in der Universität auf, um Heidegger in Empfang zu nehmen, der an diesem Abend einen Vortrag halten sollte. Aber anstatt zur Universität zu gehen, fuhr Heidegger zur Privatwohnung Schelers. Frau Scheler sah ihn von der Straße aus kommen und ging ihm mit den Worten entgegen: „Gut, daß Sie endlich da sind, nun können Sie ja sofort anfangen", und führte ihn ins Badezimmer, wo die Reparatur zu erledigen war. Heidegger aber meinte: „Mein Name ist Heidegger, und ich soll hier heute einen Vortrag halten." Frau Scheler begriff sofort das Mißverständnis, brachte Heidegger an den richtigen Ort und lauschte dem Vortrag, in dem Heidegger häufig von „Lichtung" sprach. Schließlich erzählte sie ihrer Nachbarin den Vorfall und meinte: „Also hat er doch Ahnung von Elektrik."[83]

Heidegger hatte sich in den Bergen, oberhalb von Todtnauberg, ein kleines Holzhaus bauen lassen. Mit Skilaufen, Wandern, Lesen, Nachdenken und Vor-dem-Haus-Sitzen genoß er die Welt um sich herum und verbrachte so oft seine Ferien. Unter den Einheimischen war er recht populär, denn eines Tages stand in der Lokalpresse, dem „Wiesentäler Boten", zu lesen: „Der im Wiesental allseits bekannte Professor Heidegger hat einen Ruf an die Universität Berlin erhalten und ihn abgelehnt." Ein Bekannter, der diese Nachricht durch Zufall gelesen hatte, schrieb ihm anerkennend: „Schon andere als Sie haben Rufe nach Berlin abgelehnt. Aber nur Sie haben es vollbracht, im Wiesental allseits bekannt zu sein und einen Ruf nach Berlin zu erhalten."[84]

Hans-Georg Gadamer studierte kurze Zeit auch Psychologie, doch nicht mit Zufriedenheit: Er besuchte eine Vorlesung, in der ein Professor in kaum verständlichem schwäbischen Dialekt Kinderpsychologie behandelte. Gadamer überzeugte das Gehörte nicht, und da er über einen erläuterten Sachverhalt zu einer ganz anderen Auffassung gelangt war, ging er nach der Vorlesung zu dem Professor, um ihm seine Bedenken vorzutragen. Dieser hörte sich die Einwände an und gab ihm recht. Das kam Gadamer nun doch merkwürdig vor, daß er als Studienanfänger einen Professor belehrte, und so gab er die Psychologie auf. Erst später, so berichtet Gadamer in seinen Erinnerungen, wurde ihm klar, daß der Professor Matthias Baumgartner war, einer der bedeutendsten Forscher auf dem Gebiet der mittelalterlichen Philosophie, der allerdings nicht viel von Psychologie verstand und zwangsweise dazu verpflichtet wurde, psychologische Vorlesungen zu halten, ohne sich sonderlich dafür ins Zeug zu legen.[85]

Gadamer erzählte in einem Vortrag, daß ein junger Mensch Vorbilder zur Orientierung brauche, um sie später zu übertreffen. Nicht zuletzt deshalb habe er als Student beschlossen, Altphilologe zu werden: Auf diesem Gebiet glaubte er Heidegger am ehesten schlagen zu können.[86]

Der ursprünglich in der Philosophie promovierte und habilitierte Heinrich Lützeler ist nach 1946 Professor für Kunstgeschichte geworden, nachdem es zwischen ihm und den Philosophen in Bonn zu Zerwürfnissen gekommen war. Als Baukommissar der Universität rächte er sich: Das Philosophische Seminar richtete er nüchtern wie ein Amt her, während er sein Kunsthistorisches Institut mit Naturstein und edlen Hölzern gleichsam wie einen italienischen Palast ausstattete.[87]

Die Bonner Kant-Gesellschaft hatte 1952 zweihundert Mark Schulden. Um das Geld hereinzubekommen, bat man Lützeler, einen zugkräftigen Vortrag zu halten. Der schlug ein theaterkritisches Thema vor, das die Kant-Gesellschaft jedoch ablehnte, sie machte ihm statt dessen den Vorschlag, über eines seiner Lieblingsthemen, die Philosophie des Kölner Humors, zu sprechen. Ergebnis: ausverkaufter Vortrag und Sanierung der Gesellschaft für zwei Jahre.[88]

Zum achtzigsten Geburtstag Poppers fand in der London School of Economics, in der er viele Jahre gelehrt hatte, ein Empfang zu seinen Ehren statt. Da Popper als erklärter Nichtraucher stets jeden Raum verließ, wenn auch nur ein Anwesender sich eine Zigarette anzündete, war seine Teilnahme nicht ganz leicht zu bewerkstelligen, gelang schließlich aber doch. Das war jedoch nicht die einzige Schwierigkeit: Nachdem nämlich Dahrendorf eine Laudatio gehalten hatte, erhob sich Popper, um selbst ein paar Worte zu sprechen. Allerdings waren es entgegen den Erwartungen der Gäste wirklich nur ein paar Worte, dazu noch gestammelt, und schon nach wenigen Minuten setzte Popper sich wieder hin. Später fragte Dahrendorf ihn, was denn mit ihm los gewesen sei. Popper sagte: „Ach, ich war der festen Überzeugung, mein Manuskript zu Hause liegengelassen zu haben, aber sehen Sie nur, was ich soeben in meiner Jacke gefunden habe" – und zeigte Dahrendorf seinen ausgearbeiteten Text.[89]

Seit seinen Studentenjahren hatte sich Adorno intensiv mit der Psychoanalyse auseinandergesetzt, ohne sich (oder gerade deshalb) jemals selbst einer Analyse unterzogen zu haben. Studenten, die auf Kosten seines Instituts analysiert worden waren, behandelte er distanziert und kühl. Nach einiger Zeit kursierte die Bemerkung, daß Adorno ganz bewußt gegen die Analyse eingestellt sei: Als Besitzer einer Neurose, die sich vor allem günstig auf seine Schaffenskraft auswirke, habe er Angst davor, von einem Analytiker behandelt und möglicherweise kuriert zu werden.[90]

Wilhelm Weischedel fragte Walter F. Otto, den Verfasser der „Götter Griechenlands", ob er denn wirklich an die griechischen Götter glaube. Dieser antwortete: „Ich glaube nicht an sie, ich sehe sie."[91]

Daß Klibansky als Jude mit den Nationalsozialisten in Konflikt kommen würde, war ihm sehr bald nach 1933 klar. Schon bei der ersten Gelegenheit legte er sich mit den neuen Machthabern an: Er füllte den Fragebogen nicht aus, in dem alle Akademiker die rassische Abstammung ihrer Großeltern angeben mußten. Statt dessen schrieb er zurück: „Es ist leichtfertig und mit wissenschaftlichen Standards unvereinbar, nur zwei Generationen in Betracht zu ziehen. Vielmehr lege ich Wert darauf, daß alle meine Vorfahren sich zur jüdischen Religion bekannt haben."[92]

Carl Friedrich von Weizsäcker besuchte 1949 zum ersten Mal die Vereinigten Staaten. Edward Teller kümmerte sich um Unterkunft und dergleichen und machte ihn mit Leo Szilard bekannt und stimmte ihn auf die Begegnung so ein: „Den mußt du kennenlernen. Er wird dir sagen, was du tun sollst, aber er ist trotzdem sehr nett."[93]

Als Carl Friedrich von Weizsäcker während eines Kongresses beim Essen einen Wackelpudding vorgesetzt bekam, hatte er die Idee zu einer Raumwellentheorie. Um sich besser darauf konzentrieren zu können, schloß er die Augen, was der Ober mißverstand: Er befreite den Gast von dem vermeintlich unwillkommenen Anblick. Als Weizsäcker die Augen wieder öffnete, waren der Pudding und auch die Idee fort, und kein Grübeln konnte sie wieder herbeiführen.[94]

Als Michael Landmann als Professor in Berlin lebte, ging er einmal gedankenverloren über die Straße, ohne auf den Verkehr zu achten. Der Kutscher eines Bierwagens, dem er im Weg war, rief ihn an: „He! Sie! Philosoph! Aufpassen!"[95]

Bei seinem ersten längeren Aufenthalt in London litt Feyerabend unter ständigen Kopfschmerzen. Nach einigen Tagen erkannte er als Ursache dafür den ständigen Durchzug in London. Also setzte er sich von da ab nicht nur in windgeschützte Ecken, sondern baute zusätzlich in seinem Zimmer ein Zelt auf. Es umspannte den Kopfteil des Bettes, einen Tisch, einen Stuhl und eine Schreibmaschine. In diesem Zelt arbeitete und schlief er und empfing Besucher. Dieses Ambiente sprach sich herum, und man sagte von Feyerabend: „Auf solche Weise wird unser Gast vom Kontinent mit der Zugluft fertig."[96]

Hans Michael Baumgartner war einige Zeit lang Philosophiestudent und Profifußballer zugleich. Einmal stand er sogar im Notizbuch von Sepp Herberger als hoffnungsvolles Nachwuchstalent. Auf die Dauer wurde ihm die Dauerbelastung zuviel, und er beschloß, seine Sportlerkarriere aufzugeben. Sein Vater war davon überhaupt nicht erbaut: „Wieso willst du nicht weitermachen? Der Doktor der Philosophie läuft dir nicht weg, den kannst du später noch machen."[97]

Zu Beginn seines Philosophiestudiums war Hans Lenk gleichzeitig noch ein sehr erfolgreicher Ruderer. Seine Sportkameraden verspotteten ihn, wenn er auf Wettkampfreisen philosophische Werke las. Ging es um Ethik, so sagten sie: „Jetzt hat er den E-Tick", und als er das Buch von Stegmüller „Wahrheitsproblem und die Idee der Semantik" studierte, sagten sie: „Jetzt hat er sogar den Seemann-Tick."[98]

II. „Bin Philosoph ohne Stelle.
Können Sie mich brauchen?"

Von philosophischer Kollegialität

> „Philosophie *musst* Du studieren, und wenn Du
> nicht mehr Geld hättest, als nötig ist, um eine
> Lampe und Öl zu kaufen, und nicht mehr Zeit als
> von Mitternacht bis zum Hahnenschrei …"
>
> (Friedrich Hölderlin)[99]

Über die manchmal schwer zu verstehenden Schriften Heraklits
sagte Sokrates: „Soweit ich sie verstanden habe, zeugen sie von
großem Geist. Das gilt auch für das, was ich nicht verstanden habe
– aber vielleicht braucht man dazu einen delischen Taucher, so
gedankentief scheinen sie."[100]

Antisthenes war in sehr düsterer Stimmung. Diogenes reichte ihm
einen Dolch: „Brauchst du einen Freund dieser Art?" „Nein danke", sagte Antisthenes, „aber der Lebensüberdruß gehört zum
Leben in der Welt dazu."[101]

Ein Jüngling, der sich später zur Gefolgschaft Sokrates' zählte,
kam zu diesem: „Ich habe nichts, was ich dir geben kann, außer
mich selbst." Darauf erwiderte Sokrates: „Merkst du nicht, daß
dies das größte Geschenk ist, das du mir machen kannst?"[102]

„Wenn es", sagte Voltaire, „Gott nicht gäbe, müßte er erfunden
werden." – „Dazu ist es", ergänzte Diderot, „dann ja auch gekommen."[103]

Neben David Hume wurde Kant sehr stark durch die Schriften
Rousseaus beeinflußt und kannte sie gut. Nicht zuletzt deshalb war
das einzige Bild, das sich in seiner Wohnung befand, ein Portrait
Rousseaus. Nun hatte Kant einen ausgesprochen strengen und wie-
derkehrenden Tagesablauf, zu dem ein regelmäßiger Spaziergang
gehörte, der nur einmal für wenige Tage unterbrochen wurde, als
nämlich 1762 Rousseaus „Emile" erschien, den Kant sofort las.[104]

Schopenhauer besuchte als junger Mann Wieland, der ihm dringend von der Philosophie abriet. Schopenhauer aber sprach pessimistisch so lange über das Leben, bis Wieland überzeugt war, einen echten Philosophen vor sich zu haben. Schließlich verabschiedete er ihn: „Sie haben mit der Philosophie doch die richtige Wahl getroffen."[105]

In einem Seminar bemerkte Kuno Fischer einmal: „Es gibt heute in Deutschland zwei Philosophen: Der andere, Windelband, sitzt in Straßburg."[106]

Windelband sprach im Seminar mit dem Wort Kants von den zu hochfliegenden Plänen der Vernunft. Ebbinghaus unterbrach und fragte: „Herr Geheimrat meinen die zu tief fliegenden Pläne?"[107]

Hensel und Windelband wurden in späteren Jahren recht gute Freunde und waren ein eingespieltes Team: Bei Windelband im Haus wohnte ein befreundeter Professor, der eines Tages eine Gesellschaft gab. Der Gastgeber war absoluter Nichtraucher, der seinen Gästen noch nicht einmal Zigarren anbot. Windelband und der ebenfalls eingeladene Hensel litten, je länger die Gesellschaft dauerte, sehr unter Nikotinentzug. Plötzlich sagte Windelband zu Hensel über den Tisch hinweg: „Ach, Hensel, die antiquarischen Bücher aus England für das Seminar sind bei mir eingetroffen." Hensel erfaßte die Situation sofort: „Das ist ja wunderbar. Ich würde sie gern sofort in Augenschein nehmen." Er wandte sich zum Gastgeber und fragte: „Gestatten Sie, daß wir uns für einige Minuten zurückziehen?" Auf dessen Erlaubnis gingen beide in Windelbands Arbeitszimmer, um sich je einer Zigarre hinzugeben. Windelband sagte, während er Hensels Zigarre entzündete: „Ein Glück, daß Sie die Situation sofort begriffen haben. Hätten Sie ein falsches Wort gesagt, ich hätte Sie glatt niedergeschlagen."[108]

Ludwig Marcuse bat als Student bei Heinrich Rickert, zu einem Seminar zugelassen zu werden. Doch Rickert machte ein kleines Verhör daraus: „Bei wem haben Sie denn in Berlin Philosophie gehört?" „Bei Professor Carl Stumpf." Rickert machte eine abschätzige Handbewegung: „Das ist doch ein Psychologe." Dann erwähnte Marcuse Benno Erdmann, doch auch das erregte den Unwillen Rickerts: „Bah, Formale Logik." Schließlich nannte Marcuse, der sich längst abgelehnt wähnte, noch Georg Simmel – da strahlte Rickert, und Marcuse war zugelassen.[109]

Georg Simmel bemerkte in einer Kant-Vorlesung: „Die besten Bücher über Kant hat zweifelsohne Hermann Cohen geschrieben. Ich muß aber gestehen, daß ich sie nicht verstehe."[110]

Als Husserl noch nicht Professor, sondern noch Privatdozent war, hatte er dennoch bereits einen gewissen Ruf. Als er nämlich den berühmten und einflußreichen Wilhelm Dilthey in Berlin besuchte, stellte dieser Husserl seiner Frau vor: „Unser Gast ist der bedeutendste Philosoph seit Hegel."[111]

Wie manch anderen Philosophen, so war auch Whitehead eine gewisse Sonderlichkeit eigen, die darin bestand, daß er keine Briefe beantwortete. Bei Freunden machte er davon keine Ausnahme, und falls einer von ihnen einmal einen Brief von Whitehead bekam, rief er alle übrigen Freunde zusammen, um sich beglückwünschen zu lassen. Als Russell ihn einmal in einer mathematischen Angelegenheit anschrieb, bekam er jedenfalls keine Antwort. Als er auf den zweiten Brief ebenfalls keine Antwort bekam, schickte er ein Telegramm mit bezahltem Rückporto. Vergeblich. Schließlich mußte Russell persönlich zu Whitehead fahren. Whitehead entschuldigte sich damit, daß, beantwortete er alle Briefe, er keine Zeit mehr zum Arbeiten hätte.[112]

Russell sah immer mit besonderem Vergnügen zu, wie Moore sich eine Pfeife anzündete: Nachdem er ein Streichholz entzündet hatte, begann er zu sprechen und hörte erst auf, als ihm das brennende Streichholz die Finger verbrannt hatte. Er strich dann ein zweites, ein drittes, ein viertes usw. an, bis die Schachtel leer war. Für seine Gesundheit war dies keine schlechte Angewohnheit.[113]

Ayer und Feigl stellten sich dem ihnen noch nicht bekannten Russell vor. Alle drei waren, wenn auch in unterschiedlicher Distanz, mit dem Wiener Kreis verbunden. Feigl sagte: „Auf gewisse Weise sind wir intellektuelle Enkel." Russell fragte zurück: „Wer ist denn der Vater?" – „Davon haben wir drei: Schlick, Carnap und Wittgenstein."[114]

Nur einmal ist es Russell gelungen, G. E. Moore zu einer Lüge zu verleiten. Er stellte ihm die Frage, ob er stets und immer die Wahrheit sage, was er – verneinte.[115]

Moore war mit einem Vortrag vor einer wichtigen philosophischen Gesellschaft beauftragt. Trotz aller Anstrengung war er mit dem Schluß des Vortrags, obwohl er ihn mehrfach umschrieb, nicht zufrieden. Als seine Frau ihn zum Bahnhof brachte, damit er den Zug erreichen konnte, versuchte sie ihn aufzumuntern: „Ärgere dich nicht über deinen Vortrag, er wird beim Publikum schon ankommen." Moore entgegnete knapp: „Falls es so kommt, dann haben die Zuhörer jedenfalls unrecht."[116]

Rickert lobte Jaspers' Nietzsche-Buch: „Ich halte es für ein ausgezeichnetes Buch, Herr Jaspers, es ist, wenn Sie es mir nicht übelnehmen, ein – wissenschaftliches Buch."[117]

Neurath, der impulsive, rotbärtige Hüne, und der feingliedrige und sensible Ästhet Schlick – der jeden Tag vor seiner Vorlesung einen Ritt durch den Prater absolvierte – waren die Antipoden des Wiener Kreises – eine Bezeichnung, die Neurath in Anspielung an „Wiener Wald", „Wiener Walzer", „Wiener Würstchen" und „andere erfreuliche Dinge des Lebens" prägte. Niemals konnte Schlick sich überwinden, Neurath zu sich nach Hause einzuladen: „Ein Mann, der mit einer so lauten Stimme spricht, kann doch nicht mein Gast sein, wenn man Mozart spielt und sich hinterher leise unterhalten möchte. Ein so lauter Mann stört da doch nur."[118]

Ernst Bloch war weder ein guter noch ein angenehmer Schüler. In die Untersekunda wurde er erst beim zweiten Mal versetzt. Im Osterzeugnis hieß es danach: „Dieser Schüler zeigt im Widerspruch zu seinen geringen Kenntnissen ein hohes Maß an Arroganz, Unbescheidenheit und Selbstgefälligkeit." Etwa zur gleichen Zeit verfaßte Bloch eine Schrift mit dem Titel „Die Kraft und ihr Wesen". Er gab sie dem damals bedeutenden Philosophiehistoriker Windelband zur Beurteilung, und der sagte: „Hätten Sie mir diese Arbeit vorgelegt und mit einigen Ergänzungen und etwas Philosophiegeschichte versehen, dann wären Sie bei mir promoviert worden."[119]

Ernst Bloch hatte erfahren, daß Georg Simmel einen Assistenten suchte. Er schickte ihm eine Postkarte mit folgendem Wortlaut: „Bin Philosoph ohne Stelle. Können Sie mich brauchen?" Simmels Zusage kam prompt ebenfalls auf einer Postkarte: „Nehmen Sie den nächsten Zug."[120]

Bloch war besonders von Simmel fasziniert, und er versuchte in dessen Privatkolloquium aufgenommen zu werden. Also begab er sich zu Simmel, der ihn fragte: „Sind Sie so davon überzeugt, daß es ein Vorteil wäre zu promovieren? In mein daheim stattfindendes Kolloquium kann ich Sie nicht aufnehmen, da hier nur für zwölf Studenten Platz ist." Beim Hinausgehen begann Bloch ein Gespräch über Ontologie, und je länger er darüber sprach, desto mehr leuchteten Simmels Augen auf. „Es scheint, daß philosophische Probleme Sie interessieren", sagte er, und bereits am nächsten Tag erhielt Bloch eine Postkarte mit der Nachricht, daß er in das Kolloquium aufgenommen sei.[121]

Eine Zeitlang lebten Bloch und Lukács in Heidelberg und sorgten dort mit prätentiösen Reden und ihren damals noch gnostisch angehauchten Vorträgen für allerlei Aufsehen. Der Neukantianer Lask mokierte sich mit dem folgenden Wort darüber: „Wer sind die vier Evangelisten? Matthäus, Markus, Lukács und Bloch."[122]

Als Wittgenstein Volksschullehrer in Österreich war, schrieb er Russell: „Die Bewohner von Trattenbach sind sehr schlechte Menschen." Russell antwortete: „Alle Menschen sind schlecht." Wittgenstein schrieb zurück: „Die Menschen in Trattenbach sind schlechter als alle anderen Menschen."[123]

Wittgenstein fragte Russell: „Halten Sie mich für einen völligen Idioten?" – „Wieso fragen Sie mich das?" – „Wenn ich ein Idiot bin, dann möchte ich Pilot, sonst Philosoph werden."[124]

Wittgenstein urteilte über Russell, daß seine Bücher über Sexualität das Gegenteil eines Aphrodisiakums seien. Im übrigen dürften seine Bücher nur in Rot und in Blau eingebunden sein: in Rot die über mathematische Logik, die alle Philosophiestudenten zu lesen hätten, in Blau die über Ethik und Politik – und keinem Menschen dürfe erlaubt werden, sie zu lesen.[125]

Freunden und Bekannten von Wittgenstein fiel zeit seines Lebens auf, wie oft Wittgenstein deprimiert oder pessimistisch war. Aber fast alle waren überrascht, als er wenige Stunden vor seinem Tod von seinen Freunden sprach und zu der Frau seines Arztes, die ihn pflegte, sagte: „Sagen Sie ihnen, daß ich ein wundervolles Leben gehabt habe."[126]

Während des Davoser Disputs war Cassirer als der eine Protagonist für einen halben Tag unpäßlich. Obwohl Heidegger daran interessiert war, die Gespräche für sich zu entscheiden, wollte er die Abwesenheit Cassirers nicht ausnutzen. Also begab er sich zu Cassirer in dessen Zimmer, um ihm diejenigen Vorlesungsskripte zu übergeben, an deren Vortrag Cassirer nicht teilnehmen konnte.[127]

Als Heidegger und Nicolai Hartmann in Marburg lehrten und beide eine wechselseitige Distanz pflegten, ging das Wort von der „Philosophia perennis" um: Während Hartmann stets die Nacht hindurch zu arbeiten pflegte und sich um fünf Uhr früh zur Ruhe begab, stand Heidegger zu dieser Uhrzeit auf und begab sich an sein Tagwerk.[128]

Helmuth Plessner und seine Frau verbrachten einen Urlaub in Sils Maria. Als sie eines Tages auf einer Bank Rast machten, stürmte ein rundlicher Herr mit einem schwarzen Filzhut an ihnen vorbei zum Hotel hinauf: Adorno. Plessner rief ihm zu: „Renn doch nicht so, Teddy, denk an deine Gesundheit", doch Adorno erwiderte: „Mach dir keine Sorge, ich bin an die Bergluft gewöhnt. Wir sehen uns später noch." Am nächsten Vormittag machten die Plessners einen Spaziergang, als sie eine Droschke überholte, in der Adorno saß. Ein wenig verlegen zog er seinen Hut und sagte: „Ich habe mich doch noch nicht ganz an das hiesige Klima gewöhnt."[129]

Plessner und Horkheimer trafen sich zum Essen. Horkheimer bestellte sich gebratene Leber. „Aber Max", sagte Plessner, „bei Ihrem Rheuma sollten Sie aber keine Leber zu sich nehmen." – „Lieber Plessner, ich leide nicht unter Rheuma, sondern ich habe Gicht." Plessner, der Sohn eines Internisten, lächelte still vor sich hin und versagte sich jeden weiteren Kommentar.[130]

Klibansky und Jaspers studierten beide in Heidelberg auch bei dem Archäologen Ludwig Curtius. Klibansky wurde trotz geringer Erfahrung zu einem Oberseminar zugelassen, ja Curtius gab ihm sogar die Aufgabe, das Referat für die erste Seminarstunde zu halten. Klibansky benötigte statt einer Stunde dann vier Sitzungen und trug eine Reihe explosiver Thesen vor, von denen er annahm, daß sie von den Teilnehmern in Bausch und Bogen verrissen würden. Aber er hatte sich gleich doppelt getäuscht: Es entwickelte sich nicht nur eine sehr lebendige Diskussion um seine Thesen, sondern Jaspers lud Klibansky, dessen Ausführungen ihm sehr gefallen hatten, zu sich nach Hause ein.[131]

III. „Was wird der Witz der nächsten Woche sein?"

Vom Streit der Philosophen

> „Fichte ist der Vater der Schein-Philosophie, der
> unredlichen Methode, welche durch Zweideutig-
> keit im Gebrauch der Worte, durch unverständ-
> liche Reden und durch Sophismen zu täuschen,
> dabei durch einen vornehmen Ton zu imponiren,
> also den Lernbegierigen zu übertölpeln sucht;
> ihren Gipfel hat diese, nachdem auch Schelling sie
> angewandt hatte, bekanntlich in Hegeln erreicht
> […]. Einen widerlichen, geistlosen Scharlatan und
> beispiellosen Unsinnschmierer, Hegel, konnte
> man, in Deutschland, als den größten Philoso-
> phen aller Zeiten ausschreien, und viele Tausende
> haben es, zwanzig Jahre lang, steif und fest ge-
> glaubt."
>
> (Arthur Schopenhauer)[132]

Als Sokrates sah, daß Antisthenes seinen Mantel so trug, daß
jeder die Löcher darin bemerken mußte, sagte er zu ihm: „Aus
den Löchern deines Mantels funkelt mir deine Eitelkeit entgegen."[133]

Diogenes bemerkte bei einem Symposion, daß Platon nur Oliven
zu sich nahm. Er sagte zu ihm: „Erst macht du eine große Seereise
nach Italien und genießt die dortigen Tafelfreuden, und nun, da
du alles in Hülle und Fülle hier vorfindest, entsagst du dich?"
„Du kannst mir glauben", erwiderte Platon, „auch dort habe ich
meist Oliven gegessen." – „Wozu also", konterte Diogenes, „bist
du dann nach Italien gefahren? Oliven hättest du auch in Attika
haben können."[134]

Im Beisein von Diogenes stellte Platon die These auf, der Mensch
sei ein Tier mit zwei Füßen, aber ohne Federn. Während die um-
stehende Menge dieser Definition Beifall spendete, holte Diogenes
einen Hahn herbei, rupfte ihm die Federn aus und sagte: „So sieht
Platons Mensch aus", worauf Platon seine Definition um die Er-
läuterung ergänzte: „Mit platten Nägeln".[135]

Einige Stoiker lachten sehr, als sich Diogenes einmal rückwärts durch ihre Schule bewegte. Diogenes tadelte sie: „Auf der Bahn des Lebens rückwärts zu gehen, schämt ihr euch nicht, lacht aber, wenn ich nur dieses kurze Stück rückwärts gehe."[136]

Einige befreundete Dialektiker saßen zusammen und vertrieben sich die Zeit damit, Sophismen oder Trugschlüsse zu erdenken und die Unterhaltung damit zu würzen, daß der Erfinder eine Person bestimmte, das Rätsel zu lösen. Wer einen Trugschluß auflösen konnte, erhielt zur Belohnung eine Silbermünze, wer dies nicht vermochte, mußte eine Silbermünze als Strafe zahlen. Von den eingesammelten Strafgeldern sollte ein Mahl gerichtet werden. Einige dieser Trugschlüsse sahen so aus: „Was Schnee ist, ist kein Hagel. Schnee aber ist weiß, also ist Hagel nicht weiß." Oder: „Was ein Mensch ist, ist kein Pferd; ein Mensch ist aber ein lebendes Geschöpf, also ist ein Pferd kein lebendes Geschöpf." Eine Weile später kam Diogenes an dieser Versammlung vorbei. Einer bemerkte ihn und gab ihm folgenden Trugschluß zum Lösen auf: „Was ich bin, das bist du nicht; ich bin ein Mensch, also bist du kein Mensch." Diogenes räumte die Richtigkeit aller Prämissen ein und bemängelte die Schlußfolgerung: „Dieser Schluß ist falsch; wenn er aber wahr sein soll, dann mußt du den ersten Satz mit mir beginnen lassen."[137]

Aristipp traf Diogenes, der gerade dabei war, Gemüse zu waschen. Spöttisch sagte er zu Aristipp: „Wenn du gelernt hättest, dich mit solcher Speise zu begnügen, müßtest du dich nicht als Diener an Tyrannenhöfen verdingen." Aristipp erwiderte ebenso spöttisch: „Und wenn du gelernt hättest, mit Menschen umzugehen, müßtest du heute nicht Gemüse waschen."[138]

Der Arzt Herophilos war im Gebrauch der Dialektik – so berichtet Sextus Empiricus – wenig zimperlich. Seine sophistischen Argumente gebrauchte er mal für, mal gegen dieselbe Sache. Zu ihm kam Diodoros Kronos, weil er sich die Schulter ausgerenkt hatte, und er bat Herophilos, ihn zu heilen. Dieser aber trieb Spaß mit ihm. Während er Diodors Schulter schmerzhaft abtastete, sagte er: „Wenn deine Schulter tatsächlich herausgesprungen wäre, dann kann sie nicht mehr an ihrem ursprünglichen Ort sein. Dort ist sie aber. Also ist sie auch nicht herausgesprungen." Diodor flehte ihn an, solche derben Späße zu unterlassen und ihm endlich die Schulter einzurenken.[139]

Menedemos wurde von einem Dialektiker die verfängliche Frage vorgelegt, ob es wahr sei, daß er gestern aufgehört habe, seinen Vater zu verprügeln. Menedemos erkannte die List der Frage und sagte: „Ich habe ihn nicht verprügelt und habe auch nicht damit aufgehört." Nun wurde ihm entgegengehalten, er dürfe nur mit Ja oder Nein antworten. Aber Menedemos ließ sich darauf nicht ein: „Es wäre doch töricht, den Gesetzen von euch Dialektikern zu folgen, da es doch möglich ist, gleich zu Anfang Widerstand zu leisten."[140]

Ein Peripatetiker gab Demonax gegenüber damit an, der einzige und erste Meister in der Dialektik zu sein. „Wenn du der erste bist", versetzte Demonax, „so bist du nicht der einzige, und wenn du der einzige bist, dann bist du nicht der erste."[141]

Demonax beobachtete zwei Philosophen, die gegenseitig schlecht argumentierten: Der eine stellte laufend unsinnige Fragen, und der andere gab Antworten, die nicht zur Sache paßten. Nach einer Weile unterbrach Demonax die beiden: „Kommt es euch nicht vor, als wenn der eine von euch einen Bock melkt, während der andere ein Sieb darunterhält?"[142]

Jemand fragte Demonax, zu welcher philosophischen Sekte er sich zähle. „Woher willst du denn wissen", fragte Demonax, „daß ich Philosoph bin?" und wandte sich kichernd ab. „Was gibt es denn da zu kichern", fragte der andere. „Es kam mir nur", versetzte Demonax, „lachhaft vor, daß jemand, der so gut und so glatt rasiert ist wie du, einen Philosophen am Bart erkennen will."[143]

Ein sophistischer Angeber prahlte damit, in allen philosophischen Lehren zu Hause zu sein: „Ruft mich Aristoteles ins Lykeion, so leiste ich dem Ruf Folge; ruft mich Platon in die Akademie, so gehe ich dahin; ruft mich Zenon in die Stoa, so bin ich dort ohnehin zu Hause; ruft mich Pythagoras, so bin ich völlig stumm und schweigsam." Sofort erhob sich Demonax: „Pythagoras ruft dich."[144]

Gegenüber d'Alembert gab Voltaire damit an, daß er sein Drama „Olympia" in nur sechs Tagen geschrieben habe. „Dann hätte sich der Autor", meinte d'Alembert, „am siebten Tag zur Ruhe setzen sollen."[145]

Den endgültigen Bruch zwischen Fichte und Kant besiegelte eine öffentliche Erklärung Kants vom 7. August 1799, in der dieser die Wissenschaftslehre Fichtes zu einem „gänzlich unhaltbaren System" erklärt. Danach erfolgt ein persönlicher Angriff gegen Fichte, der durch das Problem motiviert ist, ob die „Kritik der reinen Vernunft" „buchstäblich" zu verstehen ist oder nicht. Auch sei, so Kant, keine Überhöhung respektive Fortführung durch andere Systeme notwendig. Kant ist die Unterstellung unbegreiflich, er habe „bloß eine Propädeutik zur Transzendental-Philosophie, nicht das System dieser Philosophie selbst liefern wollen". Nachfolgend heißt es dann: „Ein italienisches Sprichwort sagt: ‚Gott bewahre uns nur vor unseren Freunden, vor unseren Feinden wollen wir uns wohl selbst in Acht nehmen.' Es gibt nemlich guthmütige, gegen uns wohlgesinnte aber dabey in der Wahl der Mittel unsere Absichten zu begünstigen, sich verkehrt benehmende (tölpische), aber auch bisweilen betrügerische, hinterlistige, auf unser Verderben sinnende und dabey doch die Sprache des Wohlwollens führende […] sogenannte Freunde, vor denen und ihren ausgelegten Schlingen man nicht genug auf seiner Huth seyn kann."[146]

Im Alter blickte Hegel auf sein Lebenswerk zurück: „Eigentlich hat mich von allen meinen Schülern nur der Gans verstanden, aber ...", so sagte er dann nach einigem Nachdenken, „... der auch nur falsch."[147]

Hegel spottete über Leibniz: Als dieser seinen Satz, daß es nicht einander völlig gleiche Dinge gebe, an einem Königshof vorgetragen habe, habe er die Damen veranlaßt, seinen Satz anhand von Baumblättern im Park zu prüfen. „Glückliche Zeiten für die Metaphysik, wo man sich am Hofe mit ihr beschäftigte und wo es keiner anderen Anstrengung bedurfte, ihre Sätze zu prüfen, als Baumblätter zu vergleichen."[148]

Hegel hatte in Berlin zu Schleiermacher bestenfalls ein kollegiales Verhältnis. Bei einem Mittagessen gerieten sie in einen heftigen Streit miteinander: Schleiermacher beleidigte Hegel, der sich ebenso revanchierte. Doch einige Tage später schrieb jener an Hegel: „Um nicht eins über dem anderen zu vergessen, werther College: Die Weinhandlung, nach der Sie vor unserem Händel gefragt haben, befindet sich in Bordeaux und ist über Herrn Rebstock, Alexanderplatz No. 4, zu contactieren. – Übrigens muß ich Ihnen eigentlich sehr verbunden sein, daß Sie das unartige Wort, welches mir neulich nicht hätte entwischen sollen, sogleich erwiderten, denn dadurch haben Sie den Stachel wenigstens gemildert, den die Heftigkeit, welche mich überraschte, in mir zurückgelassen hat."[149]

Hegel und Schleiermacher sollen angeblich während einer Fakultätssitzung mit Messern aufeinander losgegangen sein. Um das Gerücht zu dementieren, gingen sie zum Tivoli auf die Rutschbahn und fuhren gemeinsam hinunter.[150]

Schopenhauer haßte die Philosophieprofessoren, vor allem Hegel. Als er selbst in Berlin lehrte, nahm er an, die Studenten würden scharenweise zu ihm kommen. Um es seinem Feind Hegel zu zeigen, legte er seine Vorlesung auf die gleiche Uhrzeit wie dieser. Aber es kamen nur wenige Studenten zu ihm, schließlich kam niemand mehr, während man sich bei Hegel drängte.[151]

Bereits die bloße Existenz Hegels muß für Schopenhauer ein Affront gewesen sein. Typisch dafür ist, daß Schopenhauer regelmäßig drei Stunden am Vormittag an seinen Texten schrieb. Ginge er über diese Zeit hinaus, so würden seine Gedanken blaß und unoriginell, und auch der Stil würde sich verschlechtern. Im übrigen könne man an Hegel und dessen unsäglichen Texten sehen, wohin es führe, wenn man mehr als zehn Stunden über den Papieren sitze.[152]

Schopenhauer schätzte auch Fichte gar nicht. Davon zeugen seine Kommentare in seinen Vorlesungsmitschriften, in denen er mitunter von „rasendem Unsinn" und „wahnsinnigem Geschwätz" schreibt: Das Vorlesungsprotokoll betitelt er mit „Ist dies schon Tollheit, hat es doch Methode". Fichte sagt: „Das Ich ist, weil es sich setzt" – Schopenhauer zeichnet einen Stuhl daneben. Fichte sagt: „Das Ich erhellet nicht aus irgend einem Andern, sondern ist hell und die absolute Helligkeit selbst", so kommentiert Schopenhauer: „Da er heute nur das reine Licht, aber kein Talglicht aufsteckte, konnte das Protokoll nicht weiter geführt werden. [...] Die Wissenschaftslehre wird noch lange im Dunkeln sitzen."[153]

Kurz vor seinem Tod bemerkte Schopenhauer: „Daß meinen Leib bald die Würmer zernagen, ist mir kein arger Gedanke; aber mit Grauen denke ich daran, wie mein Geist unter den Händen der ‚Philosophieprofessoren‘ zugerichtet werden wird."[154]

Adolf Lazarussohn ließ sich taufen und nahm den Namen „Lasson" an. Das ermunterte einen christlichen Kollegen zu der spitzen Bemerkung: „Sobald jemand den Unbeschnittenen markieren will, beschneidet er seinen Namen."[155]

In einer Studentenkneipe hielt ein noch junger Dozent, der gerade neu an die Universität berufen worden war, einen sehr kritischen Vortrag über Kuno Fischers Philosophie. Selbstverständlich wurde Fischer das Gesagte zugetragen. Als er eines Tages mit dem neuen Kollegen in einer Gesellschaft zusammentraf, ignorierte Fischer ihn völlig, während dieser sehr bemüht war, mit Fischer ins Gespräch zu kommen. Nach einer Weile sagte Fischer dann ganz laut zu seinem Tischnachbarn: „Wer ist eigentlich dieser Gymnasiast, der die ganze Zeit meine Bekanntschaft zu machen versucht?"[156]

Solange Cohen und Natorp gemeinsam in Marburg lehrten, schien Natorp der Weiterdenker der Gedanken Cohens zu sein. Als Cohen nach Berlin ging, blieb Natorp in Marburg zurück und veröffentlichte seine Psychologie, über die Cohen bemerkte: „Wenn ich in Marburg geblieben wäre, würde dies Buch nicht erschienen sein."[157]

Das Verhältnis zwischen Cassirer und seinem mehr als dreißig Jahre älteren Doktorvater Hermann Cohen war nicht immer ganz spannungsfrei, wenngleich beide sich sehr respektierten. Trotz aller Schwierigkeiten, die der ungestüme Cohen Cassirer gemacht hat, spricht Cassirer von ihm als dem „magister perfectionis". Im täglichen Umgang vertrat Cohen seine Standpunkte mit großer Entschiedenheit, und Cassirer beharrte ruhig auf seinen. Cohen erklärte dazu Cassirers Frau, daß es für die Vertreter der Marburger Schule typisch und beruhigend sei, darin alle Temperamente von der ungestümen Jugend bis zum abgeklärten Alter zu finden, wobei er selbstverständlich die Jugend vertrete und Cassirer das Alter.[158]

Cohens Temperament war oft über die Maßen heftig. In der Vorrede zu seinem Buch „Die Religion der Vernunft aus den Quellen des Judentums" schrieb er eine heftige Polemik gegen Bergson, dessen Philosophie er zutiefst mißtraute. Er gab den Text vorab Cassirer zu lesen, der Cohen dringend ersuchte, die Vorrede umzuschreiben, denn dieser Stil sei einem Mann wie Bergson gegenüber ganz und gar unangebracht. Cohen war getroffen von Cassirers Kritik und versprach, sich das Ganze nochmals zu überlegen. Am Abend rief er Cassirer an und sagte: „Lieber Cassirer, Sie hatten ganz recht mit Ihrer Kritik, und ich habe die Partie über Bergson sehr abgeschwächt. Jetzt steht da nur noch, ‚daß diese Stelle von Bergson das belangloseste, hohlste, sinnloseste Geschwätz ist, was ich in meinem Leben gelesen habe'."[159]

Nachdem Wilhelm Dilthey emeritiert und lediglich außerordentlicher Professor in Berlin war, wurde die Philosophie dort hauptsächlich von Alois Riehl und Carl Stumpf vertreten. Gemessen an ihren Vorgängern waren sie nicht sehr angesehen: Unter den Studenten kursierte das Wort, in Berlin würde die Philosophie mit „Stumpf und Riehl" ausgerottet. Diese Parole machten sich die Marburger Studenten zu eigen, die auf den Neukantianismus der Marburger Schule eingeschworen waren. In Berlin allerdings spottete man über diese Richtung und das Team „Cohen" und „Natorp" mit dem Scherzwort vom „doppeltcohensauren Natorp".[160]

Hensel und Windelband hatten als Kollegen einmal einen heftigen Streit, den Hensel verursacht hatte. Nach harten Worten verließ er den Raum. Doch allmählich kam er zu der Auffassung, daß er sich ziemlich kindisch für sein Alter benommen hatte, und nach einer schlaflosen Nacht beschloß er, Windelband aufzusuchen und sich zu entschuldigen. Während Hensel aber noch beim Frühstück saß, klopfte es, und Windelband trat ein. „Ach, Herr Windelband, ich wollte gleich losgehen, um Sie aufzusuchen." – „Das habe ich mir gedacht, lieber Hensel, aber diesen ziemlich unangenehmen Gang wollte ich Ihnen abnehmen. Sicher sind Sie mittlerweile zu der Einsicht gekommen, gestern abend ein wenig zu ausfällig geworden zu sein?" – „Ja, Herr Professor, ich habe mich benommen wie ein Idiot." – „Nun, die Energie, mit der Sie Ihre Sache vertreten haben, hat mich gefreut. Ihre Entschuldigung nehme ich gerne an, und nun wollen wir über etwas Vernünftigeres sprechen."[161]

Hensel und Windelband sprachen auf Windelbands „Philosopha" genanntem Sitzmöbel über Windelbands Dissertation. Hensel meinte, daß sie zwar sehr gut sei, aber doch zu sehr von Einflüssen Leibniz' durchdrungen, so daß das Konzept nicht ganz aufgegangen sei. „Soviel ich weiß", entgegnete Windelband, „habe ich mich in dieser Arbeit doch gar nicht mit Leibniz auseinandergesetzt." – „Das stimmt", sagte Hensel, „ausdrücklich haben Sie das nicht getan, aber jeder Kundige merkt sofort, daß dem Text eine eingehende Auseinandersetzung mit Leibniz vorangegangen sein muß." – „Das ist aber falsch, denn wenn ich mich genau entsinne, habe ich mich zuvor eingehend mit der Philosophie Eduard von Hartmanns befaßt und wollte ein Buch darüber schreiben. Aber wenn Sie wollen, können wir ja in die Schrift hineinschauen, und Sie werden feststellen, daß Ihre Leibnizunterstellung fehlgeht." Nach einigen Minuten kam er mit dem Exemplar an und legte es Hensel vor. Hensel schlug die erste Seite auf und lachte, Windelband ebenfalls, denn die ersten Worte lauteten: ‚Kapitel eins, Vorgeschichte: Leibniz' perception petite'.[162]

Als junger Student suchte Ernesto Grassi Husserl in Freiburg auf. Husserl sagte ihm, daß er gerade als Italiener zum Philosophen geschaffen sei, da er noch unmittelbar an die Phänomene herangehen könne. Grassi entgegnete, er sei in der Tradition Hegels aufgewachsen. Husserl war entsetzt: „Sie Armer, dann sind Sie verloren, dann haben Sie keine Möglichkeit mehr zu philosophieren."[163]

Von Husserl wird erzählt, er habe Bühlers Buch „Die Krise der Psychologie" aufgeschlagen auf dem Schreibtisch liegen gelassen und den breiten Rand des Buches für Notizen benutzt, die er dann abtrennte.[164]

Husserl verglich die Schriften Rickerts mit einer hohen Säulenhalle, deren Klarheit zunächst ein Genuß sei, die aber dann immer leerer würde, so daß man schließlich nichts mehr damit anfangen könne. Scheler, dessen Genialität Husserl anerkannte, nannte er einen „Talmi-Phänomenologen": „Man muß Einfälle haben, aber man darf sie nicht veröffentlichen."[165]

Mit der Philosophie Husserls konnte Rickert gar nichts anfangen: „Das ist Intuitionismus. Wer Schau sucht, sollte lieber in ein Lichtspieltheater gehen."[166]

Heinrich Rickert war kein einfach zu nehmender Mensch. Das mußte Richard Kroner erfahren, dessen Verhältnis zu Rickert, der 1908 sein Doktorvater war, eine schwere Störung erfuhr, als Kroner 1922 diesem das Manuskript eines Aufsatzes vorab zur Lektüre gab. Darin bezog er Positionen, die Rickert überhaupt nicht paßten. Wie sehr Rickert verärgert war, macht sein Kommentar gegenüber Kroner deutlich: „Wenn Sie diesen Aufsatz veröffentlichen, werde ich mich gezwungen sehen, der Leserwelt zu erklären, daß mein ehemaliger Schüler mich niemals verstanden hat."[167]

Rickert begrüßte einen ausländischen Privatdozenten für Philosophie in seinem Oberseminar. Nach einigen Worten zur Person erteilte Rickert ihm das Wort. Nachdem der Gast seinen Bericht über die Philosophie Rickerts gehalten und sie als die einzig wirkliche wissenschaftliche Philosophie in Deutschland gelobt hatte, kommentierte Rickert: „Nicht ohne Wohlwollen, Herr Kollege, habe ich Ihren Ausführungen zugehört. Aber leider sind Sie auf meinen letzten, kürzlich im ‚Logos' erschienenen Aufsatz gar nicht eingegangen. Trotz der vielen Bücher, die ich geschrieben habe, halte ich diesen Aufsatz für meinen vielleicht wichtigsten Text."[168]

Als Rickert und Windelband in Heidelberg lehrten, war die Universität fast bis zum Übermaß mit Privatdozenten für Philosophie versorgt. Für diesen Zustand machte Rickert Windelband verantwortlich: „Mein verehrter Lehrer Windelband scheint die Habilitation von Privatdozenten für ein Naturereignis zu halten, dem gegenüber Menschenkräfte machtlos sind."[169]

Rickert wurde jedesmal zornig, wenn einer seiner Schüler die Rede auf Heidegger brachte. Er zitierte dann einen beliebigen Satz Heideggers mit der Frage, ob das ins Lateinische übersetzbar sei. Was diesem Anspruch nicht genüge, existiere für ihn nicht.[170]

Auf einer Gesellschaft erzählte Rickert von seinem System, den sechs Wertgebieten und dem Gebiet der Erotik. Schließlich fuhr Max Weber dazwischen: „So ein Unfug. Hören Sie bloß auf mit diesem Gartenlaubenstil."[171]

Shepard Stone, der Ehrenbürger Berlins, berichtet, daß seine Prüfung in Philosophie bei Heinrich Maier nicht sehr schön war: Zum Schluß der Prüfung fragte Maier nämlich, ob es denn amerikanische Philosophen gäbe. „Jawohl, Herr Professor, nämlich Henry James." – „Henry James? Das ist doch ein Psychologe!" – „Dann gibt es noch Santayana." – „Santayana ist Europäer!" Zuletzt nannte Stone Dewey, und Maier entgegnete: „John Dewey? Der ist doch ein Journalist!"[172]

Scheler scherzte über Heideggers Leidenschaft für das Skilaufen: „Das tut er offenbar nicht aus Geworfenheit, sondern aus Getragenheit."[173]

Max Scheler urteilte über die kulturphilosophischen Studien eines Kollegen: „Er arbeitet nach dem Rezept, man nehme kein Haar und spalte es."[174]

Zu Nicolai Hartmann kam in Göttingen ein Student in die Sprechstunde mit der Bitte, das Studium bei Hartmann fortsetzen zu können. „Bei wem haben Sie denn bisher Philosophie studiert?" fragte Hartmann. – „Bei Professor Heidegger, Herr Professor." – „Ich habe Sie gefragt, bei wem Sie *Philosophie* studiert haben!"[175]

Das Verhältnis zwischen Heidegger und Nicolai Hartmann war nicht gerade herzlich. Einmal begegneten sie sich auf der Treppe der Marburger Universität. Hartmann, wie immer streng und würdevoll gekleidet, war auf dem Weg in seine Vorlesung, Heidegger kam im Skianzug gerade aus dem Hörsaal heraus. Hartmann blieb stehen und sagte: „Herr Kollege, wie gehen Sie denn in die Vorlesung?" Heidegger konnte darüber nur lächeln, hatte er doch gerade einen Vortrag über das Skilaufen zur Einführung in einen damals neuen Trockenskikurs gehalten. Diese sportliche Seite Heideggers wurde von manchen seiner Schüler zum Vorbild genommen, denn sie stellten eine Zeitlang die zweitbeste Faustballmannschaft Marburgs.[176]

Cassirers Habilitationsverfahren in Berlin war schwierig. Nach seinem Probevertrag, den Cassirer als Formalität ansah, erfuhr er gerüchteweise, daß die Vertreter der Philosophie ihn ablehnen wollten. An der dem Vortrag folgenden Aussprache nahm überraschend der greise Wilhelm Dilthey teil, der ebenfalls von den Bestrebungen gegen Cassirer gehört hatte. Indem er seine Stimme für Cassirer abgab, wendete er das Blatt zu dessen Gunsten. Später soll er erklärt haben: „Ich will nicht, daß später über mich erzählt wird, Mitschuld an der Ablehnung Ernst Cassirers gehabt zu haben."[177]

Anfang des Jahrhunderts arbeitete Cassirer an der deutschen Leibniz-Ausgabe mit. Einer der Übersetzer schickte seine Texte an Cassirer zur Durchsicht, und Cassirer korrigierte die Übersetzung in starkem Maß. Eines Tages fragte ihn seine Frau, ob es nicht schneller ginge, wenn er die Übersetzung gleich selbst machte. „Sicher", so erwiderte er, „ginge das schneller, aber ich kann ihm die Arbeit doch nicht aus der Hand nehmen – er weiß ja nicht, daß er keine gute Arbeit leistet."[178]

Nach dem Davoser Disput zwischen Cassirer und Heidegger gab es einen „Bunten Abend", bei dem u.a. ein Kabarett aufgeführt wurde. Selbstverständlich wurden Heidegger und Cassirer karikiert. Bollnow stellte Heidegger dar, dessen Körpermaßen er entsprach, und Levinas verkörperte Cassirer. Immer wieder sagte Bollnow „interpretari heißt eine Sache auf den Kopf stellen", während Levinas immer wieder murmelte „Ich bin versöhnlich gestimmt", während er gleichzeitig an seiner Perücke und seiner Hose schüttelte und Mehl herabrieselte.[179]

Otto Neurath und Moritz Schlick waren die Köpfe des Wiener Kreises, harmonierten aber nicht miteinander. Ein einziges Mal fiel der stets sehr höfliche und liebenswürdige Schlick aus der Rolle. Bei einer Gesellschaft trat er vor die Gäste und sagte: „Heute ist Herr Neurath willens, uns ein Referat über die Einheitswissenschaft zu halten. Obwohl ich mir nicht vorstellen kann, daß das jemanden interessiert, bitte ich Herrn Neurath trotzdem, nun zu uns zu sprechen." Der sonst nie um eine Schlagfertigkeit verlegene Neurath wurde rot, erwiderte aber nichts.[180]

Otto Neurath war eine der dominierenden Gestalten des Wiener Kreises. Fast inquisitorisch erhob er Widerspruch, sobald er auch nur eine Spur von Metaphysik witterte, was den Diskussionspartnern manchmal sehr auf die Nerven ging. Bei einer Zusammenkunft ging es um Wittgensteins „Tractatus", und wiederholt intervenierte Neurath, das sei pure Metaphysik. Als Schlick ihn bat, diese dauernden Unterbrechungen zu unterlassen, machte Neurath im Gegenzug den Vorschlag, er könne auch einfach „M" dazwischenrufen, wenn es zu metaphysisch würde. Aber etwas später korrigierte Neurath sich: „Es würde uns allen Zeit sparen, wenn ich mich darauf beschränke, ,Non-M' zu rufen, wenn einmal nichts Metaphysisches gesagt wird."[181]

Julius Ebbinghaus, der zum Neukantianismus Distanz hielt, wurde gefragt: „Sie sind wohl der letzte Kantianer?" – „Wieso der letzte? Ich bin der erste!"[182]

1947 fand in Garmisch-Partenkirchen ein Philosophie-Kongreß statt. Ein beherrschendes Thema war die Auseinandersetzung mit dem Existentialismus. Nachdem eine Reihe von existentialistisch angehauchten Vorträgen dazu gehalten worden war, erhob sich Ebbinghaus. Mit wilden und hektischen Gesten, zornig und polternd, rechnete er mit solchen Annäherungen ab: „Ganz gleich, welche Seite von Jaspers oder Heidegger man mir vorlegt, ich werde sie mit den einfachsten Mitteln der formalen Logik in die Luft jagen."[183]

Heidegger verachtete jede Form von Kulturphilosophie und mißtraute den in den 20er Jahren zunehmenden Kongressen sowie der Fülle von damals erscheinenden Zeitschriften wie etwa der „Logos". So äußerte er über Scheler, daß dieser zur Zeit philosophische Systeme längst verstorbener Denker erneuere, während andere Kollegen bemüht seien, in Anlehnung an die Zeitschrift „Logos" auch noch „Ethos" oder „Kairos" betitelte Zeitschriften zu gründen: „Und was wird der Witz der nächsten Woche sein?"[184]

In den 30er Jahren lud Heidegger Viktor von Weizsäcker und Werner Heisenberg zu einem Gespräch ein. Beide fochten für die Einführung des Subjekts in die Naturwissenschaften und stritten darüber, ohne aber imstande zu sein, sich über die jeweilige Position des anderen zu verständigen. Heidegger versuchte, eine Vermittlung herbeizuführen. Das Gespräch verlief nun so, daß die Kontrahenten eine Stunde miteinander redeten und sich schließlich völlig verzettelt hatten. Dann ergriff Heidegger das Wort: „Sie, Herr von Weizsäcker, wollen doch folgendes sagen", und Heidegger faßte es in drei, vier Sätzen zusammen, und von Weizsäcker stimmte dem zu. Dann wandte er sich Heisenberg zu und sagte: „Ihnen, Herr Heisenberg, geht es um dies", und wieder brachte er das Gemeinte auf den Punkt, und Heisenberg willigte ein. Aber sosehr Heidegger sich bemühte, zwischen beiden zu vermitteln, und obwohl beide den Vermittlungen zustimmten, stritten beide sofort weiter, als sie direkt miteinander redeten.[185]

Bloch und Heidegger waren politisch gesehen Gegner, denn Bloch hatte kein Verständnis für Heideggers Verhalten während der NS-Zeit. Sie trafen sich nur einmal, und dabei gingen sie jedem Streit dadurch aus dem Weg, daß sie sich angeregt über den von beiden geschätzten Hebel und dessen „Schatzkästlein des rheinischen Hausfreunds" unterhielten und sich im auswendigen Deklamieren zu überbieten versuchten.[186]

In seiner Jugend bemerkte Bloch ein starkes Interesse an Philosophie. Er schrieb z.B. an Lipps, Wundt, Windelband und Mach.

Ein Problem dabei bestand darin, daß Bloch meinte, aus Gründen der Höflichkeit eine Briefmarke für die Antwort beilegen zu sollen. Doch da eine Briefmarke für Blochs Verhältnisse recht teuer war, schickte er engbeschriebene Postkarten. Die Angeschriebenen nahmen das oft nicht gut auf, und einmal kam eine Postkarte zurück mit der Bemerkung: „Probleme lassen sich nicht auf Postkarten lösen."[187]

Die Freundschaft zwischen Bloch und Simmel zerbrach an divergenten Einstellungen zum Ersten Weltkrieg: Simmel schlug sich auf die Seite der Kriegsbegeisterten, Bloch stand auf der anderen Seite. In Blochs Trennungsbrief heißt es: „Ein ganzes Leben sind Sie der Wahrheit ausgewichen, als ob Sie sie sähen, und jetzt finden Sie das Absolute im Schützengraben. Nein, das nicht!"[188]

Während der Emigrationszeit hatte es einen irreparabel scheinenden Bruch zwischen Bloch und Adorno gegeben. 1958 erschien Bloch auf einem Kongreß in Frankfurt. Adorno hatte als Hauptreferent zugesagt, und als er von Blochs Eintreffen gehört hatte, bestand er darauf, von ihm abgeschirmt zu werden, um ihm nicht zu begegnen. So wurden beide von verschiedenen Gastgebern in verschiedene Lokale zum Essen geführt. Aber Bloch ließ es sich nicht nehmen, Adornos Vortrag zu besuchen: Ziemlich weit hinten nahm er im Hörsaal Platz, und als die Diskussion begann, setzte er sich zum Schrecken Adornos alle paar Minuten immer weiter vor und hielt dann sogar noch ein Koreferat, in dem er Adorno nicht – wie dieser befürchtet hatte – zerriß. Nach der Veranstaltung strebte Adorno eilend zur Tür, doch Bloch kreuzte seinen Weg und begrüßte den Erblassenden: „Na, Teddy, wie geht's denn?"[189]

Wittgenstein und Carnap hatten sich eines Buches wegen zerstritten: Als Wittgenstein einmal bei Carnap zu Besuch war und Carnap für einen Moment in der Küche Tee kochte, durchstöberte Wittgenstein die Bücher und fand ein Buch über Okkultismus. Als Carnap ins Zimmer zurückkehrte, fand er Wittgenstein wütend auf dem Buch herumtretend vor, und dann schrie er Carnap an: „Solchen Mist haben Sie in Ihrer Bibliothek? Glauben Sie, daß ich noch länger mit einem Menschen Umgang haben möchte, der solche Bücher besitzt?"[190]

Im Jahre 1946 wurde Popper vom Moral Science Club in Cambridge zu einem Vortrag über ein „philosophical puzzle" eingeladen. Er erkannte, daß die Themenvorgabe von Wittgenstein stammte, der damit seine These einleitete, es gäbe keine echten philosophischen Probleme, sondern nur Vexierfragen, eben „Puzzles". Popper war in diesem Punkt ganz anderer Auffassung und setzte bei seinem Vortrag provozierenderweise alles daran, die Existenz philosophischer Probleme nachzuweisen. Im Verlauf des Vortrags, der immer mehr von Diskussionen zwischen Popper und Wittgenstein unterbrochen wurde, führte Popper einige Beispiele für philosophische Probleme an, von denen sich Wittgenstein nicht überzeugen ließ. Endlich wies Popper auf moralische Probleme und ihre Gültigkeit hin. Da sagte Wittgenstein, der am Feuer saß und mit dem Schürhaken darin herumstocherte und seine Bemerkungen mit entsprechenden Bewegungen des Hakens untermauerte: „Nennen Sie doch eine konkrete moralische Regel!" Darauf Popper: „Man soll einen Gast nicht mit einem Schürhaken bedrohen." Wittgenstein warf voll Zorn den Haken auf den Boden und verließ mit einem lauten Türschlagen den Raum.[191]

1948 hielt Popper auf dem Alpbacher Forum einen Vortrag. Zum Erschrecken der anwesenden deutschen Philosophen leitete er ihn damit ein, daß er folgende Selbstauskunft über sein Philosophieverständnis gab: „Wenn Sie mit Philosophen die Herren meinen, die in Deutschland Philosophie-Lehrstühle innehaben, dann bin ich sicher kein Philosoph."[192]

Popper und Skinner hatten ein gespanntes Verhältnis zueinander: Um die Unterstützung einer Deklaration gebeten, die sich gegen die „Moral Majority" richtete – eine konservative Vereinigung in den Vereinigten Staaten –, antwortete Popper, prinzipiell wolle er schon, könne aber nicht unterzeichnen, da man Skinner ebenfalls um die Unterschrift gebeten und dieser sogar unterschrieben habe. Skinners Person und seine Lehrsätze, so Popper weiter, seien noch viel verderblicher als der neuerlich wachsende Einfluß der Moralapostel in Amerika.[193]

Zwischen Lorenzen und Feyerabend spielte sich anläßlich einer Tagung folgende Begebenheit ab: Lorenzen dominierte die Tagung, indem er nahezu pausenlos redete. Feyerabend holte sich die Tonbänder einer bestimmten Sitzung und sagte: „Ich wette, daß an jeder beliebigen Stelle, an der ich das Tonband anhalte, Sie zu hören sind." – „Die Wette halte ich", sagte Lorenzen. Feyerabend ließ das Band laufen, stoppte es, und zu hören war nicht Lorenzen, der triumphierend sagte: „Na also!" Beim nächsten Mal war Lorenzen wieder nicht zu hören: „Ich wußte es ja", aber er schien verblüfft. Als auch beim dritten Versuch dasselbe Ergebnis herauskam, war Lorenzen ernsthaft betrübt.[194]

Paul Feyerabend erinnert sich an eine Begegnung mit Rudolf Carnap. Dieser trat nach einer Diskussion an Feyerabend heran und sagte, daß er sich davor gescheut hätte, ihm zu begegnen: „Ich nahm an, Sie wären ein Scheusal, aber als Sie in den Hörsaal kamen, wußte ich, daß das nicht stimmt." Der Grund für diese seltsame Ansprache lag darin, daß Feyerabend Jahre zuvor eine Korrespondenz mit Feigl unterhielt, wobei Feyerabends Briefe u. a. auch frivole Kommentare enthielten, die sich auch auf Schriften Carnaps bezogen. Feyerabend hat erst sehr viel später erfahren, daß jeder Brief, der eine Bemerkung über eine dritte Person aufwies, sofort an diese weitergeleitet wurde. Die Reaktionen dieser Personen wurden ebenfalls wieder herumgeschickt und kamen Feyerabend als Erwiderungen unter die Augen, worauf Feyerabend seine Kommentare noch aggressiver faßte.[195]

Während einer Dampferfahrt, die zahlreiche Teilnehmer eines Philosophiekongresses in Kiel unternahmen, stellte Hans Lenk den Humor seiner Kollegen auf die Probe: Als an einem Ufer große Auffangbecken zu sehen waren, erklärte Lenk über Mikrophon: „An diesem Ufer erkennen Sie das städtische Pendant zum philosophischen Institut der Kieler Universität." Mehrere Kollegen drehten sich zu Lenk um und fragten: „Wie meinen Sie das denn?" „Ich meine es so", sagte Lenk, „daß dies die städtische Kläranlage ist."[196]

IV. „Zu alt, zu fett, zu faul und zu reich"

Von philosophischer Schlagfertigkeit

Laut Thales unterscheidet sich der Tod überhaupt nicht vom Leben. Man fragte ihn, warum er dann nicht stürbe, und Thales sagte: „Das macht keinen Unterschied."[198]

Anaxagoras wurde der Tod seines Sohnes gemeldet: „Daß ich einen sterblichen Sohn habe, wußte ich längst."[199]

Anaxagoras wurde in die Verbannung geschickt, und man sagte zu ihm: „Du mußt die Athener verlassen." Darauf sagte Anaxagoras: „Nein, sie mich."[200]

Anaxagoras wurde gefragt, ob er in seiner Heimat bestattet zu werden wünsche. Er meinte dazu: „Das ist unnötig, denn der Hades ist von jedem Ort gleich weit entfernt."[201]

Archelaos suchte einen Barbier auf, von dem bekannt war, daß er wie die meisten Barbiere besonders viele Worte machte. Als er fragte, wie Archelaos rasiert zu werden wünsche, antwortete dieser: „Schweigend."[202]

Als Sokrates bei einem Festmahl zugegen war, sagte er: „Die meisten Menschen leben, um zu essen; ich aber esse, um zu leben."[203]

Als Sokrates im Gefängnis auf die Vollstreckung seines Todesurteils wartete, lernte er kurz zuvor noch ein Lied. Ein Freund fragte ihn, wieso er das tue, wenn er doch morgen sterben werde. Darauf sagte Sokrates: „Wann soll ich es denn sonst lernen?"[204]

Bei einer Verfolgungsjagd auf dem Marktplatz ließ Sokrates den Flüchtenden entkommen, obwohl er angerufen wurde, den

Mann nicht entkommen zu lassen. Der Verfolger fragte Sokrates: „Warum hast du dich dem Mörder nicht in den Weg gestellt?" – „Das war ein Mörder? Was ist denn ein Mörder?" – „Ein Mörder ist jemand, der tötet." – „Ach, du meinst einen Metzger?" – „Nein, ich meine einen Menschen, der einen anderen Menschen umbringt." – „Ah, du meinst, ein Mörder ist ein Soldat?" – „Aber Sokrates, ich meine doch jemanden, der im Frieden tötet." – „Dann ist ein Mörder also ein Henker." – „Du verstehst mich nicht, Sokrates. Ein Mörder ist ein Mann, der andere in ihrem Haus tötet." – „Ach so, ein Mörder ist also ein Arzt."[205]

Sokrates wurde gefragt, wie er denn dazu stehe, daß die Athener ihn zum Tode verurteilt hätten. Er antwortete: „Sie sind doch ihrerseits von der Natur zum Sterben verurteilt."[206]

Sokrates wurde zugetragen, jemand führe üble Reden gegen ihn. Darauf meinte er: „Das denke ich mir, da er gute Reden ja nicht kennt."[207]

Sokrates wurde gefragt, wo er Bürger sei. „Ich bin Weltbürger", erwiderte er.[208]

Sokrates wurde gefragt, wie man reich werden kann. Er erwiderte: „Indem man arm an Wünschen wird."[209]

Kurz bevor Sokrates sich vor Gericht zu verantworten hatte, gab ihm Lysias eine im Ton der Demut verfaßte Verteidigungsrede in die Hand, die wahrscheinlich einen Freispruch hervorgerufen hätte. Sokrates aber nahm sie nicht an: „Wenn ich diese Rede hielte, dann müßte ich selbst zugeben, zu Recht zum Tode verurteilt zu werden."[210]

Beim Gang durch Athen bemerkte Sokrates zu seinem Begleiter: „Wie viele Dinge es doch gibt, die ich nicht brauche."[211]

Jemand fragte Antisthenes: „Welchen Nutzen hast du von der Philosophie?" – „Ich kann mich mit mir selbst unterhalten."[212]

Antisthenes traf einen Bekannten, der ein wenig sauertöpfisch dreinschaute. „Was ist denn dir passiert?" fragte Antisthenes. – „Ach, ich habe meine Aufzeichnungen verloren, die ich mir kürzlich gemacht habe", sagte dieser. „Nun", meinte Antisthenes, „dann wäre es besser gewesen, die Dinge deinem Gedächtnis und nicht dem Papyros anzuvertrauen."[213]

Auf einer Seereise näherte sich dem Schiff Aristipps ein Piratenschiff. Aristipp warf all sein Geld ins Meer: „Es ist besser", sagte er, „daß das Geld wegen Aristipp als wenn Aristipp wegen des Geldes zugrunde geht."[214]

Auf einem Gelage gab jemand damit an, daß er ungeheure Mengen trinken könne, ohne betrunken zu werden. Aristipp imponierte das nicht: „Das kann ein Maultier auch."[215]

Jemand hielt Aristipp vor, ein Rebhuhn für fünfzig Drachmen gekauft zu haben. Er verteidigte sich: „Hättest du es nicht für einen Obolos gekauft?" – „Aber natürlich." – „Na also, und für mich ist ein Obolos soviel wie für dich fünfzig Drachmen."[216]

Diogenes wollte eine ernste Rede halten, aber es kamen keine Zuhörer. Schließlich begann er, wie ein Vogel zu zwitschern. Bald versammelten sich viele Menschen um ihn, aber er tadelte sie: „Mit Ernst und Eifer wendet ihr euch solchem Getändel zu, aber für ernste Dinge habt ihr keine Zeit und keinen Antrieb."[217]

Gefragt, wie er begraben werden wolle, antwortete Diogenes: „Auf dem Gesicht nach oben liegend, weil in kürzester Zeit das Unterste zuoberst gekehrt werden wird."[218]

Zu Diogenes kam ein Mann, um sich von ihm in der Philosophie unterweisen zu lassen. Diogenes gab ihm einen Hering und hieß ihn, ihm zu folgen. Weil er glaubte, daß Diogenes sich über ihn lustig machte, warf er den Fisch fort und ging weg. Etwas später begegneten sich beide wieder, und Diogenes sprach zu ihm: „Ein Hering hat unsere Freundschaft zerstört."[219]

Einmal verließ Diogenes ein Badehaus. Ein Mann fragte ihn, ob viele Menschen darin gewesen seien. Diogenes verneinte. Ein anderer Mann fragte ihn, ob viel Pöbel im Bad sei, was Diogenes bejahte.[220]

Diogenes ging mitten am Tag mit einer entzündeten Kerze durch die Stadt und sagte: „Ich suche einen Menschen."[221]

Diogenes sagte zu einem Olympiasieger: „Du hast zwar bewiesen, daß deine Mitstreiter schwächer waren als du. Aber ist es denn eine Ehre, Schwächere zu besiegen?"[222]

Ein Besucher staunte im Heiligtum von Samothrake über die vielen Gaben derer, die aus Seenot gerettet worden sind. Diogenes sagte zu ihm: „Es wären noch viel mehr Gaben, wenn auch die etwas gestiftet hätten, die nicht gerettet wurden."[223]

Diogenes onanierte auf dem Marktplatz: „Könnte man den Bauch doch ebenso reiben, um satt zu werden."[224]

Auf die Frage, warum die Leute zwar Bettlern, nicht aber Philosophen Gaben verabreichten, antwortete Diogenes: „Weil sie befürchten, später einmal blind oder lahm, niemals aber, Philosoph zu werden."[225]

Auf die Frage, welchen Gewinn ihm die Philosophie gebracht habe, sagte Diogenes: „Zumindest bin ich auf jede Laune des Schicksals vorbereitet."[226]

Diogenes betrat eine Badehalle, die sehr schmutzig war, und er fragte sich: „Wo reinigen sich die, die hier gebadet haben?"[227]

Dem Vorwurf, unvernünftig zu sein, entgegnete Diogenes: „Meine Vernunft ist eine andere als die meiner Beschuldiger."[228]

Diogenes besuchte das Haus eines sehr reichen Mannes, der mit seinem Wohlstand und seinem Geschmack prahlte. Nachdem sich Diogenes dort eine Zeit aufgehalten hatte, spuckte er dem Gastgeber ins Gesicht: „Einen häßlicheren Ort konnte ich in diesem wirklich schönen Haus nicht finden."[229]

Diogenes war für seine Bedürfnislosigkeit bekannt. Als er einmal ein Kind aus einer Hand Wasser trinken sah, gab er seinen Becher fort. Auch auf seinen Napf verzichtete er, als er sah, daß ein Mann mit einem Stück Brot Linsen aß. Schließlich warf er seinen Kamm weg, denn er hatte bemerkt, daß sich ein Junge mit den Fingern durch die Haare strich.[230]

Ein reicher Angeber stellte sich Diogenes in den Weg und sagte: „Ich weiche keinem Schurken aus." Diogenes trat zur Seite und erwiderte: „Ich schon."[231]

Über die Eingangstür seines Hauses schrieb ein Mann: „Möge nichts Übles hier einkehren." Als Diogenes dies las, fragte er: „Wie gelangt der Besitzer des Hauses hinein?"[232]

Diogenes wurde gefragt, welcher Wein ihm am besten schmecke. „Der von anderen", sagte er.[233]

Diogenes beobachtete eine Gruppe von Jungen, die bereits eine ganze Weile allerlei Unsinn anstellten. Schließlich stand er auf, um Tadel auszusprechen – nicht gegen sie, sondern gegen den Lehrer.[234]

Diogenes sah einen Menschen, der Steine auf einen Galgen warf. Er sprach zu ihm: „Bald wirst du dein Ziel erreicht haben."[235]

Ohne Unterlaß wurde Aristoteles von einem Schwätzer behelligt. Nach einer Zeit hatte dieser den Eindruck, daß Aristoteles ihm nicht zuhörte. „Langweilen dich meine Reden?" fragte er. „Nein, ich habe gar nicht hingehört."[236]

Für seinen Schüler Alexander stellte Aristoteles einen Musiklehrer an, um ihn das Spielen der Zither zu lehren. Allerdings war Alexander kein williger Schüler: Als der Lehrer ihn anwies, eine bestimmte Saite anzuschlagen, weigerte er sich, das zu tun, und sagte: „Warum soll ich gerade diese Saite zum Klingen bringen, es kann doch auch eine andere sein?" Der Musiklehrer wandte sich hilfesuchend an Aristoteles und legte ihm den Fall vor. Aristoteles ging mit dem Lehrer zu Alexander und sagte zu ihm: „Für den künftigen König, der du sein wirst, ist es unerheblich, welche

Saite du spielst, aber für den künftigen Musiker ist das überhaupt nicht gleichgültig."[237]

Xenokrates von Chalkedon sagte zu einem Rivalen: „Ein Philosoph ist immer auf der Suche nach der Tugend." Der andere fragte zurück: „Wenn er die Tugend immer nur sucht, wann will er dann tugendhaft leben?"[238]

Xenokrates von Chalkedon war bei einem Gespräch zugegen, bei dem viele böse Worte fielen. Er aber schwieg. Nach einer Weile wurde sein Schweigen bemerkt, und er erwiderte: „Ich habe schon manches Wort bereut, aber mein Schweigen noch nie."[239]

Zenon von Kition wurde von einem jungen Mann mit sehr altklugen Fragen belästigt. Nach einer Weile reichte es Zenon. Er holte einen Spiegel, bat den jungen Mann hineinzuschauen und sagte: „Meinst du, daß du die für dein Gesicht passenden Fragen stellst?"[240]

Zenon von Kition traf auf einen sehr schwatzhaften jungen Menschen und tadelte ihn: „Wir haben deswegen zwei Ohren und einen Mund, damit wir mehr hören und weniger reden."[241]

Der Zyniker Krates wurde gefragt, welches Mittel er gegen Liebesverlangen empfehle. „Ein gutes Mittel ist der Hunger. Ein besseres ist die Zeit, und das beste ist der Tod."[242]

Ein Freund Ciceros machte sich jünger, als er tatsächlich war. Als Cicero das herausbekam, sagte er zu ihm: „Dann warst du ja noch gar nicht geboren, als wir zusammen die Schule besuchten."[243]

Innerhalb von wenigen Tagen lobte und tadelte Cicero einen Mann in öffentlicher Rede. Dieser fragte Cicero: „Hast du mich nicht noch vor wenigen Tagen gelobt?" „Ja", sagte Cicero, „ich tat es, um mich in Übung zu halten, wenn ich meine Redekunst auch einmal an einer schlechten Sache ausprobiere."[244]

In einem Prozeß griff der Anwalt Hirtius zum letzten Argument, nämlich zum Mitleid: „Die Mutter meines Klienten hat ihn schließlich neun Monate in ihrem Schoß getragen." Cicero entgegnete: „Was soll das denn besagen? Werden Kinder von ihren Müttern sonst in einem Sack getragen?"[245]

Lentulus, der Schwiegersohn Ciceros, war überaus klein. Als er sich eines Tages ein sehr großes Schwert umgebunden hatte, sagte Cicero: „Wer hat ihn bloß an den Säbel gebunden?"[246]

Cicero wurde ein Porträt seines Bruders gezeigt, auf dem dieser bis zur Brust abgebildet war. Weil nun der Bruder nicht sehr groß war, spottete Cicero: „Mein halber Bruder ist größer als der ganze."[247]

Cicero wurde gefragt, wofür er einen Mann halte, der beim Ehebruch erwischt wird. „Für langsam", gab Cicero zur Antwort.[248]

Cicero wohnte im Circus Maximus öffentlichen Spielen bei. Ein Gegner von ihm, der sich einen Platz suchte, kam an ihm vorbei, und Cicero sagte zu ihm: „Ich würde dich schon hier sitzen lassen, wenn es nicht so eng wäre." – „Es wundert mich nicht, wenn es dir so eng vorkommt, du sitzt ja ständig zwischen zwei Stühlen."[249]

Während einer Prozeßrede sagte ein Verteidiger, sein Freund habe ihn gebeten, allen Fleiß, alle Beredsamkeit und alle Beweiskraft aufzubieten. Cicero sagte zu ihm: „Und da erfüllst du deinem Freund nicht eine einzige Bitte?"[250]

Cicero ließ einen Mann, der sich selbst für einen Rechtsgelehrten hielt, aber unbegabt und unwissend war, in einem Prozeß als Zeugen aufrufen. Als dieser sagte, er wisse nichts, versetze Cicero: „Nach juristischen Angelegenheiten wirst du ja auch nicht gefragt."[251]

Ein junger Mann stand in dem Verdacht, seinen Vater mit vergiftetem Kuchen umgebracht zu haben. Er drohte damit, böse Dinge über Cicero auszustreuen. Dazu meinte Cicero: „Das wird mir lieber sein, als von dir Kuchen zu bekommen."[252]

Ein Redner gab mächtig an: „Wäre ich ein Gladiator, so wäre ich der stärkste; wäre ich ein Pantomime, so wäre ich der gewandteste; wäre ich ein Rennpferd, so wäre ich das schnellste." Seneca rüffelte ihn: „Wärst du als Kloake geboren, so wärst du die schmutzigste und stinkendste."[253]

Demonax riet einem schlechten Redner, sich durch gründliches Üben zu verbessern. Der entgegnete: „Ich führe täglich Selbstgespräche." „Dann hältst du", sagte Demonax, „diese Reden vor einem idiotischen Zuhörer."[254]

Demonax traf einen schlechten Dichter. Dieser erzählte ihm, er habe ein Gedicht geschrieben, das er auf seinen Grabstein setzen wolle. Nachdem Demonax sich den Spruch hatte sagen lassen, meinte er: „Die Inschrift ist sehr schön; wäre sie doch schon auf dem Stein geschrieben."[255]

Demonax sah einen römischen Adeligen, der wie verzückt und eitel wie ein Pfau mit seinem Purpurgewand herumging. Demonax trat zu ihm, faßte das Gewand an und sagte: „Ich sehe, du näherst dich deinem Gewand an, denn das hat vor dir ein Schaf getragen."[256]

Ein älterer und recht dicker Römer demonstrierte Demonax, wie flink er noch in voller Rüstung kämpfen konnte. Zum Beweis focht er mit einem Holzpfahl und fragte dann: „Na, hab' ich nicht gut gekämpft?" „Durchaus", erwiderte Demonax, „du hast deine Sache gut gemacht, jedenfalls dafür, daß er aus Holz war."[257]

Einige Olympiasieger verspotteten Demonax, daß er ein buntes Gewand trug. Ein Athlet warf ihm aus Wut einen Stein an den Kopf. Darüber regte sich die Menge sehr auf, und man beschloß, zum Prokonsul zu gehen, um sich über den Athleten zu beschweren. Demonax aber sagte in Anbetracht seiner blutenden Wunde: „Besser wäre es, zunächst zu einem Arzt zu gehen."[258]

Demonax fiel auf, daß die Athleten seiner Zeit entgegen den Gesetzen für den Faustkampf auch ihre Zähne einsetzten, so daß sich oftmals zwei Kämpfer ineinander verbissen. „Nicht ohne Grund", so kommentierte er, „werden die jetzigen Athleten von ihren Bewunderern auch als Löwen bezeichnet."[259]

Den islamischen Mystiker Abu Hamid Ghasali fragte ein Schüler, wie er es vollbracht habe, auf eine so hohe Stufe der Weisheit zu gelangen. „Indem ich mich niemals geschämt habe zu fragen, wenn ich etwas nicht wußte oder nicht verstand."[260]

Während eines Essens machte ein Gast zu Descartes die Bemerkung, er staune darüber, daß er als hochgeistiger Philosoph einen so gesegneten Appetit habe. Descartes hielt dagegen: „Glauben Sie, gutes Essen sei nur Dummen vorbehalten?"[261]

Jemand erzählte Montesquieu eine Skandal- und Klatschgeschichte. Zur Beteuerung der Wahrheit setzte er hinzu: „Ich verwette meinen Kopf auf deren Wahrheit." Montesquieu sagte lächelnd: „Kleine Geschenke erhalten die Freundschaft."[262]

Voltaire wurde in einer hitzigen Akademiesitzung von einem Gegner als unzurechnungsfähig bezeichnet. Voltaire meinte darauf süffisant: „Bislang hielt ich Sie für sehr klug, während Sie mich für einen Dummkopf halten – vielleicht haben wir uns beide geirrt?"[263]

Voltaire war Mitglied der Akademie der Wissenschaften, ebenso wie Condorcet. Weil dieser so glänzende Reden zu halten wußte, wurde er stets gebeten, die Grabreden für verstorbene Mitglieder zu halten. Schon allein dieser Reden wegen kam stets eine große Menge zusammen, und das brachte Voltaire zu der Feststellung: „Ich schätze Condorcets Reden sehr, aber nun sind wir so weit, daß manche das Ableben von Akademiemitgliedern förmlich herbeiwünschen, nur um Condorcet wieder einmal reden zu hören."[264]

Ein von Voltaire vielgeschmähter Gegner war gestorben. Als man sich darüber wunderte, daß Voltaire dennoch an der Trauerfeier teilnahm, sagte dieser: „Ich bin nicht hier, um dem Verstorbenen die letzte Ehre zu erweisen, sondern um mich zu vergewissern, daß er wirklich gestorben ist."[265]

Ein Dramatiker, von dessen Stück Voltaire die Uraufführung besucht hatte, sagte zu diesem, er sei froh, daß Voltaire bei dem Stück das Zischen unterlassen habe. Darauf sagte Voltaire: „Man kann nicht zischen, wenn man fortwährend gähnen muß."[266]

Am Ende seines Lebens wohnte Voltaire zurückgezogen auf dem Land, wurde aber oft von Fremden belästigt, die den Gelehrten zu sprechen wünschten. Als der Diener wieder einmal einen Besucher ankündigte, sagte Voltaire: „Sagt, ich bin krank." Der Diener kam zurück: „Er drängt, Sie krank zu sehen." „Dann sagt, ich bin tot." Wieder kam der Diener zurück: „Er will die Leiche sehen." „Dann sagt, der Teufel hat mich geholt."[267]

Als Voltaire sehr alt war, wurde er gefragt, welches seiner Dramen ihm denn am besten gefalle. Voltaire nannte sein letztes Drama, „Olympia". – „Und warum gerade dieses?" – Voltaire antwortete mit einer Gegenfrage: „Warum, glauben Sie, ist ein Vater stolz, im hohen Alter noch ein Kind gezeugt zu haben?"[268]

Voltaire, der zu Religion und Kirche ein recht distanziertes Verhältnis hatte, machte einen Landspaziergang. Plötzlich kamen ein Priester und ein Ministrant mit der Monstranz vorbei, um bei einem Sterbenden die letzte Ölung vorzunehmen. Nicht nur alle Bauern knieten bei der Vorbeifahrt nieder, sondern auch Voltaire. Ein Bauer bemerkte zu ihm, daß dies für ihn doch sehr erstaunlich sei. Voltaire erwiderte: „Unser Verhältnis ist nicht gut, aber wir grüßen uns."[269]

Voltaire war in einer Gesellschaft zugegen, in der sich die Anwesenden der Reihe nach Geschichten über Diebe und Diebstähle erzählten. Als es an Voltaire war, seinen Beitrag zu leisten, sagte er: „Meine Geschichte ist leider nur sehr kurz. Sie lautet: ‚Es war einmal ein Steuereintreiber.'"[270]

Voltaire verglich sich mit einem Mann, der von einem Kirchturm herunterfiel, sich dann in der Luft ganz wohl fühlte und zu sich sagte: „Bis jetzt ist ja alles gutgegangen."[271]

Voltaire hielt sich 1727 in London auf. Dort mußte er feststellen, daß die allgemeine Stimmung sehr feindlich gegen Frankreich und die Franzosen war. Voltaire war ständig in Gefahr, auf der Straße angepöbelt zu werden. Schließlich, als er durch den Hyde Park ging, rief jemand hinter ihm her: „Erhängt den Mann. Er ist Franzose." Kurze Zeit darauf stellte sich eine große und wütende

Menge Voltaire in den Weg. Der aber sagte: „Engländer! Warum wünscht Ihr mich umzubringen, nur weil ich Franzose bin? Ist es denn nicht Strafe genug, daß ich kein Engländer bin?"[272]

Ein Besucher Voltaires wunderte sich darüber, daß auf seinem Schreibtisch eine Bibel lag. Voltaire verteidigte dies: „Wenn man einen Prozeß führt und ihn gewinnen will, ist es gut, die Schriften der Gegenseite parat zu haben und gut zu kennen."[273]

David Hume weigerte sich, seine „Geschichte Englands" mit weiteren Bänden fortzusetzen: „Für ein solches Unternehmen bin ich zu alt, zu fett, zu faul und zu reich."[274]

Kants letzte Wohnung war schmucklos eingerichtet: überall weiße Wände ohne Bilder. Nur in seinem Arbeitszimmer waren die Wände grau, weil er hier immer seine Morgenpfeife zu rauchen pflegte. Als einmal einige Freunde bei ihm waren, strich einer von ihnen mit dem Finger über die Wand, und der Untergrund wurde wieder sichtbar. Kant bemerkte das und rief dem Gast zu: „Warum zerstören Sie die von selbst entstandene Altertumsschicht? Ist eine solche Tapete nicht viel besser als eine gekaufte?"[275]

Kant hatte eine große Abneigung gegen Bier. War jemand in seinem Bekanntenkreis gestorben oder auch nur erkrankt, sagte Kant sofort: „Vermutlich hat der Arme Bier zu sich genommen."[276]

Ein Tischgespräch im Hause Kants ging über die Frage des Fortlebens nach dem Tode. Jemand sagte zu Kant: „Von Ihnen wird man dann ja wenig haben." – „Wieso denn?" – „Weil Sie sich in dauernder Gesellschaft aller weisen Menschen befinden werden." „Nein", sagte Kant, „mit den Gelehrten möchte ich gar nicht zusammensein. Wenn ich da oben meinen Diener Lampe treffen werde, dann bin ich zufrieden und weiß, daß ich mich in guter Gesellschaft befinde."[277]

Dem Zeitgenossen Kants, Markus Herz, seines Zeichens Arzt und Philosoph, war zu Ohren gekommen, daß einer seiner Patienten begonnen habe, sich unter Zuhilfenahme medizinischer Fachliteratur selbst zu behandeln. Herz kommentierte lapidar: „Er wird noch an einem Druckfehler sterben."[278]

Als Schleiermacher noch Student war, hatte er bei der Wohnungssuche folgendes Erlebnis: Gerade hatte er eine Wohnung besichtigt und war sich unschlüssig, ob er sie nehmen sollte oder nicht. Plötzlich polterte ein Mann das Treppenhaus hinauf, der sich ebenfalls die Wohnung ansehen wollte. Nach der Besichtigung waren sich Mieter und Vermieter einig. „So", sagte der Vermieter, „nun brauche ich nur noch Ihren Namen und Ihren Beruf." „Ich heiße Devrient, Ludwig und bin Schauspieler." Der Vermieter errötete vor Zorn: „An Schauspieler möchte ich nicht vermieten, dazu seid ihr viel zu unsolide." Devrient sagte darauf: „Sie können mich mal ..." und ging fort. Da drehte sich der Vermieter zu Schleiermacher um, der Zeuge der Szene gewesen war, und fuhr ihn an: „Na, und Sie, wollen Sie noch was?" Schleiermacher setzte ein freundliches Gesicht auf und erwiderte: „Mein Wunsch ist derselbe wie der des Herrn gerade."[279]

Jeden Morgen pflegte Schleiermacher durch den Berliner Tiergarten zu reiten. Zwei Regierungsbeamte wollten ihn deshalb necken und kreuzten seinen Weg: „Wie können Sie als Theologe in einem Sattel reiten, wo doch Jesus nur einen Esel benötigte?" Schleiermacher antwortete: „Ich würde ja gern auf einem Esel reiten, aber leider sind alle diese Tiere im Staatsdienst angestellt."[280]

Schleiermacher mahnte und warnte einen eifersüchtigen Ehemann, nichts Unüberlegtes zu tun: „Eifersucht ist eine Leidenschaft, die mit Eifer sucht, was Leiden schafft."[281]

Ein skrupulöser Mann bat Hegel, ihm etwas über das Wesen des Gewissens und seine Zuverlässigkeit zu sagen, und Hegel antwortete: „Das Gewissen ist mit einer Laterne zu vergleichen. Wandelt man auf einem guten Weg, so leuchtet sie recht gut, aber bewegt man sich auf einem bösen Weg, so pflegt man die Laterne auszublasen."[282]

Beim Billardspielen geschah es dem Studenten Hegel, daß er versehentlich einen Gast rempelte. Der herrschte ihn an: „Für wen halten Sie mich?" – „Für einen unbescholtenen Mann, bei dem ich mich sehr entschuldige." – „Und für mich sind Sie ein unverschämter Flegel", erwiderte der andere grob. „Dann", so schloß Hegel das Gespräch, „tut es mir leid, daß wir uns beide geirrt haben."[283]

Goethe schickte Hegel ein Exemplar seiner „Farbenlehre". Dieser bedankte sich ausführlich mit einem großen Lob für Goethes Urphänomen. Dann schickte Goethe Hegel ein Glas mit einer Flüssigkeit, in der ein Stück Seide lag, die das Gelb des Glases blau erscheinen ließ. Er legte einen Brief bei:

„Dem Absoluten
empfiehlt sich
schönstens
zur freundlichen Aufnahme
das Urphänomen."[284]

Fichte wurde gebeten, einen Grundriß seiner Philosophie und des „Ich" als Zentralbegriff zu geben. Nach einer Weile unterbrach der Gesprächspartner: „Mit Ihrem Ich ist es wie bei Münchhausen: Er gelangt an ein Flußufer, umfaßt mit der rechten Hand seinen linken Arm, um dann mit Schwung ans andere Ufer zu springen."[285]

Arthur Schopenhauers Tagesablauf war streng geregelt. Dazu gehörte ein tägliches Mittagsmahl im „Englischen Roßhof". Stets war ein Platz für ihn reserviert, und auch die benachbarten Tische mußten auf seinen Wunsch hin unbesetzt bleiben. Normalerweise verzehrte und bezahlte Schopenhauer, der über einen großen Appetit verfügte, zwei Portionen. Als ihn eines Tages ein Gast auf diese merkwürdige Sitte ansprach, antwortete Schopenhauer barsch: „Ich kann doch wohl für zwei essen, wenn ich schon für zwei denke."[286]

Schopenhauer war ein Hundefreund: In der Öffentlichkeit rief er seinen Pudel mit einem profanen Namen, privat aber nannte er ihn „Atma", die Weltseele. Eines Tages unterhielt er sich mit einem Hundebesitzer, der die Klugheit seines Tieres über die Maßen lobte. „Sie werden es nicht glauben", sagte er versichernd zu

Schopenhauer, „aber wenn er sprechen könnte, der wüßte gerade so viel wie ich selber!" „Das will ich gerne glauben", meinte Schopenhauer, „aber Sie wollten mir doch seine Klugheit beweisen ..."[287]

Schopenhauer kehrte, mit einer Blüte am Rock, heim. Seine Haushälterin sagte zu ihm: „Sie blühen ja, Herr Doktor." – „Ja", sagte Schopenhauer, „wie können die Bäume Früchte tragen, wenn sie nicht blühen?"[288]

Bis ins hohe Alter trug Schopenhauer nur selten eine Brille, und der Pflege seiner Augen widmete er sein Leben lang höchste Aufmerksamkeit. Gelegentlich legte er statt der Brille eine Lorgnette vor die Augen. Aber das damals übliche Einklemmen eines eckigen Glases vor *ein* Auge schien ihm, so erzählte er einem Freund, ein weiterer Beweis für die Verkehrtheit der Zweifüßer.[289]

Das Einvernehmen zwischen Schopenhauer und seiner Mutter, einer damals bekannten Schriftstellerin, war nicht frei von Spannungen. Als er ihr seine Schrift „Über die vierfache Wurzel des Satzes vom zureichenden Grunde" überreichte, meinte sie trokken: „Das ist doch wohl eher etwas für Apotheker." Er erwiderte: „Das wird noch gelesen werden, wenn es von deinen Romanen kaum noch ein Exemplar gibt." Worauf sie konterte: „Und von deinen Schriften ist dann immer noch die gesamte Auflage zu bekommen."[290]

Bei einer Teegesellschaft waren unter anderen auch Goethe und Schopenhauer zugegen. An den folgenden Gesprächen nahm Schopenhauer nicht teil, sondern verzog sich still in eine Ecke. Die jungen Mädchen kicherten und spotteten darüber, bis Goethe sie tadelte: „Laßt mir den dort in Ruhe. Der wächst uns allen noch über den Kopf."[291]

Schopenhauer traf einen Wichtigtuer, der das Sprichwort verteidigte: „Wem Gott ein Amt gibt, dem gibt er auch Verstand." Schopenhauer fertigte ihn mit der Bemerkung ab: „Dann wollen wir Gott inständig bitten, daß er Ihnen bald ein Amt gibt."[292]

Während eines Essens wurde Schopenhauer vom Wirt gestört. Ein Gast sei nämlich eingetroffen, der ihn dringend zu sprechen wünsche. „Aber zuvor", sagte Schopenhauer, „fragen Sie doch nach, ob er des Lateinischen mächtig ist."[293]

Schopenhauer wurde von seinem Testamentsvollstrecker gefragt, ob er die Obduktion seiner Leiche verbieten wolle. „Ja – wenn man vorher nichts von mir gewußt hat, soll man auch hinterher nichts von mir wissen."[294]

Schopenhauer hatte über den Wert seiner Philosophie und ihre Wertschätzung nach seinem Tode eine hohe Meinung. Auf seinem Grabstein sollte deshalb lediglich sein Name ohne jeden Zusatz stehen. Nach dem Grund dafür gefragt, sagte er: „Es ist einerlei, sie werden mich finden."[295]

„Zum Professor der Philosophie", so sagte Feuerbach, „qualifiziere ich mich nicht, eben weil ich Philosoph bin. Vielmehr erhebe ich den Anspruch, als extraordinäres Wesen zu gelten, das man nicht zum Rang eines ordinären Fachprofessors erniedrigen darf."[296]

Über Kuno Fischer kursieren zahlreiche Anekdoten. Einmal stand er am Grabe eines Kollegen, der gerade mit einer wenig originellen Rede des Rektors feierlich beerdigt und dem zum Abschied zugerufen wurde: „Und nun, teurer Verblichener, nehmen wir Abschied von dir, wir werden dich nie vergessen". Fischer blieb am Grab stehen und murmelte immer wieder: „Entsetzlich. Entsetzlich." Ein Trauergast bemerkte dies, kam auf Fischer zu und meinte, der Verstorbene habe doch ein gutes Leben und ein hohes Alter gehabt, und er könne die Fassungslosigkeit Fischers nicht verstehen. Darauf antwortete Fischer: „Wenn ich mir vorstelle, daß nach meinem Tode ein solches Schaf an meinem Sarge blöken und sich erdreisten wird, mich zu duzen – das ist doch entsetzlich!"[297]

In den frühen Morgenstunden begannen vor dem Haus Kuno Fischers in Heidelberg Straßenarbeiten, die ihn bei seiner Schreibtischarbeit sehr störten. Er riß das Fenster auf und schrie die Arbeiter im Bewußtsein seiner Bedeutung für Heidelberg an: „Wenn Sie nicht sofort mit dem Lärm aufhören, nehme ich den Ruf nach Bonn an."[298]

Während einer Rede des Chemikers Bunsen fragte Kuno Fischer seinen Nachbarn: „Was hat der Apotheker gerade gesagt?"[299]

Cohen hat zunächst das Rabbinerseminar in Breslau besucht, bevor er das Studium der Philosophie aufgenommen hat. Ein Förderer stellte ihn einige Jahre später, als Cohen längst promoviert war, einem damals bedeutenden Gelehrten mit den Worten vor: „Das ist Herr Dr. Cohen, ehemaliger Theologe, jetziger Philosoph." Darauf erwiderte der andere: „Ein ehemaliger Theologe ist immer ein Philosoph."[300]

Alois Riehl war zu einer Abendgesellschaft eingeladen, auf der er aber inmitten eines allgemein anregenden Gesprächs still auf seinem Stuhl saß und offensichtlich in Nachdenken versunken war. Die Gastgeberin trat an ihn heran: „Sie sind wohl noch gar nicht da, Herr Professor?" Riehl fuhr hoch und entschuldigte sich: „Doch, gnädige Frau. Cogito, ergo sum – ich denke nach, folglich bin ich auch da."[301]

In seiner Jugend war Fritz Mauthner Redakteur für eine Berliner Tageszeitung. Einmal hatte Mauthner, der damals bereits etwas schnodderig werden konnte, den Auftrag erhalten, einer Berühmtheit zum 80. Geburtstag einen lobenden Artikel zu schreiben. Ein Bekannter, der den Artikel gelesen hatte, sagte später zu ihm: „Also wirklich, Mauthner, eher lasse ich mich von meinem Erzfeind begraben als von Ihnen loben."[302]

Nach einer schweren Grippe suchte Hensel seinen Arzt auf, um die Liquidation einzuholen. „Das können wir sofort regeln", meinte dieser. „Siebenmal habe ich bei Ihnen einen Krankenbesuch gemacht. Der Besuch kostet jeweils 10 Mark, macht summa summarum 70 Mark. Was Sie mich kürzlich über Kant gelehrt haben, ist mir 80 Mark wert. Hier sind also Ihre 10 Mark, die ich Ihnen schulde. Damit ist die Angelegenheit erledigt."[303]

Während der heißen Sommer in Straßburg arbeitete Paul Hensel die Nächte durch, um anschließend um sieben Uhr seine Vorlesung zu halten. Gelegentlich ging er danach mit einem seiner Studenten, der ein leidenschaftlicher Schachspieler war, in ein Café.

Dort frühstückten sie und spielten eine Partie. Darauf wurde Hensel eines Tages angesprochen: „Wissen Sie, Herr Hensel, wenn ich morgens zum Büro gehe, sehe ich Sie mitunter im Café Schach spielen." – „Das stimmt", meinte Hensel, „denn dann ist mein Tagwerk zu Ende, während Ihres erst anfängt."[304]

Max Dessoir wurde von einem Kollegen angesprochen, dem erzählt worden war, Dessoir rede in seinen Vorlesungen gern von sich selbst: „Ich habe Sie mir ganz anders gedacht", sagte der Kollege, und Dessoir erwiderte: „Ich denke mich auch ganz anders."[305]

An der Berliner Universität befanden sich in den Hörsälen Kleiderhaken, über denen der Zettel klebte: „Nur für Dozenten". Dessoir las dies laut vor und fragte dann: „Vermutlich wird man aber auch Mäntel daran aufhängen dürfen."[306]

Russell war einmal ernstlich krank. Der Doktor sagte nach überstandener Krankheit zu ihm: „Sie haben sich wirklich wie ein Philosoph gezeigt: Immer wenn Sie wach geworden sind, haben Sie einen Witz gemacht."[307]

Als Russell sich in Japan aufhielt, wurde er gegenüber den dortigen Journalisten etwas grob. Darauf setzten diese das Gerücht in die Welt, er sei gestorben. In einer Missionszeitung konnte Russell dann folgende Meldung lesen: „Missionaren mag vergeben werden, wenn sie bei der Nachricht vom Tode Bertrand Russells erleichtert aufseufzen."[308]

In Cambridge lebten zwei alte Damen, die so wirkten, als wären sie erzreaktionär, doch tatsächlich waren sie sehr fortschrittlich und marschierten bei jeder Reformbewegung in vorderster Linie. Als Whitehead die beiden kennenlernte, schätzte er sie falsch ein und wollte sich einen Spaß mit ihnen erlauben. Als er also mit einer radikalen Ansicht herausrückte, sagte eine der Damen: „Wie erfreulich, daß Sie so gesunde Auffassungen haben. Wir haben Sie bisher, wenn ich das sagen darf, als konservativ und reaktionär eingeschätzt."[309]

Cassirer kam aus dem Bahnhof in New York und suchte ein Taxi. Plötzlich hielt eines direkt vor ihm, so daß Cassirer annahm, man hätte es für ihn bestellt. Nach einer Weile fragte er den Fahrer, ob er ihn abholen sollte. „Das nicht", sagte der, „aber als ich Sie da so stehen sah, dachte ich, Sie wären Einstein, und Einstein kann man doch nicht lange in der Kälte stehen lassen." – „Wissen Sie", sagte Cassirer, „ich bin zwar nicht Einstein, komme aber gerade von einem Gespräch mit ihm und bin selbst ein leidlich guter Gelehrter." – „Bestens", meinte der Taxifahrer, „angesichts des Staus haben Sie ja dann Gelegenheit, mir einmal die Relativitätstheorie gründlich darzulegen."[310]

Während der Inflationszeit nach dem Ersten Weltkrieg stürzte Frau Cassirer aufgeregt ins Zimmer: „Stell dir vor, Ernst, heute kostet ein Dutzend Eier schon 10 000 Mark!" Cassirer entgegnete: „Was willst du denn mit einem Dutzend Eier?"[311]

Einstein legte sehr wenig Wert auf seine Kleidung. An einem seiner Geburtstage trug er seine alte Hausjacke, die ein Loch hatte und die er vor seiner Frau versteckt hielt. Von ihr zur Rede gestellt, wie er denn wieder aussähe, entgegnete er: „Ich habe sie gut versteckt, damit Du sie nicht findest und fortwirfst. Im übrigen kommen die Besucher ja nicht, um sich meine Jacke anzusehen."[312]

Einstein und Schönberg sind recht gute Freunde geworden, obwohl Schönberg Einsteins Geigenspiel nicht schätzte, während Einstein umgekehrt ein sehr unterkühltes Verhältnis zur Zwölftonmusik hatte. Als sich beide kennenlernten, spielte Einstein Schönberg etwas auf der Geige vor. „Wie fanden Sie es?" fragte er Schönberg, und der antwortete: „Relativ gut."[313]

Einstein wurde gefragt, welche Rolle die Philosophie Kants für sein Denken gespielt habe. Einstein meinte, daß diese Frage schwer zu beantworten sei, da jeder Philosoph seinen eigenen Kant habe.[314]

Einstein war umgezogen und gab einem Freund die neue Telephonnummer: 24361. Dieser hatte nichts zu schreiben bei sich und klagte, wie er sich das denn merken solle. „Das ist doch ganz einfach", sagte Einstein, „zwei Dutzend und neunzehn hoch zwei."[315]

Nach einem Vortrag übte ein Mann Kritik an Einsteins Ausführungen: „Mein Verstand erlaubt es mir nicht, an Dinge zu glauben, die man nicht sehen kann." – „Dann", so konterte Einstein, „legen Sie doch bitte Ihren Verstand hier vorne auf den Tisch."[316]

Als Schüler hatte Leonard Nelson einmal einen Aufsatz zum Thema „Was denke ich mir beim Anblick der Siegessäule?" zu verfertigen. Das Ergebnis brachte ihm fast den Verweis von der Schule ein, denn er beschränkte seine Ausführungen auf den Satz: „Beim Anblick der Siegessäule denke ich mir fast gar nichts."[317]

Auf der Hochzeitsfeier von Neurath wurde auch über das Glück gesprochen. Neurath: „Wenn Gott zu mir kommen und sagen würde: ‚Liebster Otto, ich mache dir ein Angebot. Wenn du da auf deinem Hügel lebst, mit deinen Büchern, deiner Arbeit und deiner Frau, könntest du ewig weiterleben, aber es würde dir niemals besser gehen als jetzt – würdest du das akzeptieren?' Ich würde antworten: ‚Ja, lieber Gott, das akzeptiere ich mit Freude.'"[318]

Ernst Bloch las sein Leben lang mit Begeisterung die Bücher Karl Mays. Bei einem Gespräch mit seiner Frau erzählte sie ihm, daß sie in ihrer Kindheit Mayne Reid, sozusagen den russischen Karl May, gelesen habe. Bloch glaubte nicht, daß dieser Autor so bekannt sein sollte, hatte er als Kenner von Abenteuer- und Trivialromanen doch noch nie von Mayne Reid gehört. Als das Ehepaar Bloch etwas später mit Isaiah Berlin, der gebürtiger Russe war, zusammentraf, fragte Karola ihn, was er als Junge gelesen habe. „Mayne Reid selbstverständlich."[319]

Ernst Bloch lebte während der Hitler-Diktatur auch eine Zeit in New York. Paul Tillich, der ebenfalls dort lebte, ermunterte ihn, endlich Englisch zu lernen, doch Bloch hielt sich dafür für nicht begabt und wehrte ab. „Ich werde mich schon mit Deutsch durchschlagen", sagte er während eines Spaziergangs über die 42. Straße. Dann schlug er Tillich folgende Wette vor: „Ich wette mit dir, daß der erste Mann, dem wir begegnen und den du ansprichst, Deutsch versteht." Dieser erste Mann, der den beiden entgegenkam, war ein großer Afroamerikaner. Bloch fragte ihn: „Verzeihen

Sie mir bitte, können Sie mir zeigen, wie ich zum Times Square komme?" Dieser antwortete mit deutlich bayrischem Akzent: „Da müssen's nur da gradeaus gehn." Bloch sah Tillich triumphierend an und fragte den Amerikaner, woher er denn so gut Deutsch könne. „Ja, wissen Sie, ich war in München Zigarettenverkäufer im Café Odeon."[320]

Als Bloch im amerikanischen Exil sein „Prinzip Hoffnung" schrieb, arbeitete er, ernährt von seiner Frau, elf Jahre daran Tag und Nacht. Ein Amerikaner fragte seine Frau: „Warum wechselt Ihr Mann nicht den Job, wenn er nichts verdient? Wenn er mit Philosophie nichts verdient, muß er etwas anderes machen." Die passende Antwort auf diese Einschätzung der Philosophie in Amerika veröffentlichte Bloch bald darauf in einer Zeitung, der er den Aphorismus schickte: „In Amerika fangen die Millionäre mit Tellerwaschen an, die Philosophen hören damit auf."[321]

Als Ernst Bloch Professor in Leipzig war, veranstaltete er ein Seminar über Hegels „Phänomenologie des Geistes". In der Vorrede gibt es eine Partie, der zufolge die Blüte die Widerlegung der Knospe und die Frucht die Widerlegung der Blüte sei. Das leuchtete einem Studenten nicht ein, denn das Beispiel sei biologisch unzulänglich. Bloch beendete die eingetretene Debatte zornig: „Das ist Sabotage." Einige Tage später begegneten sich die Kontrahenten auf der Treppe, und Bloch wandte sich, vielleicht etwas reumütig, an den Studenten: „Was ist denn Ihr Vater von Beruf?" – „Mein Vater ist immer Arbeiter gewesen." – „Dann war Ihre Frage keine Sabotage."[322]

Als Wittgenstein seine „Philosophischen Untersuchungen" schrieb, beriet er mit einem Freund mögliche Titel. Dieser schlug vor, das Buch „Philosophie" zu nennen. Doch Wittgenstein herrschte ihn an: „Seien Sie doch kein Esel – wie könnte ich ein solches Wort gebrauchen, das in der Geschichte des menschlichen Denkens so viel bedeutet hat? Als ob mein Werk mehr wäre als nur ein kleines Bruchstück zur Philosophie!"[323]

Eine Freundin Wittgensteins lag nach einer Mandeloperation im Krankenhaus. Als Wittgenstein sie besuchen kam, klagte sie, sie fühle sich wie ein Hund, den man überfahren habe. Voller Empörung entgegnete er: „Sie haben doch gar keine Ahnung, wie sich ein überfahrener Hund fühlt."[324]

Wittgenstein hatte mit einer Freundin eine Auseinandersetzung über Dostojewski. Sie machte ihn darauf aufmerksam, wieviel Dostojewski von Dickens gelernt habe. Wittgenstein war darüber empört, und er hielt zur Demonstration der Absurdität des Beispiels seine Hand einen halben Meter über den Fußboden und sagte „Dickens", um dann seine Hand in die Höhe schnellen zu lassen: „Dostojewski".[325]

Plessner war zu einem Adventskaffee eingeladen. Die versprochenen Waffeln jedoch konnten nicht zubereitet werden, weil es im Haus kein Waffeleisen gab. Plessner kommentierte seine Enttäuschung in Anspielung auf ein bekanntes Buch: „Die Waffeln nieder."[326]

Während eines Vortrags lobte Reichenbach Bertrand Russell. In der Diskussion wurde er dann gefragt, zu welcher Fakultät Russell eigentlich gehöre. Die Mathematiker erzählten nämlich, er sei ein Mathematiker, und die Philosophen sagten, er sei ein Philosoph. Spontan antwortete Reichenbach: „Wissen Sie, ich glaube, es ist besser so als anders herum."[327]

Einmal bekam Paul Feyerabend eine Karte: „Mein Name ist Sheila Porter. Die Ihnen bekannte Frau Professor Elizabeth Anscombe hat mir geraten, Ihnen zu schreiben. Ich würde Sie gerne einmal sprechen." Feyerabend rief die beigelegte Telephonnummer an. Frau Porter war sehr darauf bedacht, Feyerabend nicht zu stören, und fragte, um welche Zeit ihm ihr Besuch passen würde. Feyerabend entgegnete: „Sie werden mich immer stören, also ist es ganz gleich, wann Sie kommen."[328]

Feyerabend und Lakatos standen in einem langjährigen freundschaftlichen Kontakt. Im Gegensatz zu Feyerabend besuchte Lakatos nahezu jede bedeutende Konferenz. Als er einmal Feyerabend drängte, ihn zu einer Tagung zu begleiten, erwiderte Feyerabend: „Ich schlafe lieber zu Hause, das ist bequemer."[329]

Als Niklas Luhmann Ende der 60er Jahre seine Professur in Bielefeld antrat, wurde er um eine Beschreibung seines Forschungsprojekts gebeten. Seine lapidare Angabe: „Mein Projekt lautet: Theorie der Gesellschaft; Laufzeit: dreißig Jahre; Kosten: keine."[330]

Bei einem chinesischen Henkerwettbewerb – so eine kleine Geschichte, mit der Odo Marquard das Selbstverständnis der Philosophie über ihren eigenen Wert versinnbildlicht – überbot der eine Finalist seinen Gegner: Er ließ seine scharfe Klinge auf den Hals des Delinquenten sausen. Dann geschah nichts. Einige Sekunden später sah dieser den Henker erstaunt an, worauf der Henker sagte: „Nicke einmal."[331]

V. „Jasperle-Theater"

Vom philosophisch-akademischen (Universitäts-)Leben

> „In einer kleinen Universitätsstadt erhalten an
> sich unbedeutende Vorfälle und Äußerungen eine
> größere Wichtigkeit und bleiben länger im Ge-
> dächtnis, während in den heutigen größeren Uni-
> versitätsstädten fast gar keine Anekdoten mehr
> von den Professoren möglich sind."
>
> (Karl Rosenkranz 1844)[332]

Kant hatte eine Vorlesungsreihe über den Urnebel angekündigt.
Der Dekan fragte ihn: „Wie viele Semester wird denn die Vorlesung dauern?" – „Nun, ich beginne nächsten Montag mit der
Schöpfung der Welt und hoffe, am Ende des nächsten Semesters
damit fertig zu sein."[333]

Einmal fühlte Kant sich in einem Kolleg sehr gestört, da an diesem Tag die Federkiele besonders heftig kratzten. Er unterbrach
seinen Vortrag: „Schreiben Sie doch nicht so viel mit. Ich bin doch
nicht das Orakel von Delphi."[334]

Als Kant eine Wohnung in der Nähe des Ochsenmarktes in Königsberg hatte, kam es vor, daß seine Studenten zu Beginn seiner
Vorlesung großen Lärm in der Aula der Universität machten.
Kant betrat den Raum und ersuchte die Studenten eindringlich,
leiser zu sein: „Meine Herren! Es wäre mir auf das höchste unan-
genehm, wenn der von Ihnen vollführte Lärm verriete, daß ich am
Ochsenmarkt wohne."[335]

Ein Hörer gratulierte Schleiermacher zum Erfolg seiner Predigten. „Das liegt aber nicht an meinen Predigten", meinte Schleiermacher, „denn die Dinge liegen so: Mein Publikum besteht
aus drei Gruppen, nämlich Studenten, Damen und Offizieren.
Die Studenten kommen, weil ich Mitglied der Prüfungskommission bin, die Damen kommen wegen der Studenten, und die
Offiziere besuchen die Vorlesung, weil die Damen anwesend
sind."[336]

Schleiermacher war dafür bekannt, daß er seine Vorlesungen sehr genau ausarbeitete und sich streng an sie hielt. In einem Semester kam er gleichwohl schneller voran als geplant, so daß er zwei Wochen vor Semesterende mit seinem Stoff „durch" war. Er gab den Studenten öffentlich bekannt, daß, soweit es ihn betreffe, die Ferien begonnen hätten. Das Kultusministerium bekam Kenntnis davon und richtete an Schleiermacher die Anfrage, warum er vorzeitig seine Vorlesung abgebrochen habe. Schleiermacher packte seine Kolleghefte zusammen und schickte sie mit dem Zusatz an das Ministerium: „Ich bin gern bereit, nochmals das Pult zu betreten, wenn man mir die vermißten Ausführungen in meine Hefte hineinschreibt."[337]

Auf der Höhe seines Ruhms ließ Hegel folgende Notiz am Schwarzen Brett seiner Fakultät anschlagen: „Die Vorlesung von Herrn Professor Hegel muß heute leider ausfallen, da der Herr Professor mit dem Nachdenken noch nicht fertig geworden ist. Gez. Hegel"[338]

Hegel konnte seines schwäbischen Dialekts wegen von den Studenten in Berlin nur schwer verstanden werden. Einmal machte Hegel – ein standhafter Protestant – einen Witz gegen den Katholizismus: Wenn eine Maus eine geweihte Hostie fresse, dann nehme sie, nach katholischer Transsubstantiationslehre, den Leib Christi in sich auf, so daß sie anbetungswürdig geworden sei. Dieser Witz verursachte manchen Ärger. Hegel verteidigte sich damit, daß er das Papsttum bloßstellen wollte. Dies sagte er ebenfalls den Studenten, nur ein katholischer Kaplan sah ihn dabei durchdringend grimmig an. „Und wenn Sie mich noch so zornig ansehen", sagte Hegel zu ihm, „das imponiert mir überhaupt nicht."[339]

Hegel las 1806 Philosophie in Jena. Einmal erwachte er aus dem Mittagsschlaf in dem Glauben, die Uhr zu dem zwischen 3 und 4 Uhr angesetzten Kolleg hätte geschlagen. Er eilte in den Hörsaal, wo bereits Studenten warteten. Hegel begann mit seiner Vorlesung, und alle Versuche der Studenten, ihm mitzuteilen, daß sie auf einen Kollegen aus der Theologie warteten, da es erst 2 Uhr sei, waren vergeblich: Hegel nahm sie gar nicht wahr. In der Zwischenzeit kam besagter Kollege zum Hörsaal, hörte dort Hegel sprechen und begab sich auf den Heimweg, weil er glaubte, sich um eine Stunde verspätet zu haben. Um 3 Uhr nun kamen dann die richtigen Studenten Hegels, und er kommentierte seinen Irrtum: „Meine Herren, von den Erfahrungen des Bewußtseins über sich selbst ist die erste die Wahrheit oder vielmehr die Unwahrheit der sinnlichen Gewißheit. Bei dieser sind wir stehengeblieben, und ich selbst habe vor einer Stunde eine besondere Erfahrung davon gemacht."[340]

Hegels Schüler Gans kündigte am Schwarzen Brett der Universität Berlin seine Veranstaltungen für das Semester 1831/32 an. Auf dieser Ankündigung empfahl er den Jurastudenten Hegels Vorlesungen. Das erregte Hegels Zorn: Er schrieb Gans, den Anschlag sofort zurückzunehmen, er fühle sich kompromittiert, ja er wisse gar nicht, wieso er es nötig habe, empfohlen zu werden, und sprach von manchen Ungeschicklich- und Taktlosigkeiten, die sich Gans habe zuschulden kommen lassen. Aus freundschaftlicher Rücksicht aber sei er bereit, die Angelegenheit zu vergessen, sobald Gans seinen Anschlag entfernt habe.[341]

Als Schelling neu an die Universität Berlin berufen war und seine Antrittsvorlesung zu halten hatte, war das ein Ereignis besonderer Art. Die Bänke im Auditorium Maximum waren überfüllt, und nicht nur Studierende, sondern vor allem die Professoren aller Fakultäten drängten danach, Schelling zu sehen und zu hören. Nachdem Schelling dann eine Stunde lang einen Gedanken aus seiner Philosophie vorgetragen hatte, herrschte große Stille – niemand hatte, was Schelling ganz lieb war, auch nur das Geringste verstanden.[342]

1831 flüchtete Schopenhauer vor der Cholera ins sichere Frankfurt. Die Berliner Studenten spotteten darüber: „Er hätte doch in Berlin bleiben und in seinen Hörsaal ziehen können, da war er doch stets nur sein einziger Hörer."[343]

In der Mitte des letzten Jahrhunderts suchten die Basler Philologen einen tüchtigen Mann als Zuwachs für ihre Fakultät. Unter vielen Nominierten befand sich der Name Nietzsche. Er wurde von einem Kollegen aus Leipzig vorgeschlagen: „Wir haben einen jungen Philologen, der entschieden bedeutender ist als alle anderen, aber er ist noch nicht einmal Doktor." Darauf entgegnete ein Mitglied der Basler Fakultät: „Das schadet nichts, wenn der Mann wirklich so bedeutend ist."[344]

Aufgrund seiner Eitelkeit war es für Kuno Fischer sehr schwer, Niederlagen einzustecken. Als er einmal bei der Kandidatur für das Prorektorat gegen einen Kollegen verloren hatte, ging er abends mit einem Begleiter auf einem Spaziergang am Hause seines Kontrahenten vorbei. Er wußte, daß dort ein Professoren-Diner hinter verschlossenen Vorhängen bei Kerzenlicht stattfand, zu dem er nicht geladen war. Auf die Fenster zeigend, sagte er: „Dort sitzen sie und essen und trinken und – zerreißen sich den Mund über mich."[345]

Kuno Fischer war für seine langen Reden bekannt, vor denen sich die Studenten gern drückten. Als wieder einmal eine Rede von ihm angekündigt wurde, ließ Fischer die Saaltüren verriegeln. Ein Zuhörer allerdings täuschte Unwohlsein vor und schlich zur Tür, um hinausgelassen zu werden. Fischer bemerkte dies: „Das machen wir nicht. Wenn ich Sie nämlich hinauslasse, müssen alle anderen dann auch."[346]

Riehl liebte bei seinen Vorlesungen weder Beifallsgetrampel noch Fußscharren als Ausdrucks des Mißfallens. Als wieder einmal gescharrt wurde, sagte er zum Publikum: „Ich höre Ihre Beine, hören Sie lieber auf meine Worte."[347]

Für sein Doktorexamen hatte Eucken sich jedem Mitglied der Prüfungskommission vorzustellen. Zu dieser gehörte auch Lotze. Eucken berichtete ihm über seine Aristoteles-Studien. Nach einiger Zeit unterbrach Lotze: „Wissen Sie, ich halte die Beschäftigung mit Aristoteles für unfruchtbar. Seine Metaphysik und seine Psychologie enthalten zwar große Wahrheiten, aber die Schriften sind so schlecht überliefert, daß man sie nicht genügend verstehen kann. Seine Ethik schließlich ist unbedeutend, da empfehle ich Ihnen lieber einen guten französischen Roman."[348]

Heinrich Rickert hatte als Student im Seminar ein Referat über „die logischen Denkgesetze" zu halten und es ganz im Sinn der damals herrschenden darwinistischen Theorie gestaltet, nach der die Gesetze des Denkens als nützliche Assimilationen an die Wirklichkeit zu betrachten seien, ihre Nichtbefolgung sei im Lebenskampf von Nachteil, es herrsche auch in dieser Hinsicht eine permanente Auslese, und wir könnten heute ebensowenig falsch denken, wie es früher schwierig gewesen sei, richtig zu denken, und ohne Zweifel werde diese Entwicklung weitergehen. Rickert glaubte, daß eine solche positivistische Gedankenführung kaum bezweifelt werden könnte, aber sein Lehrer Windelband brachte seine damaligen Anschauungen einfach zu Fall, als er antwortete: „Ach, lieber Herr Rickert, wär's doch so!"[349]

Gelegentlich gab Heinrich Rickert seinen Studenten Ratschläge mit, wie sie ihre Studien betreiben sollten. Unter anderem riet er ihnen, sich nicht in eine Vielzahl von Gedanken zu verlieren, sondern sich, vor allem beim Schreiben, auf einen einzigen zu konzentrieren. „Ich mache es jedenfalls so; sonst würde ich mich für verrückt halten."[350]

Hensel und Rickert, die eng miteinander befreundet waren, hatten es als Schüler Windelbands nicht leicht. Nach schwerer, aber bestandener Promotion brachte Hensel auf einer kleinen Feier folgenden Toast aus:
„Fühle, was dies Herz empfindet,
Reiche frei mir deine Hand,
Und das Band, das uns verbindet,
Sei ein starkes Windelband."[351]

Hensel machte seinem Lehrer Windelband ein Kompliment, wie großartig dieser in der Lage sei, in Fakultäts- und Senatssitzungen seinen Anträgen die nötige Mehrheit zu verschaffen. Dieser entgegnete mit dem Hinweis auf den Unterschied zwischen politischer und wissenschaftlicher Logik: „In der wissenschaftlichen Logik muß man darauf sehen, daß die Voraussetzungen zueinander stimmen und der Schluß sich daraus mit Notwendigkeit ergebe. Für die politische Logik kommt es darauf an, daß die *proportio maior* 20 Stimmen bringt, die *proportio minor* 20 Stimmen und die *conclusio* 30, und dies wird dadurch erreicht, daß man die Schlagworte jener 70 Stimmen geschickt auf die drei Sätze verteilt. Wie sie untereinander übereinstimmen, ist hingegen Nebensache."[352]

Windelband und Hensel unterhielten sich über ihre Prüfungsmethoden. „Wie machen Sie es", fragte Windelband, „wenn ein Kandidat über einen Punkt nicht Bescheid weiß?" – „Dann stelle ich eine andere Frage zu einem anderen Punkt", meinte Hensel. – „Das ist zwar nicht schlecht, aber ganz richtig ist es auch nicht. Sie müssen so unbemerkt das Thema wechseln, daß der Kandidat erleichtert aufatmet und sich sagt: ,Gott sei Dank, der Esel hat nichts gemerkt.'"[353]

Wie viele andere Doktorväter schrieb auch Windelband im Geiste an den Arbeiten seiner Schüler mit. In einer Unterredung mit Hensel bemerkte er, er sei begierig, ob einer seiner Schüler auf einen bestimmten Aspekt einginge. Hensel bot sich an, dem Promovenden einen Tip zu geben, doch Windelband wehrte ab: „Ich will ihm ja nicht die Freude an seiner Arbeit verderben. Im schlimmsten Fall bleibt ihm ja noch genug Zeit, nachdem ich sein Manuskript gelesen habe." Etwas später dann kam Windelband zu Hensel: „Sehen Sie, wie gut, daß ich Sie nicht gebeten habe zu intervenieren, er ist ganz von selbst darauf gekommen."[354]

Ein Freund kam zu Paul Hensel und klagte ihm seine Schwierigkeiten mit der Rechtsphilosophie für sein juristisches Staatsexamen. Hensel half ihm. Zu Hilfe kam ihm dabei, daß er den Prüfer gut kannte und ebenso sein Faible für die Rechtsphilosophie Hegels, auf der dieser stets die Prüfung beschränkte. Also paukte Hensel seinem Freund Hegel ein. Der Freund bekam zwar allmählich Angst, sich zu sehr zu spezialisieren, aber der Erfolg war durchschlagend. Hensel traf einige Tage später den Kollegen, der ihm sofort mitteilte, wie grandios sein Freund abgeschnitten habe. Hensel bemerkte trocken: „Was für ein Pech, daß Sie ausgerechnet auf Hegel kommen mußten, in allen anderen Punkten war er sehr viel besser präpariert."[355]

Ein Promovend hatte im Oberseminar Rickerts über das Thema „Nietzsche als Wertphilosoph" zu sprechen. Nachdem er einen Teil seines Referates vorgetragen hatte – wobei der Vortrag weniger in philosophischem als in künstlerischem Stil gehalten war –, kommentierte Rickert zunächst durchaus freundlich das Gesagte mit Erinnerungen an seine sehr frühe Nietzsche-Verehrung und mit der Enttäuschung, Nietzsche nicht mehr persönlich, wie er es ursprünglich geplant hatte, treffen zu können, obwohl er Nietzsche nicht für einen typischen Philosophen gehalten habe: „Sie hätte singen sollen, diese Seele." Das war für den Studenten das Zeichen, seinen Vortrag fortzusetzen, und zwar in singender Deklamation. Dies ließ sich Rickert nicht lange gefallen. Er unterbrach brüsk und monierte in kritischer Durchmusterung einiger vorgetragener Sätze das Fehlen von philosophischer Durchdringung des Stoffes. Der Student bat, eine längere Partie zusammenhängend vorlesen zu dürfen, aber Rickert ließ sich nicht darauf ein: „Wenn es in diesem Stil weitergeht, möchte ich überhaupt verzichten. Schließlich ist Nietzsche selbst erbaulicher – wenn es uns schon um Erbauung zu tun ist. Es ist uns aber nicht darum zu tun, sondern um ernsthafte Philosophie." Schließlich verließ der Student das Seminar und kehrte niemals mehr zurück. Unter den Anwesenden herrschte peinliches Schweigen, aber Rickert war noch nicht mit seinem Zorn fertig, denn er wandte sich an das Seminar: „So etwas wünsche ich nie wieder zu erleben, und wer in irgendeiner Form das Dargebotene billigt, der braucht zukünftig nicht mehr zum Oberseminar zu erscheinen!"[356]

Während einer Gesellschaft wurde Windelband einmal gefragt: „Wieso sieht man Sie niemals beim akademischen Gottesdienst?" Windelband fragte zurück: „Wer führt denn eine Liste darüber?"[357]

Carl Stumpf hielt seine Vorlesungen immer streng nach seinem Manuskript und vermied das freie Wort. Eines Tages jedoch sagte er zu Beginn seiner Vorlesung: „Leider habe ich heute meine Brille zu Hause liegenlassen, ich hoffe aber, daß Sie mich trotzdem verstehen werden."[358]

Erdmann gratulierte einem Promovenden zur bestandenen Prüfung: „Ich gratuliere Ihnen zum bestandenen Doktor der Philosophie, dem Sie sich würdig erwiesen haben." Dann gab er dem Kandidaten die Hand, und dieser sagte: „Sie haben aber auch wunderbar gefragt, Herr Professor." Erdmanns Augen leuchte-

ten, und seinerseits dankbar drückte er die Hand seines Schütz-
lings.[359]

Benno Erdmann fiel es nicht leicht, einen Prüfling durchfallen zu
lassen. Einmal war es aber dann doch unumgänglich, zu groß waren
die Wissenslücken des Kandidaten. Der hatte den Ausgang wohl
auch schon erwartet, denn schließlich sagte er: „Könnten Sie mich
nicht etwas fragen, was ich weiß?" Erdmann fragte ihn also: „Dann
sagen Sie mir doch einmal, wie es Ihrem Fräulein Braut geht."[360]

Ein Schüler stattete zusammen mit seiner frisch angetrauten Gat-
tin seinem Lehrer Erdmann einen Dankbesuch für Erdmanns
Wünsche zur Hochzeit ab. Beim Abschied sagte Erdmann mit
Blick auf den bereits deutlich gerundeten Bauch der Frau: „Bitte,
kommen Sie doch baldigst nieder."[361]

Benno Erdmann galt als der typische Kant-Philologe. Über philosophische Deutungen der Texte Kants konnte er nur spotten. Als
ein Seminarteilnehmer eine Stelle philosophisch deutete, sagte er:
„Da haben wir also zu den bekannten zwanzig Kant-Interpre-
tationen noch eine weitere. Kehren wir zum Text zurück."[362]

In den 20er Jahren hatte der Lehrbetrieb der Universität Marburg
unter häufigen Stromausfällen zu leiden. Natorp ließ sich davon
nicht irritieren. Er holte bei plötzlichem Lichtausfall eine Kerze
aus seinem Rock hervor und las seinen Vortrag bei Kerzenschein
weiter.[363]

Edmund Husserl war ein ausgesprochen gewissenhaft arbeitender
Philosoph von großer Ernsthaftigkeit. In seinen Seminaren hielt er
die Studenten dazu an, sehr sorgsam mit wichtigen Begriffen umzugehen und seine Fragen sehr genau zu beantworten, anstatt in heh-
ren Worten „um den Brei herumzureden". Geschah das aber doch
einmal, so pflegte Husserl den Redefluß mit den Worten zu unterbrechen: „Geben Sie bitte Kleingeld auf meine Frage heraus!"[364]

Husserls Seminare begannen damit, daß er eine Frage stellte und
sie dann in einer langen Darlegung beantwortete. Er hielt, ohne es
zu merken, immer Monologe. Sehr selten kam es vor, daß die Stu-

denten eine Antwort geben konnten. Einmal sagte er beim Verlassen des Seminarraums zu Heidegger: „Das war aber einmal eine muntere Diskussion heute" – dabei hatte er wie üblich auf die erste Antwort ohne Unterbrechung bis zum Ende der Sitzung geredet.[365]

Husserl mag wohl eine Ahnung von seiner Unfähigkeit zum Dialog gehabt haben. Als ihm nämlich einmal in einem Seminar ein Einwand entgegengehalten wurde, sagte er: „Sprechen Sie bitte nicht so schnell. Ich vermag mich nicht leicht in die Überlegungen anderer hineinzudenken."[366]

Als es noch „Abtestate" gab, mit denen sich die Studenten die regelmäßige Teilnahme an einer Vorlesung bescheinigen lassen mußten, erlebte Dessoir, daß ein Student zu ihm in die Sprechstunde kam, der zwar nie die Vorlesung besucht hatte, aber dennoch den Schein beanspruchte: Er lugte in das Zimmer herein, in dem Dessoir saß und fragte: „Ist Herr Professor Dessoir anwesend?" Dessoir schaute sich um und sagte: „Ich sehe ihn nicht."[367]

Cassirer pflegte seine exzellenten Vorlesungen in Berlin nur mäßig vorzubereiten und hielt sie meist aus dem Stegreif. Einmal sagte seine Frau zu ihm, daß sie ihn gern auf der fünfzehnminütigen Fahrt zur Universität begleiten wolle, doch Cassirer willigte nicht ein: „Wann soll ich denn dann meine Vorlesung vorbereiten?" Als sich einmal ein Hörer als Professor aus Leipzig, der Cassirers Schriften genau kannte, entpuppte, bekam Cassirer Zweifel an seiner Methode. Er teilte das seiner Frau mit und meinte, wenn das so weitergehe, traue er sich nicht mehr, seine Vorlesungen so frei zu halten.[368]

Das Department of Philosophy in Yale wandte sich an die in den Vereinigten Staaten lebende Tochter Cassirers, weil man beabsichtigte, ihn, der noch in Schweden wohnte, als Visiting Professor einzuladen. Vielleicht, so wurde angefragt, sei es der Tochter möglich, zu kommen und Auskünfte über ihren Vater zu geben. Dies tat sie dann und sah sich teilweise kuriosen Fragen gegenüber etwa, ob er junge Menschen möge, ob er in die amerikanische Landschaft passe, ob er leicht aus der Konzentration zu bringen sei, ob er ihr in der

Kindheit Geschichten vorgelesen habe usw. Schließlich fragte einer der Professoren, ob Cassirer viel spazieren gehe, was die Tochter verneinte. Der Professor kommentierte das: „I like that. The true philosopher can't like walking."[369]

Otto Neurath, ein radikaler Positivist, fragte einen Studenten, der seinetwegen das Studium in Wien fortsetzen wollte: „Was studieren Sie?" – „Ich studiere Philosophie, reine Philosophie." – „Dann können Sie doch gleich noch eine Stufe im Niveau hintergehen und direkt Theologie studieren."[370]

In den 30er Jahren lehrte Richard Hönigswald in München. Unter den Studenten, die bei ihm die Prüfung in Philosophie zu absolvieren hatten, kursierte der „Geheimtip", Hönigswald sei zufrieden und lasse wohl niemanden durchfallen, solange jede Frage mit dem Begriff „Gegenständlichkeit" beantwortet würde.[371]

Richard Hönigswald verlangte von seinen Schülern strengste Disziplin im Denken und nahezu die Unterwerfung unter seine Gedanken. Wer im Seminar einen Beitrag machte, der mit Hönigswalds Denken in Konflikt stand, wurde von ihm sachlich und rhetorisch zum Schweigen gebracht. Das verfehlte seine Wirkung nicht, denn ein bereits älterer und sehr selbständiger Student bemerkte dazu: „Es gibt Dinge, die man in Hönigswalds Seminar noch nicht einmal zu denken wagt."[372]

Viktor von Weizsäcker schätzte die Art Rickerts nicht: Er suchte ihn in der Sprechstunde auf, um in sein Seminar aufgenommen zu werden. Weizsäcker berichtete, daß er sehr viel von Wundt gelesen und auch bereits einige Teile von Kants „Kritik der reinen Vernunft" studiert habe. Rickert erwiderte sehr freundlich: „An meinem Seminar darf nur der aktiv teilnehmen, der meine Werke gründlich studiert hat. Aber ich bin gern bereit, Sie als passiven Hörer zuzulassen."[373]

Rickert und Jaspers hatten anfangs ein gutes Verhältnis miteinander. Rickert fragte ihn: „Was wollen Sie eigentlich? Sie haben sich zwischen zwei Stühle gesetzt, haben die Psychiatrie aufgegeben und sind kein Philosoph!" – „Ich werde einen philosophischen

Lehrstuhl erhalten; was ich mit ihm anfange, wird meine Sache sein gemäß der Freiheit des Dozenten angesichts des unbestimmten Gebildes dessen, was an der Universität Philosophie heißt."[374]

Jaspers bestand strikt auf pünktlichem Erscheinen der Studenten zu seinen Vorlesungen. Als sich einmal ein Hörer verspätete, raunzte Jaspers ihn an: „Ein Medizinstudent in der Anatomie kann kommen und gehen, wann er will. In ein philosophisches Seminar kommt man, oder man kommt nicht. Wer zu spät ist, den ersuche ich, an der Tür lieber wieder umzukehren." Ebenso hielt er es im Seminar. Wenn ein Student nun, was auch einmal geschah, verfrüht den Raum verlassen mußte, kommentierte Jaspers es so: „Auch ein Zeichen der Zeit, daß man es für richtig hält, ein philosophisches Kolleg für zehn Minuten zu besuchen."[375]

Jaspers bat seinen ersten Doktorvater um eine Stelle in seiner Klinik. „Gern, was wollen Sie denn arbeiten?" – „In den ersten Wochen will ich mich in der Bibliothek orientieren, was es so gibt." – „Wenn Sie solchen Unfug treiben wollen, meinetwegen!" Später sagte der Professor zu seinem Assistenten: „Schade um den Jaspers, ein so intelligenter Mensch und treibt lauter Unsinn." Als Jaspers einmal zu spät zur Visite erschien, wurde er so begrüßt: „Aber Herr Jaspers, wie blaß sehen Sie aus; Sie treiben zuviel Philosophie, das vertragen die roten Blutkörperchen nicht."[376]

Wenn Jaspers Lob spendete, war das manchmal eine zweifelhafte Sache: Einmal suchte er einen Doktoranden auf, um ihm für sein Buch Anerkennung zu zollen, endete aber mit folgender Bemerkung: „Glauben Sie nun bloß ja nicht, die Habilitation so gut wie sicher zu haben." Ähnlich erging es einem anderen Promovenden: Dieser stellte sich bei Jaspers vor und wies darauf hin, daß er sämtliche Bände der Geschichte der griechischen Philosophie durchgearbeitet habe. Jaspers entgegnete ihm, der zumindest ein lobendes Wort erwartet hatte, daß ihn derartige Mengenangaben gar nicht beeindruckten, und überdies komme es nicht auf Sekundärliteratur an, sondern auf Originaltexte.[377]

Die Berufung von Karl Jaspers nach Basel im Jahre 1948 ging nicht ganz ohne Widerstände seitens einiger Fakultätskollegen vonstatten. So fragte auf einem Kongreß ein Philosophieprofessor einen anderen, ob Jaspers denn Erfolg habe, und der andere entgegnete trocken: „Zumindest hat er viele Hörer – falls das ein Zeichen von Erfolg ist." In diesem Sinn hat Jaspers tatsächlich wachsenden Erfolg gehabt, wie ein 1960 erschienener und in leicht spöttischem Ton gehaltener Beitrag in einer Studentenzeitschrift belegt: „Schon eine Stunde vor Beginn der Vorstellung sitzen gewöhnlich ein Dutzend Pensionäre im Hörsaal. Eben betritt eine ältere Dame – scheu um sich blickend – das Auditorium, öffnet ihr Handtäschchen und bewirft die umliegenden Gefilde mit Brille, Taschentuch und Lippenstift. Sie belegt mit diesen nützlichen Sachen Plätze für liebe Bekannte und Verwandte. Langsam hat sich der Raum gefüllt, die ersten Stehplätze werden eingenommen. Die Gänge sind voll von Entschlossenen, die gewillt sind, ihr Deputat auch in senkrechter Lage oder auf Steinstufen einzunehmen. Gerade als die ersten Studenten der Philosophie eintreten, erscheint der Hauswart als deus ex machina auf dem Podium und verkündet: ‚Herr Professor liest in der Aula!' Was nun geschieht, erinnert unwillkürlich an den Film ‚Untergang der Titanic'; ein Sturm bricht los – alles stürzt auf die Ausgänge zu, im Schweinsgalopp stößt sich einer am andern vorwärts. Damen und Herren mit und ohne philosophische Vorbildung rennen um ein Plätzchen an der Weisheit."[378]

Als Karl Jaspers in Basel lehrte, hielt er mitunter zur gleichen Zeit wie Karl Barth und genau eine Etage höher seine Vorlesungen. Dieser bemerkte angesichts des Fußtrampelns über seinem Hörsaal: „Da oben ist das Jasperle-Theater."[379]

Am Ende seines letzten Semesters in Heidelberg gab Jaspers seinen Studenten folgendes Wort mit auf den Weg: „Ich habe oft gesagt am Ende des Semesters: Die Philosophie ist kein rundes Ganzes; – daß die geplante Vorlesung aufhört, bevor der Plan vollendet ist, ist wie ein Symbol der Unvollendbarkeit der Philosophie – trotz gelungenen Philosophierens. Eine Vorlesung hört auf, das Philosophieren geht weiter."[380]

Ernst Bloch verzichtete auch bei Prüfungen nicht auf seine Pfeife, und es kam vor, daß er seinen protokollierenden Assistenten eine

Kuba-Zigarre zusteckte. Als Bloch in Leipzig lehrte, spielte sich dort eine Prüfung als Tabakkolleg ab: Ein Student hatte, entsprechend der damaligen Prüfungsordnung, sein Thema aus einer Schüssel mit zusammengerollten Zetteln zu ziehen. Heraus kam „Die neue Unendlichkeit in der Philosophie Giordano Brunos". Bloch bat den Studenten, zur Sache zu sprechen. Dieser fragte jedoch zunächst: „Darf ich rauchen?" – „Bitte!" Er holte eine Pfeife, die noch größer war als die Blochs, aus seiner Jacke und stopfte sie so umständlich, daß es – wie der Protokollant vermerkte – vier Minuten dauerte, bis er endlich zu rauchen beginnen konnte. Danach schnurrte er seinen Stoff herunter, zwischendurch paffend und die Pfeife immer wieder in Brand setzend. Während der ganzen Zeit stellte Bloch keine einzige Frage. Als die Prüfungszeit vorbei war, lobte Bloch den Kandidaten, daß er die Materie gut beherrsche, daß er sogar – was er selbst nicht gekonnt hätte – die Sonette Brunos hersagen könne. „Aber unabhängig davon bekommen Sie ein ‚Ausgezeichnet', besonders Ihrer philosophischen Haltung wegen."[381]

Für seine Antrittsvorlesung legte Rothacker einen Frack an, der bereits etliche Jahre alt war. Nach der Vorlesung trat ein Zuhörer zu ihm und sagte: „Mit *dem* Frack werden Sie zweifellos Karriere machen."[382]

1929 wurde Wittgenstein zum Doktor promoviert. Die mündliche Prüfung wurde von Moore und Russell abgenommen. Als Dissertation legte Wittgenstein seinen „Tractatus" vor, über den Moore in seinem Gutachten kurz und knapp geschrieben hatte: „Ich halte Herrn Wittgensteins Dissertation für ein geniales Werk; sei dem, wie es wolle; für den Titel eines Doktors der Philosophie der Universität Cambridge ist es ausreichend."[383]

Ein Teilnehmer an Wittgensteins Veranstaltungen gibt folgende Schilderung: „Wittgenstein saß auf einem einfachen Holzstuhl in der Mitte des Zimmers. Hier kämpfte er sichtbar mit seinen Gedanken. Oft war es ihm bewußt, daß er verwirrt war, und er sprach es aus. Häufig sagte er etwa: ‚Ich bin ein rechter Narr!' oder: ‚Ihr habt wirklich einen schrecklichen Lehrer!' oder: ‚Heute bin ich einfach zu dumm.' Manchmal brachte er seine Zweifel

zum Ausdruck, ob er imstande sein werde, die Vorlesung überhaupt zu Ende zu führen, aber nur ganz selten schloß er vor sieben Uhr. Es ist nicht ganz richtig, diese Sitzungen Vorlesungen zu
nennen, obgleich Wittgenstein es tat. Denn zum einen stellte er
dabei ganz neue Überlegungen an. Er dachte über gewisse Probleme nach, als ob er alleine wäre. Zum anderen wurde dabei viel
diskutiert. Wittgenstein richtete gewöhnlich Fragen an verschiedene der Anwesenden und ging dann auf ihre Antworten ein. Oft
bestanden die Übungen in der Hauptsache aus Dialogen. Manchmal aber, wenn er versuchte, einen Gedanken aus sich herauszu-
pressen, verbat er sich mit einer entschiedenen Handbewegung jede Frage oder Bemerkung. Oft entstanden lange Pausen, in denen
man nur Wittgenstein gelegentlich murmeln hörte, während die
andern aufmerksam schwiegen. Während dieser Stille war Wittgenstein aufs äußerste angespannt und aktiv. Sein Blick war kon-
zentriert; sein Gesicht voll Leben; mit den Händen machte er
auffallende Bewegungen; sein Ausdruck war streng. Man war sich
bewußt, daß man sich im Bereich höchster Ernsthaftigkeit, Ver-
senkung und Geisteskraft befand."[384]

Als Heidegger in Freiburg lehrte und gerade „Sein und Zeit"
veröffentlicht hatte, kursierte in Anlehnung an eine gewisse Un-
bestimmtheit seiner Vorlesungen und den Appellcharakter darin,
sich auf das „Eine nottuende" zu konzentrieren, unter einigen
Studenten das Wort „Ich bin entschlossen, nur weiß ich nicht,
wozu."[385]

Heidegger übte auf seine Studenten eine große Anziehungskraft
aus, und für manche war es nicht leicht, sich seinem Sprachduktus
zu entziehen. Das führte im Seminar manchmal zu erstaunlich
unverständlichen Ausführungen. Einmal reichte es Heidegger,
und er wies einen Teilnehmer zurecht: „Bitte merken Sie sich,
daß ich es nicht schätze, wenn in meinem Seminar geheideggert
wird."[386]

In Freiburg hielt ein Philosoph aus Wien einen Vortrag über die
Philosophie Heideggers. Nach dem Vortrag sagte er zum Dekan:
„Meine Ausführungen sind wohl recht deutlich und klar gewesen,
denn in der ersten Reihe hat ein Bäuerlein gesessen, das mich

während der ganzen Zeit verständnisvoll angeblickt hat." Darauf
bedeutete ihm der Dekan: „Das Bäuerlein ist kein Bäuerlein gewesen, das war Heidegger."[387]

Heidegger erzählte in seinem Oberseminar beiläufig, Carnap habe
in seiner Schrift „Vom Wesen des Grundes" 246 Fehler aller Art
gefunden. „Wie viele", so kommentierte Heidegger, „will er dann
erst in ‚Sein und Zeit' finden?"[388]

Edith Stein bemühte sich darum, ins Seminar von Husserl aufgenommen zu werden. Dies geschah so, daß sich alle Interessierten
zu einer bestimmten Uhrzeit vor seinem Büro versammeln mußten. Die Neuen wurden dann einzeln hereingebeten. Husserl kam
auf Edith Stein zu und sagte, daß er bereits von seinem Assistenten von ihr gehört habe. Dann fragte er sie: „Haben Sie denn
schon etwas von meinen Sachen gelesen?" – „Ja, die ‚Logischen
Untersuchungen'." – „Haben Sie die *ganzen* ‚Logischen Untersuchungen' gelesen?" – „Ja, auch den zweiten, viel umfangreicheren
Band ganz." – „Tatsächlich? Das ist eine Heldentat. Damit sind
Sie ins Seminar aufgenommen."[389]

Doktorväter sind auch in der Philosophie oft problematisch: Ein
Kandidat fragte bei einem Professor an, welche Forderungen er
stelle. Dieser eröffnete ihm: „In der Logik, der Ethik, der Ontologie, der Metaphysik und der Ästhetik müssen Sie Bescheid wissen. Aber solches Querschnittswissen reicht nicht. Die Beherr-
schung der Geschichte der Philosophie ist gleichermaßen wichtig.
Damit wir uns nicht mißverstehen: Daß Sie die Kompendien zur
Geschichte der Philosophie und die Hauptwerke der großen Philosophen kennen, ist selbstverständlich." Überfordert und ent-
täuscht zog der Kandidat ab. Dieses Programm, so urteilte er,
hätte Jahrzehnte erfordert und sei für ein Wesen entworfen, das
mühelos 250 Jahre alt werden würde; für Menschen mit einer Le-
benserwartung von 60 oder 80 Jahren hingegen sei es zuviel. An-
gewidert von solchem Gehabe ging der Mann zu Löwith. Der
legte ganz andere Maßstäbe an: „Bei mir ist die Vorbedingung zur
Promotion, ob mir der Kandidat sympathisch und daß er klug
ist." Unter solchen Vorbedingungen ging die Promotion ohne
Schwierigkeit recht rasch über die Bühne.[390]

Während einer Festlichkeit im Philosophischen Seminar in Heidelberg war Gadamer seit einer halben Stunde unauffindbar, und seine Assistenten begannen, nach ihm zu suchen. Schließlich stellte sich heraus, daß er in der Toilette eingesperrt war und gegen die Tür hämmerte. Dem herbeigelaufenen Hausmeister gelang es, die Tür zu öffnen. Gadamer trat, etwas ermüdet, aber lächelnd hinaus: „Das war aber eine recht lange Klausur ...“[391]

Gadamer merkte in seiner Heidelberger Zeit, daß seine Promovenden unzufrieden damit waren, die Entwürfe immer wieder zurückzubekommen und sie umschreiben zu müssen. Er fragte sich, ob er nicht zuviel verlange, und bat deshalb seine Frau, seine eigene Dissertation zu lesen und zu prüfen. Das Resultat: „Du hättest sie bestimmt nochmals umarbeiten müssen.“[392]

Josef Bochenski war darum bemüht, in seinen Seminaren stets Klarheit zu schaffen und zu fordern. Einmal hatte ein etwas vorlauter Student den Mut, sich zu Wort zu melden. Schließlich sah Bochenski ihn an und sagte: „Sie haben einen Satz mit 14 Worten gesagt. Ich habe kein einziges verstanden. Beginnen Sie doch mit dem ersten.“[393]

Als junger Mann war Raymond Klibansky mit Ferdinand Tönnies bekannt, der gelegentlich von seiner lang zurückliegenden Begegnung mit Friedrich Engels erzählte. Dies machte Klibansky sich zunutze, wenn er bemerkte, daß seine Studenten im Seminar eine kleine Unterbrechung als Erholungspause brauchen konnten. Er berichtete dann, was Tönnies ihm mitgeteilt hatte, und fügte hinzu: „Demnach trennten mich vom großen Marx nur drei Handschläge. Und Sie sind jetzt“, sagte er, während er einem Studenten die Hand gab, „nur vier Handschläge von Marx entfernt.“[394]

Paul Feyerabend nahm, wie er oft sagte, den Wissenschaftsbetrieb und die Philosophie nicht sehr ernst und sparte auch seinen Studenten gegenüber nicht mit seinem skurrilen Humor. Einmal kam ein Student zu ihm und wies ihn auf einen Widerspruch in einem seiner Aufsätze hin. „Sicher ist er da“, sagte Feyerabend, „weil ich ihn hineingesetzt habe.“[395]

Hans Albert belustigte sich 1970 über einige „studentenunruhige" Zustände an den deutschen Universitäten: „Eine Reformkommission, die mit Studenten besetzt ist (teilweise), bemüht sich gerade, dem Lehrkörper klarzumachen, daß die Prüfungen und Zensuren abgeschafft werden müssen. Wir haben ihnen sofort erklärt, daß uns nichts Besseres passieren könnte. Allerdings würden sie sich dann ins eigene Fleisch schneiden, denn sie würden dann mit Sicherheit außerhalb der Universität geprüft, und diese Prüfungen wären vermutlich unangenehmer. Im übrigen: warum wollten sie dann nicht auch auf ein Diplom verzichten? Ist doch eigentlich einzusehen? Oder: jeder sollte in einem gewissen Alter ein Diplom seiner Wahl bekommen (aus Anciennitätsgründen); neue Idee von mir, sehr reformerisch, demokratisch, fast revolutionär. Auch sollte man die Phantasie frei lassen für die Erfindung neuer prüfungsfreier Diplomtitel, etwa so: polit-revolutionärer Kubikdiplomat (dipl 3!) oder Diplom-Basis-Gruppologe oder: einfach: roter Zellenwart (akadem.), rote Base (dipl.), Basis Groupy (univ.). Die Sache müßte viel bunter werden, auch in kleidungsmäßiger Beziehung: Berechtigung, rote, grüne, schwarze Barette zu tragen mit Polit-Gesinnungs-Marken. Berechtigungserwerb durch Akklamation."[396]

In den 70er Jahren hörte Feyerabend, daß das Zürcher Polytechnikum eine Professur für Wissenschaftstheorie besetzen wollte. Feyerabend schrieb an den Rektor: „Ich habe gehört, daß Sie einen Wissenschaftstheoretiker suchen. Ich bin interessiert." Interessiert war Feyerabend sicher, aber auch daran, sich nicht zu verbiegen oder Unannehmlichkeiten auf sich zu nehmen. Die Probevorlesung war kein Erfolg, weil Feyerabend unter körperlichen Beschwerden litt und mit Mühe und Not seinen Vortrag beendete. Er ermunterte dann das Publikum, das dem lustlos dargebotenen Vortrag mürrisch gefolgt war, sich zu Wort zu melden. Zum Teil kamen recht aggressive Reaktionen, die Feyerabend ebenso aggressiv konterte. Dann fragte ein Mann, ob Feyerabend ins Mittelalter zurückkehren wolle. Feyerabend hielt dagegen und fragte, was er denn über das Mittelalter wisse. Der Mann lief davon und knallte die Türen. Schließlich gingen immer mehr Teilnehmer, und die Vorlesung war beendet. Die anschließende Befragung absolvierte Feyerabend genauso lustlos. „Warum", so fragte der Rektor, „wollen Sie nach Zürich kommen?" – „Weil ich es nirgendwo lange aushalte und den ständigen Wechsel brauche." – „Und warum wollen Sie ausgerechnet in die Schweiz?" – „Weil das Gehalt gut und die Lehrverpflichtung minimal ist." „Was halten Sie vom Begriff der Wahrheit?" – „Ich halte das für eine rhetorische Floskel, die bestenfalls zum Fliegenfangen taugt, aber die ich nicht wirklich ernst nehme." So ging es weiter, und Feyerabend glaubte, aus dem Rennen zu sein. Aber er hatte sich geirrt. Die Hochschule holte Zeugnisse über ihn ein. Unter anderem schrieben Kollegen: „Feyerabend steht in dem Ruf, ständig die Universität zu wechseln." – „Er sammelt offenbar berufliche Angebote." – „Er ist für jeden Skandal gut." – „Die Studienkommission hatte ständig Schwierigkeiten mit ihm." – „Unter keinen Umständen würde ich ihn nach Zürich holen." – „Wenn ich zu entscheiden hätte, ob ich ihm eine volle Stelle gebe oder gar nichts, wüßte ich nicht, wozu ich mich entschließen sollte." – „Insgesamt würde seine Anstellung der Reputation eines jeden Philosophischen Instituts schaden." Gleichwohl kam Feyerabend zusammen mit einem Kollegen in die engere Wahl, und man beschloß, daß beide jeweils ein Semester lang eine Vorlesung halten sollten. Feyerabends Veranstaltung war anfangs ein voller Erfolg, während seinem Konkurrenten die Hörer mehr und mehr schwanden, bis sich nach und nach auch Unzufriedenheit mit den Stoffen Feyerabends einstellte. Als die Stelle nun besetzt werden sollte, empfahl die Bundesbehörde die Ablehnung, aber der Präsident der Hochschule wollte die akademische Unabhängigkeit wahren und entschied sich für Feyerabend: „Auch ein so bedeutender Philosoph wie Feyerabend kann nicht eine so große Universität wie die Eidgenössische Technische Hochschule zugrunde richten."[397]

Hans Lenk war zu Beginn seines Studiums auch noch ein erfolgreicher Ruderer und Teilnehmer an der Olympiade 1960 in Rom. Als er sich zehn Jahre später auf eine Professur bewarb, sprach sich ein Professor gegen ihn aus: „Wir wollen doch einen Philosophen berufen, aber keinen Olympioniken."[398]

Annemarie Pieper hat als Studierende der Anglistik und Germanistik begonnen. Um ihr Staatsexamen ablegen zu können, war am Ende ihres Studiums noch ein Philosophicum zu absolvieren. Dazu besuchte sie eine Vorlesung bei Hermann Krings. Wochenlang verstand sie kaum ein Wort, und das ärgerte sie. Schließlich bekam sie zu ihrem großen Erstaunen auch noch das erforderliche Testat. Als Krings es unterschrieb, sagte sie ihm: „Für eine solch kaum verständliche Vorlesung wird man auch noch bezahlt? Das wundert mich." Krings brach in schallendes Gelächter aus und ermunterte sie, ihre Vorurteile gegen die Philosophie aufzugeben und diese ernsthaft zu betreiben. Das tat Frau Pieper dann auch, allerdings zunächst nicht aus Interesse, sondern aus Ärger über hochstaplerisch vorgetragene philosophische Gedankengebäude. Um diese Auffassung belegen zu können, so sagte sie sich, war es nötig, sich ganz auf die Philosophie einzulassen. – Offensichtlich hat sie ihre Vorurteile aber bald aufgegeben und ist zu einer ausgesprochen renommierten Philosophie-Professorin geworden, die schließlich an die Universität Basel auf den Lehrstuhl berufen wurde, den vor ihr Karl Jaspers innegehabt hat.[399]

Als Detlef Horster eine Lehrstuhl-Vertretung an einer holländischen Universität wahrnahm, hielt er unter anderem auch eine Vorlesung über Hegel. Nach etwa einer halben Stunde erhob sich ein Student und sagte: „Ich bin davon überzeugt, daß Ihnen niemand hier mehr folgen kann und keiner etwas von dem verstanden hat, was Sie gesagt haben." Beifälliges Gemurmel der Kommilitonen begleitete seinen Beitrag. Ein anderer Student sagte dann: „Ich halte es für besser, wenn Sie Ihre Unterlagen jetzt einpacken, nach Hause gehen und sich erneut vorbereiten. Allen anderen mache ich den Vorschlag, die Vorlesung jetzt zu verlassen und nächste Woche wiederzukommen." So ungewöhnlich dies war, es hatte Erfolg: Die Vorlesung wurde besser, Horster in den folgenden Stunden sogar gelobt: Von da an hat er verstanden, Philosophie verständlich zu vermitteln.[400]

VI. Der Donner der Xanthippe

Vom philosophischen Umgang mit Frauen

> „Die Philosophen des siebzehnten und achtzehn-
> ten Jahrhunderts huldigten noch dem scholasti-
> schen Typus der Ehelosigkeit: Bruno, Campanella,
> Cartesius, Spinoza, Malebranche, Leibniz, Wolf,
> Locke, Hume, Kant. Dieser war in Deutschland
> der letzte jener Hagestolzen und ihrer schlechten
> Theorie der Ehe. Fichte war wieder der erste
> welthistorische Philosoph, der sich verheiratete.
> Nach ihm sehen wir Schelling, Herbart, Krause,
> Wagner, Troxler und selbst Katholiken, wie F. v.
> Baader, sämmtlich vermählt."
>
> (Karl Rosenkranz)[401]

Thales' Mutter bedrängte den Sohn wieder und wieder, doch endlich zu heiraten, aber Thales wehrte ab: „Noch ist die Zeit dazu
nicht gekommen." Als Thales älter geworden war, bedrängte sie
ihn immer noch, und nun entgegnete er: „Jetzt ist es zu spät dazu."[402]

Thales antwortete auf die Frage, warum er keine Kinder gezeugt
habe: „Aus Liebe zu den Kindern."[403]

Solon besuchte Thales und wunderte sich darüber, daß dieser gar
nicht heiraten und Kinder haben wollte. Thales ließ sich darüber
auf kein Gespräch ein. Einige Tage später hatte nun Solon das folgende Gespräch mit einem Fremden: „Vor zehn Tagen habe ich
Athen verlassen", sagte er. „Gibt es Neuigkeiten aus Athen?"
fragte Solon. „Eigentlich nichts, höchstens dies, daß man unter
großem Geleit einen jungen Mann bestattet hat. Dieser war, wie
man mir erzählte, der Sohn eines sehr geachteten Bürgers, der sich
aber zur Zeit des Begräbnisses nicht in Athen, sondern seit längerer Zeit im Ausland aufhielt." „Welchen Namen hatte der Mann
denn?" fragte Solon. „Den Namen weiß ich nicht mehr, aber es
war oft die Rede von dessen Gerechtigkeit und Weisheit." „Hieß
der Mann, dessen Sohn begraben wurde, vielleicht Solon?" fragte
Solon, dessen Besorgnis immer offenkundiger wurde. „In der Tat,

jetzt erinnere ich mich, der Mann hieß Solon", sagte der Fremde. Daraufhin gab Solon mit den heftigsten Gebärden seiner Trauer Ausdruck. Da erschien plötzlich Thales und sagte: „Siehst du, wie sehr die Sorge einen Menschen wie dich ergreifen kann? Genau deswegen habe ich Abstand davon genommen, zu heiraten und Kinder zu haben. Übrigens: Wegen der Begebenheit brauchst du dich nicht zu grämen, sie ist nicht wahr; ich habe nur einen Fremden entsprechend instruiert, um dir meinen Standpunkt klarzumachen."[404]

Jemand fragte Sokrates: „Soll man heiraten oder es unterlassen?" „Es ist gleichgültig, welche Wahl du triffst", sagte Sokrates, „du wirst es so oder so bereuen."[405]

Angeblich war Xanthippe die sehr streitsüchtige, stets reizbare und zornige Frau des Sokrates. Alkibiades fragte diesen, warum er sie nicht aus dem Haus jage, wenn sie ihm das Leben so schwermache. „Indem ich mich an eine solche Frau gewöhne, kann ich die Handgreiflichkeiten und Unverschämtheiten der Athener besser ertragen", sagte dieser.[406]

Sokrates und Xanthippe hatten einmal einen solchen Streit, daß Xanthippe ihn nicht nur mit Schmähungen bedachte, sondern ihn sogar noch mit Spülwasser überschüttete. „Ich wußte es ja", meinte er dann, „daß Xanthippe es nicht beim Donnern beläßt, sondern auch noch Regen bringt."[407]

Jemand sagte zu Sokrates, daß die keifende Xanthippe unausstehlich sei. „Ach, weißt du", sagte Sokrates, „daran habe ich mich längst gewöhnt wie an das dauernde Klappern eines Mühlrads. Übrigens regst du dich ja auch nicht über das Geschnatter deiner Gänse auf." – „Von denen bekomme ich schließlich auch Eier und Küken." – „Und ich bekomme von Xanthippe Kinder."[408]

Ein Streit zwischen Sokrates und Xanthippe war so heftig, daß sie ihm auf den Markt folgte, wohin er vor ihr zu entfliehen versuchte. Dort machte sie ihm weitere Vorhaltungen und riß ihm zuletzt den Mantel vom Leib. Einige, die diese Szene beobachteten, rieten ihm, sich doch zur Wehr zu setzen. Sokrates aber wehrte ab:

„Damit ihr wie bei einem Wettkampf euch in zwei Parteien teilen und rufen könnt: ‚Los, Xanthippe! Wehr dich, Sokrates!‘?"[409]

Als Sokrates den Schierlingsbecher gereicht bekam, weil er von den Athenern zum Tode verurteilt worden war, weinte Xanthippe und sagte zu ihm: „Nun mußt du unschuldig sterben." Darauf sagte Sokrates zu ihr: „Wäre es dir lieber, ich müßte schuldig sterben?"[410]

Aristipp wurde das Angebot gemacht, sich von drei Frauen eine auszuwählen. Er nahm alle drei mit sich und sagte: „Für Paris war es ein Nachteil, nur eine Frau begehrt zu haben."[411]

Eine Kurtisane verlangte von Aristipp Geld, weil sie angeblich ein Kind von ihm bekommen hatte. Er wehrte sich: „Du bist dir mit deiner Vermutung nicht sicherer, als wenn du durch ein dorniges Gebüsch gelaufen wärst und meinst, daß dich ein bestimmter Dorn gestochen hätte."[412]

Aristipp, der längere Zeit eine berühmte Kurtisane als seine Geliebte hatte, wurde gefragt: „Wie kannst du das tun, wo sie dich doch gar nicht liebt?" – „Wein und Fisch lieben mich auch nicht, und doch genieße ich sie."[413]

Aristipp wurde vorgeworfen, mit einer Dirne zusammenzuleben. Er verteidigte sich so: „Macht es denn einen Unterschied, ob das Haus, in dem ich wohne, viele Bewohner oder nur einen einzigen gehabt hat, und macht es etwas aus, ob das Schiff, auf dem ich fahre, schon Tausende von Passagieren oder nur einen einzigen gehabt hat?"[414]

Cicero meinte über eine Frau, die ihr Alter mit „dreißig" angab: „Das muß stimmen, denn ich höre es bereits seit zehn Jahren von ihr."[415]

Voltaire wurde von einem Freund die Frau eines Würdenträgers vorgestellt. Einige Tage später fragte der Freund Voltaire nach seinen Eindrücken. Er sagte: „Solange sie mich nicht ansprach, hat sie mich sehr angesprochen; nachdem sie mich aber angesprochen hatte, sprach sie mich nicht mehr an."[416]

In seinen letzten Lebenstagen konnte Hume kaum noch Freunde empfangen. Eine Kerzenmacherin ließ er jedoch zu sich kommen. Nachdem sie den Philosophen über die Gefahren des Skeptizismus aufgeklärt hatte, sagte Hume zu ihr: „Da Sie so ernsthaft bemüht sind, mich mit innerem Licht zu erleuchten, so bitte ich Sie, mich auch mit äußerem Licht zu versehen." Mit einer großen Bestellung verließ die Kerzenmacherin das Haus.[417]

Rousseau warf seiner Geliebten, Frau Epinay, vor, daß sie ihn so oft betrüge. Sie verteidigte sich: „Liebster Freund, es mag sein, daß ich Sie häufig betrüge, aber ist es nicht eine große Genugtuung für Sie, daß ich immer wieder zu Ihnen zurückkehre?"[418]

Kant blieb bis zum Tod unverheiratet. Das hat er beispielsweise mit Platon, Descartes, Leibniz oder Nietzsche gemeinsam, was aber Russell mit insgesamt vier und Scheler mit drei Ehen wieder wettgemacht haben dürften. Kant pflegte seine Ehelosigkeit so zu kommentieren: „Als ich eine Frau hätte brauchen können, habe ich sie nicht ernähren können; als ich eine Frau ernähren konnte, brauchte ich sie nicht mehr."[419]

Kant und andere Philosophen waren in Gesellschaft einer Dame, die die günstige Gelegenheit nutzte, Kant eine Vielzahl von Fragen zu stellen. Zuletzt wollte sie wissen, ob der Mensch eine Seele hat. Kant sagte: „Sicher hat der Mensch eine Seele, denn wie könnten Sie sie mir sonst aus dem Leib fragen!"[420]

Bereits als Student war Hegel Geselligkeiten nicht abgeneigt: Gelegentlich arrangierte er mit einigen Damen ein Pfänderspiel, um sich dann und wann ein Küßchen holen zu können. Dieser Gewohnheiten und seiner manchmal behäbig-gemächlichen Art wegen, die ihn älter erscheinen ließ, als er war, bekam Hegel bereits als Student den Spitznamen „Der alte Mann" oder „Der Alte".[421]

Schopenhauer hatte angeblich einer Näherin durch Schläge eine Gesundheitsbeeinträchtigung zugefügt. Er wurde dazu verurteilt, ihr, solange die Beeinträchtigung anhalte, jährlich 60 Taler zu zahlen. Er hielt das allerdings für eine Art Komplott gegen sich. Die Näherin lebte noch zwanzig Jahre, ohne daß sich ihre Gesundheit besserte.

Dies erzählte Schopenhauer gelegentlich und fügte bissig hinzu: „Sie ist klug genug, das Zittern des Armes nicht einzustellen."[422]

Schopenhauers negative Einstellung gegenüber Frauen ist spätestens seit seiner Schrift „Über die Weiber" bekannt. Seinem Biographen Gwinner sagte er dazu, daß das gewöhnliche Ziel der Karriere junger Männer darin bestehe, zum „Lasttier eines Weibes" zu werden: „Die freie Muße, welche sie ihren Weibern zu erarbeiten den Tag hinbrächten, brauche der Philosoph selbst. Der Verheiratete trage die volle Last des Lebens, der Unverheiratete nur die halbe: wer sich den Musen weihe, müsse zu der letzteren Klasse gehören. Daher werde man finden, daß fast alle echten Philosophen ledig geblieben seien: so Kartesius, Leibniz, Malebranche, Spinoza und Kant. Die Alten könne man nicht rechnen, da bei ihnen die Weiber eine untergeordnete Stellung eingenommen hätten; übrigens sei des Sokrates Leiden bekannt, und Aristoteles ein Hofmann gewesen. Die großen Dichter dagegen seien alle verheiratet gewesen und zwar unglücklich."[423]

Schopenhauer war zwar einmal verlobt, aber da sich herausstellte, daß die Dame lungenkrank war, nahm er von der Verlobung Abstand. Er hielt das „für ein Glück […], da eine Frau für einen Philosophen sich nicht schicke". Allerdings hat dies den Philosophen nicht davon abgehalten, später einem siebzehnjährigen Mädchen einen Heiratsantrag zu machen. Der stieß aber nicht auf Gegenliebe, denn bei einer Bootsfahrt schenkte er ihr einige Trauben, und sie berichtet: „Ich wollt' sie aber nicht haben. Mir war's eklig, weil der olle Schopenhauer sie angefaßt hat, und da ließ ich sie so ganz sachte hinter mir ins Wasser gleiten."[424]

Ohne es zu wissen, speiste Schopenhauer einmal neben Lady Byron. Der Wirt, der die Eigenheiten Schopenhauers kannte, machte ihn nach dem Essen darauf aufmerksam. „Teufel auch", sagte Schopenhauer, „warum haben Sie mir das denn nicht eher gesagt? Ich hätte ihr gern Grobheiten gesagt." Darauf entgegnete der Wirt: „Eben, das dachte ich mir."[425]

Paul Hensel ging mit einigen seiner Studenten in ein von ihm häufiger aufgesuchtes Lokal in Straßburg. Als die Kellnerin ihm sein Bier brachte, stellte sie es nicht nur vor ihn hin, sondern drückte ihm auch noch einen dicken Kuß auf die Wange. Hensel, der bemerkt hatte, daß einige seiner Kollegen am Nachbartisch saßen, entgegnete mit gespielter Entrüstung: „Aber Fanni, Sie sind wohl verrückt geworden." Sie antwortete: „Aber Herr Professor, sonst mögen Sie das doch." Sofort brach am Nachbartisch brüllendes Gelächter los, und Hensel sagte zu seinen Studenten: „Wie schwer es ist, seinen guten Ruf beizubehalten, wenn man solche Nachbarn hat."[426]

Der ziemlich beleibte Adickes ging mit seiner schlanken Frau durch Tübingen. Über das ungleiche Paar sagte man: „A Dickes und a Dünnes." Als sie später ein etwas pummeliges Töchterchen hatten, wurde gesagt: „A Dickes, zwa Dickes, dra Dickes."[427]

Russell beendete 1911 seine erste Ehe: Wenige Tage zuvor hatte er von seinem Zahnarzt die Nachricht erhalten, er sei unheilbar krank. Zu dieser Zeit hatten die Spannungen zwischen den Eheleuten ihren Höhepunkt erreicht, weil Russell sich in eine andere Frau verliebt hatte. Seine Frau forderte die Scheidung. Russell drohte, dies mit Selbstmord zu hintertreiben – was ihm durchaus ernst war. Das brachte seine Frau in äußerste Rage, und nachdem sie stundenlang getobt hatte, schwang er sich auf sein Fahrrad und fuhr fort. Sie sahen sich erst 1950 wieder.[428]

In den ersten Monaten ihrer Ehe lernte Cassirers Frau das Kochen erst nach und nach. Cassirer aß alles, was er vorgesetzt bekam, ohne Kritik. Eines Tages schmeckte seiner Frau das Essen überhaupt nicht, und sie fragte ihn, warum er denn nicht auch darüber klage. „Es ist doch interessant", sagte er, „wenn man beim Anblick des Essens nicht ahnen kann, was es vorstellen soll, und, wenn man es ißt, auch auf schwierige Definitionsprobleme stößt."[429]

Kurz nachdem Ernst Cassirer geheiratet hatte, besuchte er mit seiner Frau ein Gartenlokal am Starnberger See. Die Kellnerin erkannte Cassirer, der bereits in früheren Jahren häufiger hierhergekommen war. Cassirer stellte ihr seine Frau vor, und die Kellnerin rief aus: „Das tut mir aber leid für Sie – Sie waren immer ein so braver Herr!"[430]

Elsa Einstein wurde ein neuartiges Teleskop vorgeführt. Man erklärte ihr, mit ihm Form und Gestalt des Universums messen zu können. Diese Auskunft erstaunte sie: „Für meinen Mann genügt dazu die Rückseite eines Briefumschlags."[431]

Elsa Einstein wurde gefragt, ob sie die Relativitätstheorie ihres Mannes verstehe. „Wissen Sie", meinte diese, „wichtiger ist doch, daß ich meinen Mann verstehe."[432]

Aufgrund der Krankheit ihres Mannes trug Frau Jaspers stets Sorge dafür, daß Jaspers nicht zu sehr beansprucht wurde. Das ging manchmal etwas weit. Denn einem damals über fünfzigjährigen Besucher eröffnete sie ein wenig gouvernantenhaft, daß er nach dem Mittagessen bitte den Heimweg antreten möge, und wenn ihr Gemahl noch so sehr um längeres Bleiben bäte.[433]

Zeit seines Lebens hatte Ernst Bloch eine besondere Schwäche für Frauen. Als seine dritte Frau, Karola, ihn, als er die 75 schon längst überschritten hatte, danach fragte, ob er wirklich eine Studentin aufgefordert habe, mit ihm zu schlafen, antwortete er: „Eine Studentin? Alle habe ich gefragt!"[434]

In seiner Autobiographie erzählt Popper, der zu Beginn der 50er Jahre von Neuseeland nach England gezogen ist: „Weder meine Frau noch ich lebten gern in London; seit wir aber im Jahre 1950 nach Penn in Buckinghamshire gezogen sind, bin ich, so vermute ich, der glücklichste Philosoph, der mir je begegnet ist."[435]

Eines Tages erhielt Sartre einen Brief von einer seiner Tanten, um die er sich lange nicht gekümmert hatte. In diesem Brief klagte sie: „Man erzählt mir, daß du recht gewagte Bücher schreibst und in den letzten Jahren viel mit Künstlern und Menschen aus der Halbwelt verkehrst. Das macht mich sehr traurig."[436]

Feyerabend hatte 1969 gehört, daß eine Vorlesung Adornos von Studentinnen unterbrochen wurde, die „oben ohne" auf die Bühne getreten waren. Prompt schrieb er aus London an Hans Albert: „Habe eben gehört, daß Adorno in seiner Vorlesung von topless

Studentinnen unterbrochen wurde. Kannst du mir nicht eine Gastvorlesung in Frankfurt verschaffen?"[437]

Elisabeth Ströker bekam 1960 aus Hamburg das Angebot, dort als wissenschaftliche Assistentin im Philosophischen Seminar zu arbeiten. Da diese Offerte sie überraschte, besprach sie sich mit ihren Bonner Doktorvätern, die ihr zurieten, die Stelle anzunehmen. Doch Frau Ströker fragte zurück: „Glauben Sie denn ernsthaft, daß Frauen innerhalb der Universitäts-Philosophie überhaupt eine Chance haben?" Aber ihre Lehrer beruhigten sie: „Nun ja, immerhin haben Sie das Angebot. Sicherlich ist die wissenschaftliche Philosophie für Frauen ein schwieriges Terrain, aber eine wird den Anfang machen müssen."[438]

Annemarie Pieper hatte sich, bevor sie dann schließlich eine Professur in Basel bekam, mehrfach auf andere Lehrstühle beworben. Stets waren ihre Chancen sehr aussichtsreich, doch mehrfach wurde sie nicht berufen. Dabei wurde ihr immer wieder versichert, daß ihre Qualifikation über jeden Zweifel erhaben sei, aber stets wurden ihr zwei Fragen gestellt: „Glauben Sie, daß Sie sich, in Ihrem noch jungen Alter und dazu noch als Frau, vor den Studenten behaupten können?" und: „Können Sie es verantworten, einem Bewerber, der Familienvater ist, eine gesicherte Stellung wegzunehmen?"[439]

VII. Das versprochene Törtchen

Von philosophischen Lehrer-Schüler-Verhältnissen und philosophierten Kinderseelen

> „Am besten krümmt man sich nicht beizeiten. Auch auf die Gefahr hin, kein Häkchen zu werden. Die Hauptsache ist, man bleibt gesund und darin nicht bloß munter."
>
> (Ernst Bloch)[440]

Protagoras traf mit einem Schüler folgende Vereinbarung: Protagoras erhält eine große Summe Geld, die zu zahlen ist, sobald der Schüler seinen ersten Prozeß vor Gericht gewonnen hat. Dieser nun versuchte, nachdem er alles Wissenswerte und alle Schliche erlernt hatte, aus dem Vertrag mit Protagoras herauszukommen, und hielt ihn lange hin. Endlich verlor Protagoras die Geduld und brachte ihn vor Gericht. Er legte den Richtern das Problem dar und schloß mit folgender Überlegung: „Wenn ich den Prozeß gewinne, muß mein Schüler zahlen, weil er dazu verurteilt wurde. Gewinnt er hingegen, muß er ebenfalls zahlen, weil er den Vertrag erfüllt und seinen ersten Prozeß gewonnen hat. Er unterliegt also entweder dem Vertrag oder dem Urteil." Dagegen trat nun der Schüler auf und hielt folgendes Plädoyer: „Ich zahle auf gar keinen Fall. Denn wenn ich siege, bin ich aus dem Vertrag heraus. Verliere ich, brauche ich auch nicht zu zahlen, weil ich meinen ersten Prozeß verloren habe."[441]

In seiner Jugend arbeitete Protagoras als Tagelöhner. An einem Tag hatte er viele Holzklötze zu tragen, die er mit nur einem Strick zu einem Paket zusammengebunden hatte, um es auf seinem Rücken tragen zu können. Auf seinem Weg traf er Demokrit. Dieser bewunderte es, wie leicht der junge Mann die schwere Last trug. Er sprach ihn an und bat ihn, sich einen Moment auszuruhen. Dabei sah er sich genau an, wie kunstvoll Protagoras das Holz verschnürt hatte, daß es mit mathematischer Raffinesse exakt ausbalanciert schien. Demokrit fragte ihn, wer denn das Bündel geschnürt habe. „Das habe ich selbst getan". – „Wenn das so ist,

dann wird es dir ja keine Mühe machen, das Paket auseinander-
zunehmen und es vor meinen Augen ebenso exakt wieder zu ver-
täuen", sagte Demokrit. „Keineswegs", antwortete Protagoras,
und nach wenigen Minuten lag das Paket wieder so vor ihm, wie
er es auf dem Rücken getragen hatte. Demokrit staunte: „Du hast
Talent, etwas Vernünftiges zu tun. Es gibt für dich wichtigere und
bessere Aufgaben, bei denen du mir helfen kannst", sagte Demokrit und ließ Protagoras auf seine Kosten in der Philosophie aus-
bilden.[442]

Von einem ehemals redseligen Jüngling verlangte Isokrates das
doppelte Honorar mit der Bemerkung, er habe von ihm nicht nur
das Reden, sondern auch das Schweigen gelernt.[443]

Platon ertappte einen seiner Schüler beim Glücksspiel. Der verteidigte sich: „Ich spiele doch nur um geringe Summen." Doch
Platon tadelte ihn: „Es geht um die Zeit, nicht um das Geld, das
du vertust."[444]

Ein Mann kam zu Aristipp und bat ihn, seinen Sohn zu erziehen.
Als er nach dem Lohn fragte, den Aristipp dafür beanspruchte,
war er wegen der hohen Summe sehr entrüstet: „Für dieses Geld
kann ich mir ja einen der edelsten Sklaven kaufen." – „Dann tue
das", sagte Aristipp, „und du hast zwei Sklaven im Haus."[445]

Aristipp wurde gefragt, welchen Nutzen sein Sohn aus der Bil-
dung gezogen habe. Aristipp sagte: „Wenigstens hat er gelernt, im
Theater nicht herumzusitzen wie ein Stein auf Stein."[446]

Zu Diogenes kam ein junger Mann und bat, daß er ihn als Schüler
zu sich nehme. Wortreich pries er sich und die Vielzahl seiner
Gaben und Fähigkeiten an. Schließlich lehnte Diogenes ihn als
Schüler ab: „Da du ja so viel kannst und vermagst, so brauchst du
keinen Lehrer mehr."[447]

Schüler und Anhänger des Aristoteles bedrängten diesen, als er
schon alt war und nicht mehr lange zu leben hatte, einen Nachfolger zu bestimmen. Auswahl dafür gab es, denn unter den Schülern
waren der aus Rhodos stammende Menedemos und der aus Les-

bos gebürtige Theophrast. Gleichwohl ließ sich Aristoteles nicht drängen, sondern sagte mehrfach, er werde zu gegebener Zeit seinen Nachfolger bekanntgeben. Einige Wochen später saß Aristoteles wieder mit seinen Schülern zusammen, und wieder drängten sie ihn, die Nachfolgefrage zu entscheiden. Doch Aristoteles kümmerte sich um seinen Wein: „Der Wein, den ich gerade trinke, bekommt mir nicht gut, deshalb wäre es mir angenehm, wenn ich einen ausländischen Wein bekommen könnte, zum Beispiel einen aus Lesbos oder aus Rhodos. Vielleicht ist es möglich, beide Sorten herbeizuholen, damit ich den trinken kann, der mir mehr zusagt." Bald darauf hatte Aristoteles die erbetene Auswahl. Nachdem er den Wein aus Rhodos gekostet hatte, sagte er: „Dieser Wein ist durchaus gut, geistreich und angenehm, aber ich will noch den anderen probieren." Danach meinte Aristoteles: „Beide Weine sind ganz hervorragend, doch der lesbische ist noch etwas anmutiger als der Wein aus Rhodos." Damit war die Nachfolgefrage entschieden.[448]

Menedemos war für seine scharfe Kritik bekannt: Als ein junger Mann unzüchtige Reden hielt, sagte Menedemos kein Wort dazu. Statt dessen zeichnete er mit einem Stäbchen die Gestalt eines Unzucht treibenden Jünglings in den Sand. Nach und nach besahen sich alle Umstehenden das Bild, und der junge Mann ging betroffen fort.[449]

Pascals Vater war Mathematiker. Er war sehr darauf bedacht, daß sein Sohn in den Sprachen ausgebildet werden würde. Er wußte nämlich genau, wie sehr die Mathematik den Geist ausfüllen und befriedigen kann, so daß Pascal, würde er zu früh mit der Mathematik in Berührung kommen, sein Sprachenstudium vernachlässigen würde. Deshalb schloß er alle mathematischen Bücher vor Pascal weg und vermied es, in seiner Anwesenheit über mathematische Dinge zu sprechen. Gleichwohl wurde der Junge neugierig und bat oft, ihn Mathematik zu lehren. Doch dies vermied der Vater, indem er ihm sagte, er würde ihm erst dann als Belohnung etwas Mathematik beibringen, wenn er Latein und andere Sprachen sorgfältig gelernt hätte. Aber Pascal blieb hartnäckig. Als er wieder einmal fragte, wovon denn die Mathematik handle, legte ihm der Vater auseinander, daß sie das Mittel sei, richtige Figuren herzustellen und die Verhältnisse zwischen ihnen zu finden. Zugleich aber verbot er ihm, weiter über diese Fragen nachzudenken. Jetzt aber hatte Pascal einen Ansatzpunkt in Händen: An einem Nachmittag nahm er ein Stück Kohle und zeichnete Figuren auf die Fliesen seines Zimmers und versuchte, einen vollkommen runden Kreis zu zeichnen oder ein völlig gleichseitiges Dreieck. Nachdem ihm das mit einiger Zufriedenheit gelungen war, suchte er die Proportionen der Figuren untereinander zu bestimmen. Da nun sein Vater so vieles vor ihm geheimgehalten hatte, fehlte es Pascal an den Namen für die von ihm gezeichneten Figuren, und deshalb nannte er den Kreis ein „Rund", eine Linie „Stange" und so weiter. Nach diesen Definitionen schuf er sich Axiome und dann Beweise und schritt in seiner mathematischen Heuristik nach und nach vor, so daß er, ohne es zu wissen, bis zum 32. Lehrsatz des Euklid vordrang. Während er auf diese Weise in seine Gedanken versunken war, betrat der Vater das Zimmer. Pascal, der ganz in sein Denken vertieft war, erschrak, da der Vater ihm doch verboten hatte, sich mit mathematischen Dingen zu beschäftigen. Doch die Überraschung des Vaters war um vieles größer als der Schrecken des Sohnes, erkannte er doch sofort, daß Pascal sich auf den Spuren Euklids befand. Der Vater fragte, wie er denn darauf gekommen sei, und ließ sich von Pascal den genauen Weg beschreiben, wie er fortschreitend zu seinen Erkenntnissen gekommen war. Der Vater war von den Fähigkeiten des Sohnes so erschüttert, daß er wortlos das Zimmer verließ.[450]

Leibniz galt bereits zu seiner Zeit als Wunderkind: Im Alter von acht Jahren brachte er sich selbst Latein bei, als er auf ein mit Kupferstichen versehenes Buch von Livius stieß und aus den Bildunterschriften die Bedeutung der Wörter erschloß, um dann Wort für Wort den gesamten Text zu entziffern. Mit fünfzehn beherrschte er das Lateinische so gut, daß er für einen erkrankten Schüler einsprang und bei einer Pfingstfeier ein aus dreihundert Hexametern bestehendes Gedicht vortrug, das er an einem einzigen Vormittag geschrieben hatte.[451]

Regelmäßig nahm Kant Anstoß an einigen Kindern, die häufig Steine über seinen Gartenzaun warfen. Er erkundigte sich bei der Polizei, wie diesem Übelstand abgeholfen werden könnte. Ihm wurde beschieden, daß man nichts dagegen zu tun gedenke, da ja niemand zu Schaden gekommen sei. Folglich klagte Kant, daß erst dann etwas getan werde, wenn jemand durch die Steine verletzt oder gar zu Tode kommen würde.[452]

Fichte war für kurze Zeit Privatlehrer der Kinder des Züricher Ehepaars Ott. Da diese von sechs Kindern vier verloren hatten, waren sie in ihrer Erziehung oft recht nachsichtig. Fichte fiel das bald auf, und er bezog die Eltern in seine Hauslehrertätigkeit ein. Er legte ihnen dar, daß sie schlechterdings nicht die geringste Ahnung von Erziehung hätten und auf seine pädagogischen Ratschläge dringend angewiesen seien. Um das in die Tat umzusetzen, hieß er sie, jeder für sich ein „Tagebuch der auffallendsten Erziehungsfehler, die mir vorgekommen sind", anzulegen und sich regelmäßig in Fichtes Gegenwart jede Woche gegenseitig daraus vorzulesen. Anschließend gab er seinerseits noch weitere Ermahnungen an beide. Es versteht sich, daß die Otts sich das auf die Dauer nicht gefallen ließen: Sie kündigten Fichte, dessen unmäßige Trinkerei sie ohnehin schon seit längerem störte.[453]

In der Philosophie Fichtes spielt der Begriff des „Ich" eine zentrale Rolle. Als sein Sohn zum ersten Mal „Ich" gesagt hat, soll Fichte eine Flasche Sekt geöffnet haben, um auf dieses Ereignis anzustoßen.[454]

Eine Weile war Hegel Gymnasialrektor in Nürnberg. Seine Erklärungen versuchte er der Individualität der jeweiligen Klasse anzupassen, verzichtete allerdings nicht auf ein gewisses Abstraktionsniveau. Seine Ausführungen hatten die Schüler jeweils schriftlich niederzulegen. Zu Beginn einer jeden Stunde rief Hegel einen Schüler auf, damit dieser das in der vergangenen Stunde Gesagte in Erinnerung brächte. Gleichwohl – so anstrengend Hegel als Lehrer gewesen sein mag, so gutmütig war er auch: Denn er erlaubte den Schülern, ihn jederzeit während seines Vortrags für Nachfragen zu unterbrechen, und oft verwendete er einen großen Teil der Stunde damit, die erbetene Auskunft zu geben.[455]

John Stuart Mill wurde das pädagogische Opfer der psychologisch-pädagogischen Auffassungen seines Vaters. Dieser war von der Allmacht der Erziehung so überzeugt, daß er es für uneingeschränkt möglich hielt, einen Menschen in jeder denkbaren Weise zu formen. An seinem Sohn erprobte er diese Auffassung und machte ihn zu einem „Wunderkind". Anstatt ihn zur Schule zu schicken, entwarf er das folgende Lernprogramm: Im Alter von drei Jahren mußte Mill anhand griechisch-englischer Vokabellisten Griechisch lernen und bald darauf etliche Texte von Äsop und Xenophon im Original lesen. Mit acht Jahren war Latein zu lernen, zeitgleich Mathematik und Naturwissenschaften, und schließlich hatte er sich mit vierzehn Jahren der Nationalökonomie zuzuwenden. Als er siebzehn Jahre alt war, hatte er nicht nur die wichtigsten griechischen und lateinischen Klassiker (Homer, Xenophon, Platon, Herodot, Sophokles, Euripides, Aristophanes, Thukydides, Diogenes Laertius, Lukian, Vergil, Horaz, Livius, Sallust, Ovid, Cicero, Tacitus, Quintilian, Juvenal u. a. m.) in der Originalsprache gelesen (und zum Teil ins Englische übersetzt), sondern auch eine bedeutende Reihe von Büchern zur englischen Geschichte (Gibbon, Robertson, Hume, Watson, Hooke, Burnet …), außerdem Reisebeschreibungen und literarische Klassiker (z. B. „Robinson Crusoe", „Don Quijote", „Geschichten aus 1001 Nacht"). Doch mit diesem vom Vater auferlegten Lernpensum war es nicht genug, denn Mill hatte seine Lernerfolge an seine Geschwister weiterzuvermitteln. Konsequenterweise verschaffte sich der Vater den regelmäßigen Überblick über den Kenntnisstand seines Sohnes nicht an diesem selbst, sondern an den Fehlern und dem fehlenden Wissen der Geschwister. Zusätzlich zu diesem von heute her gesehen übermenschlichen Pensum kam, daß Mill nahezu vollständig von Kindern seines Alters isoliert war, unter einem ständigen Leistungsdruck seitens des Vaters lebte und ihm Emotionen untersagt waren. Es verwundert von daher nicht, daß der „Vorsprung von einem ganzen Vierteljahrhundert vor seinen Zeitgenossen", mit dem Mill eigenem Bekunden zufolge ins Leben startete, ihn bereits mit zwanzig Jahren in Krisen und Depressionen führte, von denen er sich letztlich nie mehr ganz hat befreien können.[456]

Als Nietzsche Lehrer in Basel war, gab er kurz vor Schluß der Stunde einem Schüler die Aufgabe, ein griechisches Textstück vorzulesen und zu übersetzen. Mit gespieltem Eifer las dieser den

Text so langsam, daß ihn das Klingelzeichen bald erlöste. In einer Mischung aus Vorsicht und Taktik las er noch einen Satz weiter und machte Nietzsche dann auf die abgelaufene Stunde aufmerksam. Wortlos verließ Nietzsche den Raum. Der Schüler nahm nun erleichtert an, daß er in der kommenden Stunde nicht aufgerufen würde, da Nietzsche doch annehmen müsse, er sei bestens vorbereitet. So schenkte er sich die Hausaufgaben. Nietzsche jedoch hatte sich diese Gedanken auch gemacht, nur einen anderen Schluß daraus gezogen, denn in der nächsten Stunde sagte er zu dem Schüler: „Nun übersetzen Sie mal!"[457]

Als junger Mann verdiente sich Cohen unter anderem als Hauslehrer sein Geld. Gelegentlich ging er mit seinem Schützling in den Berliner Tiergarten, um während des Spazierens ein wenig Unterricht zu machen. Plötzlich sprach ein Bettler Cohen an. Cohen gab ihm einen Groschen. „Warum", so fragte der Schüler, „haben Sie ihm denn einen Groschen gegeben? Der versäuft das doch." Cohen entgegnete: „Du Dummchen, naschst du denn niemals?"[458]

Paul Hensel und seine erste Frau Käthe wollten keine Kinder, woraus sie auch kein Geheimnis machten. Wenn sie erfuhren, daß in der Familie eines Kollegen ein Kind erwartet wurde, so machten sie sich in jeder Gesellschaft, zu der sie eingeladen waren, darüber lustig – bis zu dem Tag, an dem sie selbst von einem solchen „Unglück" betroffen wurden.[459]

Hans Cornelius war mit Leib und Seele Pädagoge. Erwachsene waren unwichtig, wenn es um Kinder ging. Das praktizierte er mit seinen eigenen Kindern. Da diese es nicht liebten, während einer Eisenbahnreise auf die Toilette zu gehen, stellte Cornelius einen Nachttopf im Abteil auf. Wenn den Mitreisenden das nicht paßte, forderte er sie auf, das Coupé zu verlassen.[460]

Die Großmutter von Bertrand Russell durchkreuzte die Was-ist-Fragen ihres Enkels: Er: „What is mind?" – Sie: „No matter." – Er: „What is matter?" – Sie: „Never mind."[461]

Als Kind hatte Russell ein bereits durch Kleinigkeiten rasch sich rührendes schlechtes Gewissen. Als ihm einmal die Großmutter das Gleichnis vom verlorenen Sohn vorlas, sagte er: „Ich weiß, wieso Du mir das vorgelesen hast, weil ich nämlich eine Schüssel zerbrochen habe."[462]

„Die Erwachsenen, mit denen ich in Berührung kam", so schreibt Russell in seiner Autobiographie, „bewiesen eine bemerkenswerte Unfähigkeit, die Heftigkeit kindlicher Gemütsbewegungen zu begreifen. Als man mich in meinem vierten Lebensjahr zum Photographieren nach Richmond mitnahm, hatte der Photograph einige Mühe, mich zum Stillsitzen zu bringen, bis er mir schließlich ein Sandtörtchen versprach, wenn ich mich reglos verhalte. Bis zu diesem Augenblick hatte ich in meinem ganzen Leben erst einmal ein Sandtörtchen bekommen, das mir als der Gipfelpunkt des Entzückens im Gedächtnis geblieben war. So verhielt ich mich also mäuschenstill, und das Bild wurde denn auch ausgezeichnet. Aber das Sandtörtchen bekam ich nicht."[463]

Als Russell siebzehn Jahre alt war, besuchte der Politiker Gladstone die Familie. Gladstone war mit seiner tiefen Stimme und seinen Blicken, die andere in Furcht versetzen konnten, eine beherrschende Persönlichkeit. Als er bei den Russells eingeladen war, hatte Russell als einziger Mann im Haus die Rolle des Gastgebers zu erfüllen. Aber verängstigt von Gladstone saß er lange wie erstarrt vor ihm. Ein rechtes Gespräch kam auch nicht in Gang, bis Gladstone schließlich sagte: „Den Portwein, den Sie mir eingeschenkt haben, schätze ich sehr, weniger aber, daß er mir in einem Rotweinglas serviert wird."[464]

Cassirer fragte seinen damals achtjährigen Sohn, ob er nicht denselben Beruf ergreifen wolle wie er. Dieser rief erschrocken aus: „Soweit kommt's noch, mich vor hundert Leuten aufzubauen und Reden zu halten."[465]

Theodor Litt und Herman Nohl, beide damals schon emeritiert, unterhielten sich über das Wesen des Alters. Nohl erklärte, das Wesen des Alters bestehe in der Verantwortungslosigkeit, denn: Als Emeritus habe er in der Fakultät keine Stimme mehr, und wenn er sich als Großvater der Erziehung der Enkel annehmen wolle, werde ihm klargemacht, daß er sich da nicht einzumischen habe.[466]

In seinen letzten Lebensjahren unternahm Bloch eine Reise in seine Heimatstadt Ludwigshafen. In seinem alten Gymnasium hielt er eine Rede an die Oberschüler. Er erzählte ihnen, daß der Klassenlehrer ihn nach dem Abitur fragte, was er denn studieren wolle. Bloch meinte, es mit der Philosophie zu versuchen. „Philosophie?" fragte der Lehrer zurück, „dafür sind Sie viel zu dumm."[467]

Blochs Vater war strikt dagegen, daß sein Sohn Philosophie studierte, doch er änderte seine Meinung: Als nämlich die Familie in den Ferien in Bayern war, konnte Bloch jeden Tag von seinem Hotelzimmer aus ein Grabmahl sehen. Als er es aufsuchte, konnte er lesen: „Hier ruht Friedrich August Wilhelm Schelling. Seinem verehrten Lehrer in Treue und ewiger Dankbarkeit gewidmet. Maximilian, König von Bayern." Während Bloch am Grabmahl stand, kam sein Vater hinzu und stellte fest, daß man es mit so einer brotlosen Kunst wie der Philosophie durchaus zu etwas bringen kann, und wenn der König von Bayern, den Blochs Vater sehr achtete, schon einen Philosophen ehrte, so ließ er seinen Sohn gewähren und Philosophie studieren.[468]

Wittgenstein hat – was nicht sehr bekannt ist – ein „Wörterbuch für Volksschulen" verfaßt, um seinen Beitrag zur österreichischen Schulreform 1919 zu leisten. Eines der wesentlichen Prinzipien dieser Reform ist die „Selbsttätigkeit", die sich unter anderem darin niederschlagen sollte, daß Kinder durch Versuchen selbst die Regeln für Rechtschreibung und Grammatik finden sollten. Zur Einübung in die Rechtschreibung ließ Wittgenstein – er war damals Volksschullehrer in Österreich – die Schüler Wörterlisten anlegen. Mit der Zeit hatte dann jeder Schüler sein eigenes Wörterbuch mit allen von ihm in Aufsätzen verwendeten Wörtern. Aus der Summe dieser Bücher erstellte Wittgenstein ein korrigiertes Gesamtverzeichnis, ein sogenanntes „Klassenwörterbuch", das für jeden Schüler frei zugänglich auslag. War ein Schüler dann bei der Schreibung eines Wortes unsicher, konnte er in diesem Buch, zu dem er selbst beigetragen hatte, nachsehen.[469]

Mit zwanzig Jahren war Popper zunächst Tischlergeselle. Sein Meister brachte ihm, freilich unbeabsichtigt, viel über Erkenntnistheorie bei. Zu seiner eigenen großen Freude stellte er Popper nämlich oft Fragen, von denen er annahm, daß Popper, der damals immerhin auch schon außerordentlicher Gasthörer an der Universität war, sie nicht beantworten konnte. Dann kam er zum Zuge und konnte mit seinem Wissen glänzen. Eine dieser Fragen betraf zum Beispiel den Erfinder der Schaftstiefel. Triumphierend hielt er Popper die Antwort vor: „Das war der Wallenstein. Ja, mich kann man fragen, was man will. Ich weiß auf alles die Antwort." Nun kam es, daß sich solche an der Grenze zwischen Wissen und Nichtwissen abspielenden Dialoge oft ereigneten, als beide an einer großen Bestellung von Schreibtischen arbeiteten. Da Popper noch nicht sehr geschickt im Tischlern war und zudem von seinem Meister abgelenkt wurde, war die Qualität seiner Arbeit nicht besonders gut und seine Lehrlingszeit bald zu Ende. Obwohl Popper dann noch weiteren Gelegenheitsarbeiten nachgegangen ist, gelang es ihm, mit 35 Jahren an der Universität Philosophie zu lehren. Damit hat er, wie er sagt, eine Möglichkeit gefunden, an einem Schreibtisch arbeiten und sich mit erkenntnistheoretischen Problemen beschäftigen zu können.[470]

Carl Friedrich von Weizsäcker, der sich als Kind mitunter auf einen Schrank setzte, um in Ruhe nachdenken zu können, erklärte im Alter von 12 Jahren seiner Mutter die Sterne am Firmament. Er schloß dann seine Erklärungen so: „Frag' mich nur, wenn du etwas nicht verstehst."[471]

VIII. „Wenn ich nicht Alexander wäre, möchte ich Diogenes sein"

Vom Umgang der Philosophen mit Regenten

> Mit dem Staat ist es „wie mit dem Feuer": „Nicht allzu nahe hingehen, damit man nicht verbrennt, aber auch nicht zu weit abseits stehen, damit man nicht erfriere."
>
> (Diogenes von Sinope)[472]

Während der Belagerung der Stadt Priene ließ Bias zwei wohlgenährte Maulesel ins Lager der Angreifer laufen. Deren Anführer war darüber sehr erschrocken, glaubte er doch, daß die Vorräte der Stadt noch sehr groß waren, wenn selbst die Tiere noch so prächtig aussahen. Da die Belagerung also lange dauern konnte, beschloß er, mit den Stadtbewohnern zu verhandeln. Doch Bias wollte ihn zu einem Friedensvertrag zwingen. Er ließ Sandhaufen aufschütten und mit Korn bedecken. Diese Haufen zeigte er den Boten des Feindes. Daraufhin kam der Friedensvertrag zustande.[473]

Der auch als Lyriker hervorgetretene Philosoph Simonides von Keos lebte eine Weile am Hofe des Tyrannen Hieron. Dieser bat ihn: „Sage mir, worin das Wesen Gottes besteht." – „Darüber muß ich einen Tag nachdenken." Am nächsten Tag stellte ihm Hieron dieselbe Frage, und Simonides entgegnete: „Ich brauche noch zwei Tage, um die Antwort zu finden." Nach diesen beiden Tagen forderte Hieron endlich eine Antwort, doch Simonides erwiderte: „Ich benötige vier Tage Bedenkzeit." Schließlich fragte Hieron ihn, wieso er immer mehr Tage brauche, um eine Antwort geben zu können. „Das liegt daran", sagte Simonides, „daß das Problem immer schwieriger wird, je länger ich darüber nachdenke."[474]

Alexander der Große hatte beschlossen, die Stadt Lampsakos zu zerstören, weil sie ihm nicht mehr treu ergeben war. Als er vor den Toren der Stadt erschien, kam Anaximenes heraus. Alexander ahnte, daß dieser ihn umzustimmen versuchen würde, und rief ihm schon von weitem zu: „Ich schwöre, daß ich keinesfalls tun werde, worum du mich bitten willst." Da sagte Anaximenes: „Ich bitte dich darum, Lampsakos zu zerstören."[475]

Auf einer Konferenz auf dem Isthmos beschlossen die Griechen, Alexander zu ihrem Anführer im Krieg gegen die Perser zu wählen. Nachdem die Entscheidung gefallen war, kamen viele Politiker und Philosophen zu Alexander, um ihm persönlich ihre Unterstützung zuzusichern. Alexander wunderte sich, daß Diogenes, der in der Nähe des Isthmos wohnte, nicht erschien. Nach einiger Zeit des Wartens ging Alexander seinerseits zu Diogenes und traf diesen in der Sonne liegend an. Alexander grüßte ihn und fragte ihn, ob er etwas nötig habe. „Nicht viel", entgegnete Diogenes, „geh mir aus der Sonne". Diese gleichermaßen stolze wie gegen Alexander geringschätzige Antwort beeindruckte Alexander: „Wenn ich nicht Alexander wäre, möchte ich Diogenes sein."[476]

Alexander der Große übersandte Xenokrates von Chalkedon eine große Summe Geld. Der aber nahm sich nur einen geringen Teil und schickte den großen Rest mit der Bemerkung zurück, Alexander brauche mehr Geld als er, da er mehr Leute zu versorgen habe.[477]

Zenon von Elea versuchte die Richtigkeit seiner Lehren durch seine Lebensführung zu bestätigen. Anstatt in seiner Heimat geruhsam und friedlich zu leben, ging er nach Agrigent, das von dem grausamen Tyrannen Phalaris beherrscht wurde. Zenons Plan war, Phalaris' Gesinnung zum Besseren zu wenden. Bald aber stellte Zenon fest, daß der Tyrann für Vernunftgründe unzugänglich war und sich schon zu sehr an seine Tyrannei gewöhnt hatte. Um nun doch seinen Plan verwirklichen zu können, ging Zenon dazu über, junge Adelige von dem Gedanken zu beseelen, ihre Heimatstadt zu befreien. Schnell aber hatte Phalaris davon Kenntnis erhalten. Er ließ sein Volk auf dem Markt zusammenkommen und Zenon foltern. Währenddessen fragte er Zenon immer wieder, wen er noch in seine Verschwörung hineingezogen habe. Zenon aber gab nicht nur keinen Namen preis, sondern brachte Phalaris' engsten Vertrauten in Verdacht und warf zugleich den Agrigentinern Feigheit und Angst vor. Darin war er so erfolgreich, daß diese den Tyrannen angriffen und mit Steinen davonjagten.[478]

Platon hatte mit dem Tyrannen Dionysios ein Gespräch über Tyrannenherrschaft. Platon sagte: „Nicht das ist vorzuziehen, was den größten Nutzen bringt, sondern es muß das gewählt werden, was den größten Tugendwert hat." Dionysios brachte diese Einlassung auf: „Deine Worte schmecken nach Altersschwäche." Darauf konterte Platon: „Und deine nach Tyrannenlaune."[479]

Einer der Lehrsätze von Aristipp war der, daß ein Philosoph niemals in Verlegenheit geraten könne. Dionysios konfrontierte ihn mit dieser Auffassung, als er ihn wieder einmal um Geld anging. „Gib mir das Geld, und ich beweise dir die Richtigkeit meiner Auffassung." Dionysios gab ihm das Geld, und Aristipp sagte: „Bin ich jetzt etwa in Verlegenheit gekommen?"[480]

Aristipp bat Dionysios, den Tyrannen von Syrakus, vergeblich um einen Gefallen. Schließlich fiel er zu Boden und küßte Dionysios die Füße, und da wurde die Bitte erfüllt. Freunde warfen dem Aristipp sein schmeichlerisches Verhalten vor, er aber verteidigte sich: „Was kann ich denn dafür, wenn Dionysios seine Ohren an den Füßen trägt?"[481]

Aristipp war im Gespräch mit dem Tyrannen von Syrakus, Dionysios. „Ich finde es seltsam", sagte Dionysios, „daß die Philosophen so gern an die Höfe der Fürsten kommen, die Fürsten aber niemals zu den Philosophen gehen. Woher kommt das?" Aristipp antwortete: „Die Philosophen sind so klug, daß sie wissen, was sie brauchen und gut für sie ist. Leider kann man dasselbe von den Fürsten nicht sagen."[482]

Aristoteles war der Erzieher von Alexander dem Großen. Dieser sagte später oft, er verdanke seinem Lehrer mehr als seinem Vater. Vom Vater habe er sein Leben zwar erhalten, von Aristoteles aber habe er gelernt, wie man glücklich werden könne.[483]

Ein Abgesandter aus einer Provinz in Kleinasien besuchte Cicero. Dieser fragte ihn, aus welchem Grund er nach Rom gekommen sei. – „Ich bin in diplomatischer Mission gekommen, um mich bei Caesar für die Freiheit meiner Heimat einzusetzen." – Darauf meinte Cicero mit Blick auf die Herrschaft Caesars: „Wenn du dabei Erfolg hast, dann kannst du dich für unsere Freiheit hier einsetzen."[484]

Zenon von Athen machte in öffentlichen Reden den Tyrannen Nearchos schlecht. Zur Strafe ließ dieser ihn gefangennehmen und foltern. Zenon aber sann weiterhin auf Rache und sagte seinen Folterern: „Ruft euren Herrn, denn es gibt etwas, was er insgeheim von mir erfahren soll." Nearchos kam und ließ Zenon losbinden. Als sie nebeneinander saßen, biß Zenon dem Tyrannen ins Ohr und ließ es nicht eher los, bis dieser verblutet war.[485]

Wohl kaum einem Jungen ergeht es so wie Descartes: Als er im Alter von acht Jahren das jesuitische „College Royal" – eine der damals besten Schulen Europas – besuchte, mußte er nicht im Schlafsaal nächtigen, sondern bekam seiner schwächlichen Konstitution wegen ein Einzelzimmer und wurde nicht geweckt. So erhob er sich erst gegen Mittag, wenn er ausgeschlafen war. Diese Gewohnheit behielt er bis ins Alter bei. Als er aber am Hof der Königin Christine in Schweden wohnte, bat diese Descartes dreimal in der Woche zu philosophischen Gesprächen. Unglücklicherweise hatte die Königin stets nur ab fünf Uhr morgens Zeit dafür, so daß Descartes gezwungen war, seine Lebensweise umzustellen. Da er es dann noch vorzog, die nicht kurze Strecke von seiner Wohnung in den Palast im eisigen schwedischen Winter zu Fuß zurückzulegen, anstatt eine Karosse zu nehmen, bekam er bald eine Lungenentzündung, an der er starb.[486]

Voltaire unternahm mit Friedrich II. eine Bootsfahrt in Sanssouci. Plötzlich bemerkte Voltaire mit Schrecken, daß Wasser durch ein Loch ins Boot eindrang. Der König fragte: „Sie haben doch wohl keine Angst um Ihr Leben?" „Doch, Majestät, es gibt zwar viele Könige, aber nur einen Voltaire!"[487]

Cohen zeigte dem Dirigenten Hans von Bülow Marburg. Von einem Hügel aus erläuterte er ihm die verschiedenen Gebäude der Stadt. Dabei wies Cohen auch auf die Psychiatrische Anstalt hin. Bülow fragte, ob dort auch die Größenwahnsinnigen hinkommen. „Nein, Herr von Bülow", sagte Cohen und drehte sich um, „die Universität liegt dort."[488]

Russell hatte ein Gespräch mit dem englischen König. Der König sagte: „Man erzählt, Sie haben ein abenteuerliches Leben geführt. Es wäre doch aber nicht gut, wenn das alle Leute täten, oder?" Russell verkniff sich eine bissige Bemerkung und sagte statt dessen: „Die Postboten klingeln an allen Türen, aber es wäre nicht gut, wenn alle Leute an allen Türen läuteten."[489]

Russell empfand eine tiefe Zuneigung zu Italien und machte dort regelmäßig Urlaub. 1922 hätte er zu einem Kongreß nach Italien fahren wollen; aber damals machte Mussolini – der zu dieser Zeit seinen Staatsstreich noch nicht durchgeführt hatte – den Organisatoren klar, daß man Russell zwar kein Haar krümmen werde, aber jeder Italiener, der mit Russell rede, werde umgebracht. Da hielt Russell es für geraten, auf die Kongreßteilnahme zu verzichten.[490]

1914 meldete sich Plessner, zum Entsetzen seines Vaters, als Kriegsfreiwilliger, wurde jedoch nicht genommen. Unmilitärisch, wie er war, erregte er bei der Musterung den Unmut eines Offiziers: „Wenn Sie nicht grüßen können, können Sie auch nicht Soldat werden."[491]

Am Morgen nachdem die Todesnachricht von Stalin bekannt geworden war, war Horkheimer entgegen seiner sonstigen Gewohnheit schon sehr früh im Institut. Er bat seine Mitarbeiter und einige Studenten, sofort in die Stadt zu gehen und Passanten zu fragen, wie sie die Nachricht aufgenommen haben. Abends wurden dann die Äußerungen vorgelesen: „Was geht uns das an?" – „Was wird das schon ändern?" – „Der Russe braucht eine harte Hand." – „Na und?" – „Jeder muß einmal sterben. Stalin war auch nur ein Mensch." Bei der letzten Aussage sprang Horkheimer erregt auf: „Ein Mensch? Eine Bestie, ein Teufel wie Hitler. Aber die Menschheit ist nicht zu retten."[492]

Während des Zweiten Weltkriegs wurde auch Paul Feyerabend einberufen. Als seine Grundausbildung beendet war, ließ der Truppenführer seinen Leuten die Wahl, entweder nach Frankreich zu gehen, um die Besatzung dort zu stärken, oder daheim zu bleiben und die Kasernen zu warten. Feyerabend entschied sich fürs Bleiben. Der Kommandant fragte zurück: „Wieso?" – „Weil ich ungestört lesen will." Selbstverständlich wurde seine Bitte ab-gelehnt und vom Kommandanten so kommentiert: „Leute wie Sie gehören ausgerottet."[493]

IX. Da lachte Kant

Von philosophischem Witz und Scherz

> „Es muß in allem, was ein lebhaftes, erschüttern-
> des Lachen erregen soll, etwas Widersinniges sein
> (woran also der Verstand an sich kein Wohlgefal-
> len finden kann)."
>
> (Immanuel Kant)[494]

Als Kant das sechzigste Lebensjahr überschritten hatte, richtete er
sich einen eigenen Haushalt ein und lud täglich Gäste zum Essen
ein. Die Fülle der Gesprächsthemen korrespondierte der stets
wechselnden Zusammensetzung der Tischgesellschaft. Es ist
überliefert, daß Kant ein umsichtiger und guter Gastgeber war. Er
merkte sich die Lieblingsspeisen seiner Gäste und erfreute sich
daran, sie ihnen darbieten zu können. Auch sorgte er selbst für
passende Gesprächsthemen an der Tafel. Da er außerdem sorgsam
darauf bedacht war, daß bei Tisch keinesfalls über Philosophie,
sondern stets nur auf interessante Weise über Themen allgemeinen Interesses geredet werde, kann man sich leicht vorstellen, wie
anregend und vielfältig es an Kants Tafel zugegangen sein mag.
Man wird ebenfalls annehmen dürfen, daß gelegentlich auch
schon einmal einige Witze erzählt wurden, denen Kant nicht abgeneigt gewesen sein dürfte. In seiner „Kritik der Urteilskraft"
bietet er einige Witze dar, die zuvor in den Tischgesellschaften
kursiert haben könnten. Einer davon ist der folgende: Ein Inder
beobachtet einen Engländer, der eine Flasche Bier öffnet. Als er
sieht, daß Schaum aus der Flasche läuft, gibt er seiner Verwunde-
rung Ausdruck. Der Engländer fragt ihn daraufhin, was er denn
so erstaunlich findet. Der Inder gibt zur Antwort: „Mich erstaunt
nicht, daß das Bier als Schaum aus der Flasche herauskommt,
sondern mich erstaunt, wie man diesen Schaum in die Flasche
hineinbekommen hat."[495]

Kant hat sich auch einige Gedanken über den Witz und das Komische gemacht. Die Reaktion des Lachens hängt davon ab, daß
eine Begebenheit erzählt wird, die erst dadurch komisch wird, daß

sie in einer unerwarteten Pointe endet. Eine Geschichte aber, die so ausgeht, wie man es erwartet, ist nicht komisch. „Denn wenn jemand uns mit der Erzählung einer Geschichte große Erwartung erregt und wir beim Schlusse die Unwahrheit derselben sofort einsehen, so macht es uns Mißfallen; wie z.B. die von Leuten, welche vor großen Gram in einer Nacht graue Haare bekommen haben sollen." Zum Lachen werden wir gebracht, wenn jemand „sehr umständlich den Gram eines Kaufmanns erzählt, der, aus Indien mit allem seinem Vermögen in Waren nach Europa zurückkehrend, in einem schweren Sturm alles über Bord zu werfen genötigt wurde und sich dermaßen grämte, daß ihm darüber in derselben Nacht die *Perücke* grau ward".[496]

Ein anderer von Kant überlieferter Witz ist dieser: Der Erbe eines reichen Mannes möchte ein besonders feierliches Begräbnis veranstalten und versucht zu diesem Zweck, der Trauergesellschaft zusätzlich einige Statisten beizumengen, die einen trauernden Eindruck machen sollen. Aber vergebens: Je mehr Geld er den Statisten gibt, desto heiterer und lustiger ist der Eindruck, den sie machen.[497]

In seiner Studie „Das Lachen" bietet Bergson manchen Witz, z.B. den: Zwei Freunde unterhalten sich über die Börse. Der eine sagt: „Die Börse ist doch eine heikle Sache: Wenn ich an einem Tag gewinne, verliere ich es am nächsten Tag." Darauf entgegnet der andere: „Ja, das habe ich schon erlebt; deshalb gehe ich nur jeden zweiten Tag zur Börse."[498]

Ein anderer von Bergson überlieferter Scherz ist dieser: In einem Mietshaus ruft ein Mieter dem über ihm wohnenden Mieter zu: „Hören Sie doch bitte auf, Ihre Pfeife über meinem Balkon zu säubern; Ihre Asche macht alles schmutzig." Der Angesprochene ruft zurück: „Warum haben Sie Ihren Balkon auch gerade unter meiner Pfeife?"[499]

Auch über seine Kollegen kann Bergson schmunzeln: Einem Logiker wird vorgeworfen, daß seine wunderbar klaren Deduktionen der Erfahrung leider nicht standhalten. Darauf erklärt der Logiker: „Dann hat die Erfahrung eben unrecht."

Ernst Bloch erzählt in seinem Buch „Spuren" den folgenden Witz: Nach einem Gottesdienst saßen die Gemeindemitglieder noch mit dem Rabbi beisammen. Sie unterhielten sich darüber, was sich jeder von ihnen wünschen würde, wenn plötzlich der Messias erschiene. Jeder brachte seinen Wunsch vor, bis die Reihe schließlich an einen armen und alten Schnorrer kam. Der Rabbi fragte ihn nach seinem Wunsch. „Ja, ich habe auch einen Wunsch: Ich möchte ein bedeutender König sein mit einem großes Reich, vielen Städten und viel Land. Meine Feinde fürchten, meine Untertanen lieben mich. Plötzlich aber beginnt ein Krieg. Mein Glück ist dahin, meine Soldaten werden getötet, mein Volk fällt von mir ab, will mich absetzen und töten. So sitze ich ganz allein auf meinem Thron und warte, daß man mich bittet, Recht zu sprechen. Doch so lange ich warte, es kommt niemand zu mir. Schließlich werfe ich alle Insignien der Macht fort, und nur mit einem Hemd bekleidet renne ich durch mein Königreich. Alles ist zerstört und verwüstet, schließlich erreiche ich die Grenze meines Reichs, überschreite sie und bin nun hier." Langes Schweigen setzte ein. Schließlich fragte der Rabbi: „Du bist sonderbar. Wozu wünscht du dir das alles, wenn du es schließlich doch verlierst? Du hast ja nichts von deinem Reichtum und von deiner Macht gehabt." „Doch", sagte der Schnorrer, „etwas habe ich dann, nämlich ein Hemd."[500]

Erich Rothacker war bekannt dafür, daß er gern und ausgiebig Witze erzählte. Er mußte wohl auch nicht lange gedrängt werden, in den Schluß seiner „Heiteren Erinnerungen" eine stattliche Anzahl von Witzen und Anekdoten aufzunehmen, die er immer wieder in Gesellschaften zum besten gegeben hat. Einer von vielen ist der: Zwei Flöhe aus Berlin wollen einen Ausflug zum Wannsee machen. Da fragt der eine den anderen: „Nehmen wir uns einen Hund?"[501]

In einem Zugabteil, so ein anderer von Rothacker überlieferter Witz, sitzen sich zwei Männer gegenüber. Der eine von beiden holt nach einer Weile eine Tüte mit Heringen aus seiner Tasche und geht daran, sie nach und nach genüßlich zu verspeisen. Der andere schaut sich das eine Weile an und bekommt schließlich Appetit. „Sagen Sie", fragt er, „schmecken die Heringe gut?" – „Ja, danke, ganz ausgezeichnet. Und nebenbei", so fügt er hinzu,

„ist Fisch nicht nur sehr gesund, sondern auch gut fürs Gehirn." –
„Sagen Sie", meint dann wieder der andere, „wären Sie bereit, mir
drei Heringe zu verkaufen?" – „Aber selbstverständlich. Für 18
Mark können Sie sie haben." Der andere gibt ihm das Geld, und
die Heringe wechseln den Besitzer, der sich dann ebenfalls mit
Genuß die Fische einverleibt. Eine halbe Stunde später aber sagt
er: „Sagen Sie, finden Sie nicht, daß Sie mir die Fische zu einem
reichlich überteuerten Preis verkauft haben? Für 18 Mark hätte
ich mir doch viel mehr Heringe auf dem Markt kaufen können." –
„Sehen Sie", sagt der andere, „es wirkt schon."[502]

Der Scheler-Schüler Heinrich Lützeler, der vor dem Zweiten
Weltkrieg Philosophiedozent war und nach dem Krieg Professor
für Kunstgeschichte geworden ist, ist nicht nur für seine kunstge-
schichtlichen und -philosophischen Bücher, sondern auch für seine humoristischen Schriften geschätzt worden, ja er hat sogar einen mit zahlreichen Beispielen versehenen Vortrag über den
rheinischen Humor als Schallplatte herausgebracht. Seine 1976
und 1978 im hohen Alter verfaßten Bücher „Persönlichkeiten"
und „Heinrich Lützelers fröhliche Wissenschaft. In dieser Vorlesung darf gelacht werden" sind prall gefüllt mit Anekdoten und
Witzen jeder Provenienz. Eine etwas längere Geschichte trägt den
Titel „Im Spektrum des Elefanten" und behandelt die Verschie-
denheit der Europäer: Beim Stichwort „Elefant" begibt sich der
Engländer nach Indien, um dort einen zu schießen und ihn anschließend dem Britischen Museum zu vermachen. Der Pole hält
mit Leidenschaft eine Rede zum Thema „Der Elefant und die
polnische Frage". Der Franzose geht beim Stichwort „Elefant" in
den Zoo. Findet er dort keinen vor, leugnet er, daß es ihn überhaupt gibt. Denn was es in Paris nicht gibt, das gibt es in ganz
Frankreich nicht, und was es in ganz Frankreich nicht gibt, das
gibt es auch sonst nirgendwo. Findet er hingegen einen Elefanten
im Zoo, dann schreibt er in sehr gutem Stil ein dünnes elegantes
Buch über das Thema ‚L'éléfant et l'amour'. Der Deutsche
schreibt beim Stichwort „Elefant" ein Werk in sieben Bänden und
behandelt „Anatomie, Physiologie, Abstammung, Seelenleben des
Elefanten, mit einem Sonderkapitel: ‚Ist der Elefant sexuell genügend aufgeklärt?' – dann einen weiteren Band über die Rolle des
Elefanten in der Literatur und Kunst, im Staatsrecht und in der

Volkswirtschaft. Der sechste Band behandelt die Metaphysik des Elefanten mit dem fesselnden Exkurs ‚Der Elefant und der Kategorische Imperativ'. Der siebte Band ist ganz aktuell und labyrinthisch; er hat den Titel ‚Der Elefant in der verfremdeten Welt'. Beim Stichwort „Elefant" verfaßt der Österreicher ein dünnes Büchlein mit Memoiren: „‚Erinnerungen eines alten Elefanten an das Burgtheater.'"503

Hans Blumenberg, in dessen Vorlesungen es nicht selten auch viel zu lachen gab, erzählte mit Vorliebe immer wieder folgenden Witz: „Zwei Professoren treffen einander auf der Straße. „Wissen Sie schon, wer gestorben ist?" fragte der eine. „Nein", erwiderte der andere, „aber mir ist jeder recht."504

* * * .

Im jüdischen Kulturkreis gibt es eine unermeßliche Menge von Witzen, von denen Salcia Landmann viele in zwei Büchern zusammengestellt hat. Einige davon behandeln Philosophisches, wie zum Beispiel die folgenden:

Nachdem ein Chassid eine Predigt über die Verneinung des Seienden gehört hatte, war er ganz und gar davon überzeugt. „Nichts existiert", murmelte er, als er nach Hause kam. Im Dunkeln suchte er nach Streichhölzern und stieß gegen den Ofen. „Der Ofen jedenfalls", so dachte er dann, als er sein schmerzendes Knie rieb, „existiert offenbar dennoch."505

Ein Sohn bat den Vater: „Erkläre mir doch bitte, was Religionsphilosophie ist." – „Ich gebe dir ein Beispiel: Zwei Juden treffen einander auf der Straße. Der eine fragt: ‚Du bist ja heute aus dem Gottesdienst gekommen, obwohl du mir doch letztens gesagt hast, daß du nicht mehr an Gott glaubst.' Darauf der andere: ‚Das ist wahr, ich glaube wirklich nicht mehr an Gott. Aber weiß ich, ob ich recht habe?'"506

Zwei Rabbiner unterhalten sich. Da fällt dem einen ein, daß der andere früher einmal Philosophie studiert hat, und er fragt ihn: „Kannst du mir erklären, was Philosophie ist?" – „Philosophie ist der Versuch, in einem stockfinsteren Zimmer eine schwarze Katze zu fangen." – „Und was ist dann Metaphysik?" – „Metaphysik liegt vor, wenn jemand glaubt, die Katze sehen zu können." – „Und was ist dann Theologie?" – „Nun, Theologie liegt vor, wenn dieser jemand meint, die Katze auch noch gefangen zu haben."[507]

Während der Semesterferien besuchte ein Philosophiestudent seine Eltern auf dem heimatlichen Hof. – „Womit befaßt du dich zur Zeit?" möchte der Vater wissen. – „Im Moment behandeln wir die Sophistik." – „Was ist denn das?" – „Ich gebe dir ein Beispiel: Ich beweise dir, daß ich gar nicht hier bin, sondern ganz woanders." – „Na, da bin ich aber gespannt, wie du das anstellen willst." – „Also: Hältst du dich im Moment in Berlin auf oder an einem anderen Ort?" – „Natürlich an einem anderen Ort." – „Wenn du also an einem anderen Ort bist, dann bist du nicht hier." Der Vater dachte nach und versetzte dem Sohn eine schallende Ohrfeige. Dieser fragte den Vater, warum er ihn geschlagen habe. „Wie kann ich dich schlagen, wenn ich gar nicht hier bin?"[508]

Ein Sohn fragte seinen Vater: „Was ist Ethik?" – „Ich mache es dir an einem Beispiel klar: Ein Kunde kauft in meinem Geschäft eine Ware für 90 Mark und bezahlt mit einem Hunderter. Hinterher, als der Kunde den Laden verlassen hat, fällt mir auf, daß er sein Wechselgeld vergessen hat. Da beginnt Ethik, denn: Soll ich das Geld behalten, oder soll ich es mit meinem Geschäftspartner teilen?"[509]

* * *

Einige Witze, die im weitesten Sinn mit philosophischen Anleihen spielen, findet man in den zahlreichen Witz- und Anekdoten-sammlungen, die über die Jahrzehnte erschienen sind. Typisch ist etwa das folgende Beispiel: Ein Berliner bereiste Ostpreußen. Er fragte einen Landwirt, was man denn von Ostpreußen unbedingt wissen müsse. Der gab zur Antwort: „Sie müssen den Bullen ,Winter' gesehen haben und vielleicht noch den Kant. Wenn Sie aber außer ,Winter' noch die Bullen ,Anton' und ,Prinz' bestaunt haben, brauchen Sie den Kant nicht zu kennen."[510]

* * *

Ein besonderer „Umschlagplatz" für philosophische Witze sind Kongresse. Manche der dort weitererzählten Witze tauchen dann etwas später in philosophischen Zeitschriften auf. Auch wenn ihre Qualität manchmal unterschiedlich ist, so bezeugen sie doch, daß Philosophen wie andere Menschen auch durchaus Gefallen an Scherzen finden und sich sogar über den eigenen Berufsstand amüsieren können, wie an den nachfolgenden Witzen zu erkennen ist:

Unter den Philosophen in Ungarn kursieren folgende Erfahrungen mit philosophischen Kongressen und Konferenzen: 1. Wenn ausreichend Zeit für Diskussionen besteht, meldet sich niemand zu Wort; steht hingegen keine Zeit mehr zur Verfügung, so übersteigt die Zahl der Wortmeldungen jedes Zeitlimit. 2. Sehr selten ändert ein Philosoph seine Überzeugung durch einen Kongreß. 3. Philosophische Kongresse haben in erster Linie den Zweck, Anregungen zur Veranstaltung neuer philosophischer Kongresse zu geben. 4. Das Niveau philosophischer Kongresse ist abhängig vom Niveau der einzelnen Beiträge; hingegen ist die Ursache des Niveaus dieser Beiträge noch kaum erforscht.[511]

Zu Beginn des 19. Jahrhunderts. Sohn: „Vater, hat Gott die Welt erschaffen?" Vater: „Ja." Sohn: „Hat er sie ganz fertigbekommen?" Vater: „Ja." Sohn: „Was hat er denn dann noch zu tun?" Vater: „Er sitzt Modell für das Absolute bei Fichte, Schelling und Hegel."[512]

Ein Ballonfahrer hatte seinen Kurs verloren. Er ging etwas niedriger, weil er einen Wanderer entdeckt hatte. „Wo bin ich?" rief er diesem zu. „In einem Ballon", entgegnete der Wanderer. „Sie sind wohl Logiker", fragte der Ballonfahrer. „Das stimmt", sagte der Wanderer, „wie sind Sie denn darauf gekommen?" „Ihre Antwort", versetzte der andere, „ist ebenso exakt wie unbrauchbar."[513]

Ein Philosophielehrer in Frankreich versuchte auf unorthodoxe Weise, Interesse für sein Fach zu wecken: Bei jeder Frage zur Philosophie, die seine Schüler ihm stellten und auf die er die Antwort schuldig bleiben mußte, zog er ein Kleidungsstück aus. Sehr groß scheinen seine Kenntnisse nicht gewesen zu sein, denn mehrmals stand er nackt vor der Klasse.[514]

Ein Student der Philosophie, der gerade sein Studium abgeschlossen hat, wird zum Militär eingezogen. Gleich beim ersten Appell stellt er sich mit dem Gewehr etwas dumm an, und ein Unteroffizier brüllt ihn an: „Was sind Sie eigentlich von Beruf?" – „Ich bin Philosoph." – „Dann wissen Sie doch bestimmt, was eine Idee ist." – „Aber natürlich", fährt es aus ihm heraus, „möchten Sie wissen, wie Platon oder wie Kant sie definiert?" – „Das ist mir völlig schnurz, wenn Sie nicht sofort Ihr Gewehr eine Idee zur Seite stellen."[515]

Zwei Philosophen im Gespräch: „Die Geschichte der Philosophie ist eine Geschichte von Irrtümern." – „Aber wer hat sich tollere Irrtümer geleistet als die Philosophen?"[516]

Zwei pessimistisch gestimmte Philosophen unterhalten sich: „Was einst", sagt der eine, „einem Kant vorbehalten war, das beansprucht heute jedes Putzmittel für sich ...", „... es hat", stimmt der andere in die Klage ein, „eine Philosophie".[517]

Zwei Philosophieprofessoren begegnen sich auf einem Kongreß. „Wie fanden Sie mein neues Buch", fragt der eine. „Zunächst fand ich es nicht", entgegnet der andere, „weil es so klein ist, daß ich es auf meinem Schreibtisch übersah. Nach allerlei Suchen fand ich es dann doch, aber als ich darin nach Klugem suchte, konnte ich darin nichts davon finden."

In einem akademischen Vortrag. Ein Kollege unterbricht den Redner, weil es ihm zu bunt wird: „Wir haben ja vieles gehört, was wahr, und manches, das schön ist. Aber das Wahre darin war nicht schön, während das Schöne nicht wahr war." – „Das freut mich, Herr Kollege, daß mein Vortrag Sie so angeregt hat. Vielleicht wären Sie nun so freundlich, mit meinen Ausführungen fortzufahren."

Ein amerikanischer, ein französischer und ein deutscher Philosoph nehmen an einem Preisausschreiben teil zum Thema „Philosophie des Egoismus". Der Amerikaner schreibt einen Aufsatz „Wie kann ich Egoist sein, ohne daß andere es merken?", der Franzose legt ein Buch mit vielen Bildern bei und nennt es „Egoismus im Liebesleben". Der Deutsche gewinnt – mit einem achtbändigen Werk unter dem Titel „Das Wesen des Egoismus".[518]

X. Habermas' Romandebüt

Vom philosophischen Erfindungsgeist

> „Im Auslegen seid frisch und mun-
> ter!/Legt Ihr's nicht aus, so legt was
> unter."
>
> (Goethe/Schiller)[519]

* * *

Philosophischer Erfindungsgeist äußert sich unter anderem darin, daß sich – besonders während des 19. und des frühen 20. Jahrhunderts – bekannte akademische Lehrer und unbekannte Schüler der Versform bedienten. Das ist weniger ungewöhnlich, als es auf den ersten Blick aussieht, denn philosophische Verse haben Tradition, wenn man daran denkt, daß bereits Platon einige (in ihrer Echtheit zum Teil allerdings umstrittene) Gedichte geschrieben hat.[520] So existiert z.B. eine von Otto Liebmann – der Mitte des 19. Jahrhunderts maßgeblich an der Entstehung des Neukantianismus beteiligt war – 1904 erfaßte Ode an „Kant",[521] im Umkreis Husserls und der Phänomenologischen Bewegung entstand ein achtstrophiges „Phänomenologenlied",[522] der Berliner Philosoph Wilhelm Weischedel schuf 1974 eine in Reime gebrachte Philosophiegeschichte, der der Düsseldorfer Philosoph Lutz Geldsetzer 1995 eine bis ins Inhaltsverzeichnis gereimte „Philosophenwelt. In Versen vorgestellt" folgen ließ. Hier eine kleine Auswahl:

Hegels Schüler in Berlin waren nahezu begeisterungstrunken von ihrem Lehrer. Ein Schüler dichtete folgendes:

> „Jetzt mit ernsterem Sinn entrollen wir heilige Schriften,
> Nur der Geweihete darf Euch, den Geweiheten, nahn.
> Platon, göttlicher, Dir, und Aristoteles, Meister,
> Die Ihr vom Himmel herab riefet die Philosophie.
> Die Ihr gegründet das Reich des Geistes, nicht an die Schwelle
> Festgebannt, überall waltet's mit freier Gewalt.
> Kennt Euch Hellas nicht mehr, so seid Ihr gastlich empfangen
> Von dem germanischen Geist, der in der Welt jetzt regiert.

Wie Ihr begonnen den Bau, nun ruht die Kuppel geschlossen:
Würdig der Dritte zu Euch wagte nur Hegel zu sein."[523]

Wilhelm Weischedel läßt am Schluß seiner Verse „Auch eine Philosophiegeschichte" einen Anhang folgen, dessen Titel lautet:

„Der trunkene Philosoph in Schüttelreimen"

„Wer nie sein Brot mit Philosophen aß,
wer nie gedankenvoll am Ofen saß,
wer niemals, schwanger von Ideen, wachte,
wer niemals in des Geistes Wehen dachte,
wer über allzu tiefes Denken lachte,
sein Leben ohne Geist zu lenken dachte –
des Wissen mag zwar durch das meiste geistern,
er wird doch nie das All im Geiste meistern.

Man spottet oft ob solchen Wundergreisen:
sie wollen aller Dinge Grund erweisen.
Doch gebe man auf den Gelehrten acht,
daß man nicht über den Geehrten lacht.
Mag ihm auch vor des Chaos Schoße grauen:
Er kann im Kosmos doch das Große schauen;
weil zu der Gottheit seine Träume ragen,
darf er im Innern ew'ge Räume tragen.
Denn was ein Denker auch im Guten leiste,
er dankt's zuletzt dem absoluten Geiste.

Doch mußt du, willst du dich zum Wahren finden,
dich vorher noch durch viel Gefahren winden;
oft droht dich dunkle Nacht des Nichts zu lähmen
und dir den letzten Strahl des Lichts zu nehmen,
und es passiert dir, daß du a) gelangst
in der geworfnen Daseinslage Angst,
und b), erweist du in der Not dich tüchtig,
so macht am Ende doch der Tod dich nichtig.

So fühlt man oftmals sich im Leeren schweben
in einem allzu geistesschweren Leben.
Man kann nicht stets im Unerreichten leben,
drum braucht man auch den Saft der leichten Reben,

der uns die Seele metaphysisch nährt,
der durch den Geist uns dionysisch fährt.

Der Denker sich vom Wein befeuchten lasse,
damit er recht des Geistes Leuchten fasse;
denn mancher erst in der Befeuchtung Land
den Geist der tieferen Erleuchtung fand.
Es hat das wahre Wort vom Sein gewagt,
wer es, erfüllt von dunklem Wein, gesagt.

Wer ist's, der ihn ob solcher Ethik tadelt,
wo ihn zunächst die Antithetik adelt?
Drum weh der Geiste, der das harmlos Schöne
mit skeptischem Gemüt als charmelos höhne!
Greift man dabei auch mal die Töne schief:
nur durch den Wahnsinn wird das Schöne tief."[524]

* * *

Neben solchen Versen bedienen Philosophen zuweilen auch noch andere Genres. Dazu gehören Rätsel. Schon Augustinus berichtet von folgendem Scherzwort: Auf die Frage, was Gott tat, bevor er Himmel und Erde geschaffen hat, antwortete jemand: „Er macht Höllen für die, die solche Geheimnisse ergründen wollen."[525]

Regelrechte und dann noch gereimte Rätsel als Denksportaufgaben dachte sich Schleiermacher zur Unterhaltung der Berliner Salons aus. Circa 50 solcher Rätsel sind erhalten geblieben, u. a. diese:

„Das Erste sollst du sein, das Zweit' bist du gewesen,
Und durch des Ganzen Macht von aller Not genesen." [526]

„Wir sind's gewiß in vielen Dingen,
Im Tod sind wir's nimmermehr,
Die sind's, die wir zu Grabe bringen,
Und eben diese sind's nicht mehr.
Denn, weil wir leben, sind wir's eben
Von Geist und Angesicht;
Und weil wir leben, sind wir's eben
zur Zeit noch nicht."[527]

„Das Erste glüht die Sonne, so wird es mild und zart,
Das Zweite glüht' im Feuer und wurde spröd' und hart;
Das Ganze faßt, was neue Gluth
Ergießt in Euer Blut."[528]

„Nimmst du die Erst' als Hund, die andern zwei als Jungen:
Das Ganze nimmst du doch auch nicht zum Hundejungen."[529]

„Was in dem ersten Paar du hattest, er hascht sich das Ganze;
Merkst du es zeitig, du wirst ‚haltet die letzte mir' schrei'n."[530]

„Zum Ersten fügt ‚Schau wem!' ein altes Sprichwort zu;
In vielen Städten steht die Zweite jedem offen;
Vom Ganzen ruf' ich auch ‚Schau wem du's giebst!' dir zu,
Willst du nach meinem Wunsch ein frohes Leben finden."[531]

„Himmlische Tugend,
Scheußlicher Mord,
Fehler im Kartenspiel –
Alles ein Wort."[532]

„Mein Erstes ist nicht wenig,
Mein Zweites ist nicht schwer,
Mein Ganzes läßt Dich hoffen,
Doch hoffe nicht zu sehr."[533]

„Die beiden ersten Silben sind das Inwendige vom Auswendigen,
Das Dritte ist ein Fisch,
Das ganze ist das Auswendige vom Inwendigen."[534]

„War ein Tempel in Rom das Erste,
So war in der Welt das Zweite,
Und die Welt war das Ganze."[535]

Sozusagen außer Konkurrenz ist noch ein „Gebet" eines seiner Überzeugung nicht sicheren Atheisten zu erwähnen, dessen Verfasser angeblich Schopenhauer sein soll: „Lieber Gott, falls es dich gibt, rette meine Seele, falls ich eine habe."[536]

* * *

Zusätzlich zu den vielen Anekdoten und Aussprüchen sind einige Stücke im Umlauf, die entweder zu gut (wie die nachfolgende stilisierende Platon-Geschichte) oder zu schlecht erfunden (weil sie, nach allem, was man über die Wesensart mancher Philosophen weiß, nicht zu ihnen passen), damit so oder so unglaubwürdig und als Wanderanekdoten leicht erkennbar sind. Quer dazu gibt es noch eine Reihe von Anekdotenparodien, die zu identifizieren nicht schwierig ist.

Sokrates erzählte, er habe im Traum auf seinem Schoß das Junge eines Schwans gehalten, das im Nu befiedert und flugfähig geworden war, um dann in die Lüfte emporzufliegen. Am folgenden Tag ist ihm Platon vorgestellt worden, und Sokrates sagte: „Dies ist der Vogel, von dem ich geträumt habe."[537]

Aristoteles wurde auf seine Schwäche für das weibliche Geschlecht angesprochen und nach dem Grund dafür gefragt, und er erwiderte: „Nur ein Blinder kann eine solch törichte Frage stellen."[538]

Bei einer Tischgesellschaft saß neben Kant ein Mann, der ununterbrochen gleichermaßen dumme wie hochmütige Reden führte und dabei auch noch herauskehrte, welch großer Skeptiker er sei. Schließlich sagte Kant zu ihm: „Sind Sie so skeptisch, daß Sie an nichts mehr glauben können?" – „Das nicht, ich glaube nur an das, was ich mit meinem Verstand begreifen kann." – „Das", sagte Kant, „bedeutet im Ergebnis dann ja wohl dasselbe."[539]

Kant nahm an einer Gesellschaft teil, auf der sich die Teilnehmer vor Eloquenz schier überboten. Nur Kant schwieg noch mehr als gewöhnlich. Endlich fragte ihn die Gastgeberin nach dem Grund seines Schweigens, und er antwortete: „Unter so vielen Selbstlauten sind stets auch einige stumme Buchstaben nötig."[540]

Ein wahnsinnig gewordener Metzger stürzte auf Kant los. Der aber fragte ganz ruhig: „Ist denn heute Schlachttag? Soviel ich weiß, ist das erst morgen."[541]

Als ein vorlauter Mensch mit den Worten „Da lugt Weisheit heraus" auf ein Loch in Kants Mantel aufmerksam machte, entgegnete dieser: „Und Dummheit lugt herein."[542]

Einmal war Kant Brautführer eines ungleichen Paares: Er war nämlich sehr alt und sie sehr jung. Eine an der Hochzeit teilnehmende Dame fragte Kant: „Werden aus dieser Ehe noch Kinder zu hoffen sein?" Kant sagte darauf: „Zu hoffen nicht, aber zu fürchten."[543]

In einer Gesellschaft in Königsberg wurde viel über einen berühmten Mann gesprochen und manche Anekdote erzählt. Kant sagte schließlich: „Ich erinnere mich, ähnliche Anekdoten auch schon über andere Männer gehört zu haben. Aber das wundert mich nicht. Große Männer sind wie Kirchtürme: Um beide ist gewöhnlich viel Wind."[544]

Der Name Hegels soll dadurch zustande gekommen sein, daß Hegel die Angewohnheit besaß, bei schwierigen Partien seiner Vorlesungen mit den Armen zu schwenken und dabei – wie die Studenten sagten – zu hecheln. Aufgrund einiger Lautverschiebung wurde daraus im Sprachgebrauch „hegeln" und dann „Hegel".[545]

Schopenhauer empfand große Achtung vor dem Werk Goethes und wußte jedes Gespräch mit einem entsprechenden Zitat zu würzen. Nach einem wunderbaren, mehrgängigen Essen meinte Schopenhauer zum Gastgeber: „Ihre Gemahlin hat so wundervoll gekocht, daß ich mich an das bekannte Wort aus dem ‚Götz' erinnere …". Die Gesellschaft erschrak, aber Schopenhauer fuhr fort: „Wohl dem, dem Gott ein solches Weib gegeben.'"[546]

Russell wurde von einem Torwächter gefragt: „Welche Religionszugehörigkeit haben Sie?" – „Ich bin Agnostiker." – „Nun ja, so unterschiedlich die Religionen dieser Welt auch sind – letzten Endes haben wir alle doch denselben Gott."[547]

Als Erich Fromm an seinem Buch „Haben oder Sein" arbeitete, machte Horkheimer ihn darauf aufmerksam, daß Heideggers „Sein und Zeit" einen recht ähnlich klingenden Titel habe. „Na und", brummte Fromm, „soll er doch haben. Seine Zeit ist eh' um."[548]

Immer wieder geißelte Adorno die Jazzmusik. Ein Student fragte ihn, ob dies Verdikt auch die neue Popmusik betreffe, etwa die Beatles. Adorno schwieg. Nach langem Nachdenken sagte er dann: „Ja, die auch."[549]

Herbert Marcuse wurde ständig mit dem Philosophen Ludwig Marcuse, der mit der „Frankfurter Schule" nichts zu tun hatte, verwechselt, und er war es bald leid. Dann veröffentlichte der Namensvetter auch noch ein Buch mit dem Titel „Pessimismus", worüber Herbert Marcuse sich aufregte: „Das hätte auch von mir stammen können."[550]

Im Jahre 1953 wurde Horkheimer zum Rektor der Universität Frankfurt gewählt. Auch der damalige Bundespräsident Theodor Heuss war anwesend. Er bat Horkheimer, ihm den Grundgedanken der Kritischen Theorie in wenigen Sätzen darzulegen. Nach zwei Stunden unterbrach Heuss ihn mit den Worten: „Ach du liab's Herrgottle von Biberach!"[551]

Ende der 60er Jahre gab es im Zuge der Studentenunruhen in den Reihen der CDU/CSU manche Kritik an der Lehre Horkheimers. Besonders Franz Josef Strauß polemisierte immer wieder gegen die „desolate Philosophie, die dissolute Psychologie und liederliche Politik" der Frankfurter Schule. Schließlich wurde es Horkheimer zu dumm, und er entgegnete, schließlich sei es doch Adenauer selbst gewesen, der ihm 1953 zum Amtsantritt als Rektor der Universität gratuliert habe.[552]

Als Habermas 1980 aus der Hand des CDU-Oberbürgermeisters den Theodor W. Adorno-Preis erhalten sollte, wurde er gefragt, ob er sich denn da nicht ein wenig schäme. „Ach was", sagte Habermas, „Adorno hätte ihn auch genommen."[553]

* * *

Zum Schluß gibt es noch drei besonders köstliche Kabinettstückchen philosophischen Erfindungsgeistes.

In der von Jürgen Mittelstraß herausgegebenen „Enzyklopädie der Philosophie und Wissenschaftstheorie" wird in einem Artikel der weithin unbekannte Gelehrte und deutsche Theologe, Botaniker und Philosoph Johann Jakob Feinhals ausführlich behandelt. Dieser ist am 1. April 1702 in Osterode geboren und am 14. Juni 1769 in Wolfenbüttel gestorben. Weiter heißt es:

„Ab 1720 Studium der Theologie und Philosophie an den Universitäten Dorpat, Helmstedt und Wittenberg. 1723 Ordination, anschließend Tätigkeit als Missionar in Java, wo F. an Malaria erkrankte. 1728 Rückkehr nach Deutschland und Lehrtätigkeit als Prof. der Naturphilosophie an der Universität Köln. Ab 1730 Veröffentlichung seiner in Java begonnenen botanischen Studien, ab 1753 Subbibliothekar an der Herzog-August-Bibliothek in Wolfenbüttel, wo er besonders den botanischen Bestand betreute, starb an einem Malariaanfall.

F. gilt als Hauptvertreter der Harzer Mission, die sich zur Aufgabe setzte, ‚den Wilden Gott zu bringen' (Über die Möglichkeit der Mission I, Goslar 1729, 14). Seine ab 1730 festzustellende Abkehr von der Theologie zeigt sich darin, daß naturphilosophische Schriften in den Vordergrund treten (Von der Seele selt-samer Pflantzen und Thiere, I-IV, Herborn 1741-1753; Traktat über das Verhältnis von Vulkanausbrüchen und Mondfinsterniss. Amsterdam 1755. [2]1757 [repr. Peine 1974]). Auf einer Reise nach Italien kam F. 1744 nach Konstanz, wo er in eine Wirtshausschlägerei verwickelt und von den damaligen französischen Besatzungstruppen als Spion verhaftet wurde. Seine schlechten Erinnerungen an diesen ‚impertinent-provocatorischen Vorfall' (Briefe II, 114) führten dazu, daß er dem Konstanzer Stadtsyndikus J. Speth davon abriet, ‚bei diesen Barbaren' (Briefe II, 115 f.) eine Universität zu gründen. Das Original dieses Briefes ist bei den Unruhen der 90er Jahre im Konstanzer Stadtarchiv untergegangen.

Nach F. ist die Natur beseelt von bösen kosmischen Kobolden, die in ihrer Beschreibung an die Leibnizschen Monaden erinnern. Aufgabe des Menschen sei es, durch die Entwicklung einer persönlichen Gutmütigkeit die Macht der bösen Kobolde auszugleichen. Die Verfasserschaft von ‚Principia rerum naturalium sive novum tentamen phaenomena mundi elementaris philosophice explicandi' (Zug 1735, 1738 im Index librorum prohibitorum), die F. von manchen Interpreten unterstellt wird, scheint zweifelhaft, sicher ist jedoch, daß F. nicht Autor von ‚Corpus scriptorum eroticorum graecorum I: Parthenii erotica' (Fulda 1755) ist.

Weitere Werke: Javanische Grammatik aufgrund eigener Kenntniss. Amsterdam 1729; Die Orchideen des Bösen, oder die All-

Gegenwart des Teufels. Köln 1731; Gemeinfaßliches System exotischer Pflanzen, I-III, Köln 1742; Briefe, I-III. ed. F. v. Grummelsberg, Magdeburg 1914-1918.
Literatur: B. Aschenkuchen, Die Harzer Mission, Göttingen 1928, 14-33; F. v. Grummelsberg, J. J. F. als Botaniker und Philosoph, Diss. Helmstedt 1903; J. Lafarce, F., un représentant de son temps, Brüssel 1948 (dt. F., ein Vertreter seiner Zeit, Detmold 1951)."

Einige Menschen erkundigten sich daraufhin in der Konstanzer Bibliothek nach den Werken Feinhals', doch vergeblich: Feinhals ist ein Aprilscherz der Konstanzer Philosophen gewesen.[554]

Als Bertrand Russell 1970 im Alter von 97 Jahren starb, hatte er sich den Ruf eines ausgesprochen ungewöhnlichen Philosophen erworben, der nicht nur mit seinen vier Ehen und seiner gesamten Lebensführung, sondern auch mit den Themen, für die er eintrat (Arbeiten, in denen er für den Sozialismus, für eine Erziehungsreform und für eine liberalere Ehemoral u. a. m. plädierte), viel gesellschaftliches und politisches Aufsehen erregt hat. Im Alter von 55 Jahren verfaßte und publizierte er 1937 seinen eigenen Nachruf, in dem es u. a. heißt:

„Mit dem Tod des dritten Earl Russell (oder Bertrand Russells, wie er sich lieber nannte) im Alter von neunzig Jahren ist ein Bindeglied mit einer sehr fernen Vergangenheit gelöst worden. [...] In seiner Jugend schuf er bedeutende Werke auf dem Gebiet der mathematischen Logik, aber seine exzentrische Haltung während des ersten Weltkriegs verriet einen Mangel an ausgeglichenem Urteil, der seine späteren Schriften in zunehmendem Maße beeinträchtigte. [...] Den ganzen Krieg hindurch bestand er auf dessen Beendigung ohne Rücksicht auf die Bedingungen. Trinity College entzog ihm sehr zu Recht seine Professur, und 1918 verbrachte er sogar einige Monate im Gefängnis. [...] Seine Prinzipien waren seltsam; aber wie sie auch waren, er handelte danach. Im Privatleben zeigte er keine Spur der Herbheit, die seine Schriften beeinträchtigt, sondern war ein anregender Gesellschafter und es mangelte ihm nicht an menschlicher Sympathie. Er hatte viele Freunde, überlebte sie aber fast alle. Dennoch schien er denen, die ihm verblieben, im

Alter voll heiterer Freude, die er zweifellos zum Teil seiner unverwüstlichen Gesundheit verdankt, denn politisch stand er in seinen letzten Jahren so allein wie Milton nach der Restauration. Er war der letzte Überlebende einer versunkenen Epoche."[555]

Am 1. April 1995 überraschte das Feuilleton der „Frankfurter Allgemeinen Zeitung" seine Leser unter dem Titel „Über allen Gipfeln. Roman-Debüt von Jürgen Habermas" mit folgender „sensationeller" Nachricht:

„Das vereinigte Deutschland wird seinen lange eingeforderten großen Gegenwartsroman doch noch bekommen. Der Frankfurter Suhrkamp Verlag kündigt für sein Frühjahrsprogramm den Erstlingsroman von Jürgen Habermas an: ,Über die Berge'. Nach einer Zeit des Schweigens meldet sich der prominenteste Autor der Frankfurter Schule, der bisher eher als Soziologe und Philosoph in Erscheinung getreten war, als Romancier von Rang zu Wort.
,Über die Berge' ist als breitwandiges Sittengemälde der Nachkriegszeit im Geiste Balzacs angelegt. Habermas zeichnet den Weg der Krankengymnastin Hildegard aus der Enge einer Gummersbacher Eisenwarenhandlung ins Frankfurter Westend. Hier wird Hildegard in das schillernde Milieu der Universitätsintellektuellen eingeführt, verliebt sich gleichzeitig in einen älteren Bankier mit zwielichtiger Wehrmachts-Vergangenheit. Erst nachdem sie sich aus den Verstrickungen des deutschen Wirtschaftslebens befreit hat und den Theologen Sascha kennenlernt, findet Hildegard in einer Reha-Klinik in der Rhön ganz zu sich selbst. Die Wiedervereinigung erlebt Hildegard an der Seite des kurdischen Asylbewerbers Turgut in Berlin, wo sie sich für die Auswilderung des Eichelhähers im Tiergarten einsetzt. Im Schlußkapitel, in dem Hildegard als gefeierte Autorin vom Prenzlauer Berg schonungslos mit einer Bande von westdeutschen DM-Nationalisten abrechnet und eine Kontaktgruppe für entwurzelte Stasi-Mitarbeiter eröffnet, schlägt Habermas den kommunikativen Handlungsbogen von der alten rheinischen Bundesrepublik zu den blühenden Landschaften der Mark Brandenburg.
In einer Vorab-Rezension rühmte Marcel Reich-Ranicki die ,hinreißende Prosa voller Wärme und Ironie', wie sie Habermas

schon im ‚Strukturwandel der Öffentlichkeit' ausgezeichnet habe. Derzeit – so Habermas-Verleger Siegfried Unseld – vermöge kein anderer Autor derart souverän die Unübersichtlichkeit der Gegenwart zu durchdringen. Der Autor selbst erklärte in einem Gespräch für die kommende Ausgabe des ‚Spiegel', Gustav Freytag, Christa Wolf und der späte Karl Popper hätten ihn maßgeblich inspiriert, als er während der letzten Jahre ‚Über die Berge' in einem Bauernhof auf Bornholm verfaßt habe. Mit der Auslieferung der Erstausgabe wird in zwei Wochen gerechnet.“[556]

Anmerkungen

1 Goetz 1985, S. 8.
2 Goetz 1985, S. 9.
3 Whitehead 1984, S. 91.
4 Fichte 1971, S. 434.
5 Diogenes Laertius 1967, I 34 (= S. 19); Platon: Theaitetos 174 a.
6 Diogenes Laertius 1967, I 26 (= S. 15).
7 Diogenes Laertius 1967, II 21 (= S. 84).
8 Platon, Phaidon 60 D.
9 Diogenes Laertius 1967, III 5 (= S. 150 f.) i. V. m. Fink 1995, S. 114.
10 Cicero 1984, I 104 (= S. 99).
11 Diogenes Laertius 1967, V 16 (= S. 248).
12 Plutarch 1994, 9 (= S. 975 ff.).
13 Plutarch 1994, 1 (= S. 959).
14 Aulus Gellius 1981, XII 12 (= Bd. II, S. 156 f.).
15 Porphyrios 1958, 1–8 (= S. 1–5).
16 Weischedel 1981, S. 92.
17 Weischedel 1981, S. 90.
18 Wichmann 1989, S. 184.
19 FAZ v. 16. 1. 1991, Nr. 13, N 3.
20 Schmitz 1992, S. 43.
21 Hoffmeister 1957, S. 174.
22 Weischedel 1981, S. 177.
23 Borowski 1980, S. 57.
24 Borowski 1980, S. 57.
25 Jachmann 1980, S. 128.
26 Jachmann 1980, S. 142.
27 Jachmann 1980, S. 150.
28 Jachmann 1980, S. 154 f.
29 Wasianski 1980, S. 221.
30 Wasianski 1980, S. 226 f.
31 Wasianski 1980, S. 226.
32 Wasianski 1980, S. 227 f.
33 Wasianski 1980, S. 264 i. V. m. S. 250 f.
34 Wasianski 1980, S. 298.
35 Borowski 1980, S. 53; Jachmann 1980, S. 190; Wasianski 1980, S. 225.
36 Schmitz 1992, S. 22 f.
37 Fink-Henseler 1983, S. 79.
38 Gwinner 1987, S. 91.
39 Gwinner 1987, S. 121 ff.
40 Gwinner 1987, S. 126.
41 Safranski 1990, S. 417; Hübscher 1971, S. 64.
42 Safranski 1990, S. 423.
43 Information Philosophie 13 (1985), Heft 4, S. 68.
44 Dessoir 1947, S. 50.
45 Jaspers 1961, S. 1.

46 Rothacker 1963, S. 135.

47 Kühnemann 1937, S. 106.

48 Kühnemann 1937, S. 108.

49 Deussen 1922, S. 82.

50 Glockner 1969, S. 37.

51 Rothacker 1963, S. 125.

52 Mauthner 1918, S. 164.

53 Kappstein 1926, S. 17.

54 Gadamer 1977, S. 50; Information Philosophie 13 (1985), Heft 2, S. 28.

55 Gadamer 1988, S. 14.

56 Helmut Plessner 1975, S. 275.

57 Hensel 1947, S. 401 f.

58 Russell 1967, S. 183 u. S. 215.

59 Marcuse 1975, S. 50.

60 Russell 1967, S. 328.

61 Russell 1973, S. 311.

62 Mader 1980, S. 111 f.

63 Viktor v. Weizsäcker 1986, S. 31; Lützeler 1978, S. 123.

64 von Hildebrand 1929, S. 74.

65 von Hildebrand 1929, S. 76.

66 Toni Cassirer 1981, S. 85.

67 Toni Cassirer 1981, S. 86.

68 Toni Cassirer 1981, S. 303 f.

69 Toni Cassirer 1981, S. 213.

70 Toni Cassirer 1981, S. 135.

71 Meid 1989, S. 57.

72 Schmitz 1992, S. 118.

73 Schmitz 1992, S. 119 f.; Fink-Henseler 1983, S. 94.

74 Hoffmeister 1957, S. 229.

75 Neider 1977, S. 21; Geier 1992, S. 26.

76 Gerd Achenbach im Dezember 1988 im WDR-Fernsehen; Information Philosophie 14 (1986), Heft 1, S. 86; Information Philosophie 26 (1991), Heft 5, S. 33.

77 Karola Bloch 1981, S. 216.

78 Negt 1978, S. 282 ; Abicht 1978, S. 235.

79 Rothacker 1963, S. 151.

80 Malcolm 1987, S. 44; Weischedel 1981, S. 293.

81 Wittgenstein 1987, S. 31 f.

82 Malcolm 1987, S. 52 f.

83 Lützeler 1978, S. 116 f.

84 Ebbinghaus 1975, S. 31 f.

85 Gadamer 1977, S. 10 f.

86 FAZ-Magazin 438 v. 22. 7. 1988, S. 6.

87 Information Philosophie 16 (1988), Heft 5, S. 100.

88 Information Philosophie 16 (1988), Heft 5, S. 100.

89 Dahrendorf 1995, S. 24.

90 Information Philosophie 13 (1984), Heft 5, S. 40.

91 Weischedel 1975, S. 330.

92 FAZ v. 9. 4. 1998, Nr. 84, S. 37.
93 FAZ v. 12. 12. 1990, Nr. 289, S. 8.
94 FAZ-Magazin 229 v. 20. 7. 1984.
95 Information Philosoph 6 (1978), Heft 1, S. 26.
96 Feyerabend 1995, S. 121.
97 Baumgartner 1996, S. 87.
98 Lenk 1987, S. 149; Lenk 1996, S. 90.
99 Hölderlin 1923, S. 379.
100 Diogenes Laertius 1967, II 22 (= S. 84).
101 Hoffmeister 1957, S. 200.
102 Diogenes Laertius 1967, II 34 (= S. 90 f.).
103 Köhler 1997, S. 160.
104 Borowski 1980, S. 79.
105 Fink-Henseler 1983, S. 72.
106 Jaspers 1961, S. 2.
107 Viktor von Weizsäcker 1986, S. 24.
108 Hensel 1947, S. 413.
109 Marcuse 1975, S. 28.
110 Gawronsky 1966, S. 3.
111 Helmuth Plessner 1959, S. 6.
112 Russell 1967, S. 184.
113 Russell 1967, S. 87.
114 Geier 1992, S. 96.
115 Russell 1967, S. 87.
116 Malcolm 1987, S. 92.
117 Jaspers 1984, S. 40.
118 Spiel 1989, S. 75 i. V. m. Geier 1992, S. 17 f., und Neider 1977, S. 25.
119 Münster 1977, S. 23 f.
120 Burisch 1978, S. 130.
121 Markun 1977, S. 21 i. V. m. Münster 1977, S. 33 f.; Burisch 1978, S. 130; Landmann 1965, S. 347.
122 Jaspers 1961, S. 5.
123 Russell 1973, S. 151.
124 Russell 1973, S. 149.
125 Drury 1987b, S. 161.
126 Malcolm 1987, S. 132.
127 Gründer 1988, S. 293.
128 Information Philosophie 11 (1983), Heft 5, S. 56.
129 Monika Plessner 1995, S. 141.
130 Monika Plessner 1995, S. 57.
131 Klibansky 1996, S. 274.
132 Schopenhauer 1977, Bd. III, S. 20 i. V. m. S. 85 (im Original Hervorhebungen).
133 Diogenes Laertius 1967, II 36 (= S. 91).
134 Diogenes Laertius 1967, VI 25 (= S. 307).
135 Diogenes Laertius 1967, VI 40 (= S. 314).
136 Weis 1941, S. 9.
137 Aulus Gellius 1981, XVIII, 13 (= Bd. II, S. 430 f.).

138 Diogenes Laertius 1967, II 68 (= S. 107); Anonymus 1966, S. 17.
139 Sextus Empiricus 1968, II 245 f. (= S. 218).
140 Diogenes Laertius 1967, II 135 (= S. 141 f.).
141 Lukian 1922, S. 71.
142 Lukian 1922, S. 71; s. a. Kant 1956, B 82 f.
143 Lukian 1922, S. 66 f.
144 Lukian 1922, S. 67.
145 Anonymus 1966, S. 101.
146 Kant 1922, S. 370 f.
147 Schmitz 1992, S. 23.
148 Hegel 1986, S. 53.
149 Rosenkranz 1969, S. 325 f.
150 Weischedel 1981, S. 212; Rosenkranz 1969, S. 326.
151 Weischedel 1981, S. 221; Hübscher 1978, S. 55.
152 Safranski 1990, S. 421.
153 Safranski 1990, S. 214 f.
154 Safranski 1990, S. 514; Hübscher 1971, S. 394.
155 Salcia Landmann 1963, S. 213.
156 Hoffmeister 1957, S. 229 f.
157 Kühnemann 1937, S. 110.
158 Toni Cassirer 1981, S. 90 u. S. 93.
159 Toni Cassirer 1981, S. 91 f.
160 Gawronsky 1966, S. 11 i. V. m. Blüher 1953, S. 304; Marcuse 1975, S. 24.
161 Hensel 1947, S. 413.
162 Hensel 1947, S. 414.
163 Information Philosophie 12 (1984), Heft 2, S. 102.
164 Spiel 1991, S. 80.
165 Spiegelberg 1988, S. 41 f.
166 Glockner 1969, S. 19.
167 Asmus 190, S. 37.
168 Mann 1986, S. 289 f.
169 Ebbinghaus 1975, S. 15.
170 Mann 1986, S. 289.
171 Jaspers 1984, S. 37.
172 Information Philosophie 12 (1984), Heft 4, S. 62.
173 Lützeler 1978, S. 117.
174 Lützeler 1976, S. 75.
175 Spaemann 1978, S. 92.
176 Gadamer 1977, S. 215; Hühnerfeld 1961, S. 59.
177 Toni Cassirer 1981, S. 100.
178 Toni Cassirer 1981, S. 68.
179 Gründer 1988, S. 300.
180 Neider 1977, S. 25.
181 Geier 1992, S. 26; Hempel 1981, S. 207.
182 FAZ v. 7. 4. 1990, Nr. 83, S. 9.
183 Hübscher 1983, S. 154.
184 Löwith 1989, S. 28.
185 Carl Friedrich von Weizsäcker 1992, S. 944; ders. 1970, S. 13 f.

186 Münster 1977, S. 116; Information Philosophie 6 (1978), Heft 1, S. 26.
187 Münster 1977, S. 32.
188 Michael Landmann 1965, S. 350.
189 Markun 1977, S. 98 f.
190 Neider 1977, S. 23; Hempel 1981, S. 209.
191 Popper 1982, S. 175 ff.
192 Feyerabend 1995, S. 99.
193 FAZ-Magazin 69 v. 26. 6. 1981, S. 4.
194 Feyerabend 1995, S. 185 f.
195 Feyerabend 1995, S. 162.
196 Lenk 1987, S. 57.
197 Liebmann 1912, S. 63.
198 Köhler 1997, S. 9.
199 Weis 1941, S. 48 f.
200 Weis 1941, S. 48.
201 Weis 1941, S. 81.
202 Hoffmeister 1957, S. 200; Weis 1941, S. 30.
203 Diogenes Laertius 1967, II 34 (= S. 90).
204 Schmitz 1992, S. 39.
205 Anonymus 1966, S. 13.
206 Anonymus 1966, S. 17; Diogenes Laertius 1967, II 35 (= S. 91).
207 Diogenes Laertius 1967, II 35 (= S. 91).
208 Cicero 1984, V 108 (= S. 379); Diogenes Laertius 1967, VI 63 (= S. 326).
209 Fink 1995, S. 85.
210 Fink 1995, S. 90.
211 Diogenes Laertius 1967, II 25 (= S. 86).
212 Weis 1941, S. 50.
213 Weis 1941, S. 74.
214 Anonymus 1966, S. 17.
215 Diogenes Laertius 1967, II 73 f. (= S. 110).
216 Diogenes Laertius 1967, II 66 (= S. 106).
217 Diogenes Laertius 1967, VI 27 (= S. 308).
218 Diogenes Laertius 1967, VI 31 f. (= S. 310).
219 Diogenes Laertius 1967, VI 36 (= S. 312).
220 Diogenes Laertius 1967, VI 40 (= S. 314).
221 Diogenes Laertius 1967, VI 41 (= S. 314 f.).
222 Köhler 1997, S. 8.
223 Köhler 1997, S. 8.
224 Diogenes Laertius 1967, VI 46 (= S. 317).
225 Diogenes Laertius 1967, I 56 (= S. 322).
226 Diogenes Laertius 1967, VI 63 (= S. 326).
227 Weis 1941, S. 10.
228 Weis 1941, S. 52.
229 Weis 1941, S. 8.
230 Weis 1941, S. 7.
231 Weis 1941, S. 12.
232 Anonymus 1966, S. 18.
233 Anonymus 1966, S. 18.

234 Weis 1941, S. 75.
235 Anonymus 1966, S. 19.
236 Hoffmeister 1957, S. 201.
237 Weis 1941, S. 75.
238 Weis 1941, S. 51 f.
239 Fink 1995, S. 115.
240 Diogenes Laertius 1967, VII 19 (= S. 16).
241 Diogenes Laertius 1967, VII 24 (= S. 19).
242 Köhler 1997, S. 8.
243 Köhler 1997, S. 11.
244 Plutarch 1994, 25 (= S. 1011).
245 Anonymus 1966, S. 11.
246 Fink 1995, S. 212; Weis 1941, S. 35.
247 Fink 1995, S. 212; Weis 1941, S. 35.
248 Cicero 1997, II 275.
249 Fink 1995, S. 214 f.
250 Plutarch 1994, 26 (= S. 1015).
251 Plutarch 1994, 26 (= S. 1015).
252 Plutarch 1994, 26 (= S. 1015).
253 Köhler 1997, S. 11.
254 Lukian 1922, S. 73.
255 Lukian 1922, S. 74.
256 Lukian 1922, S. 74.
257 Lukian 1922, S. 73 f.
258 Lukian 1922, S. 67 f.
259 Lukian 1922, S. 75.
260 Meid 1989, S. 95.
261 Hoffmeister 1957, S. 201.
262 Anonymus 1966, S. 98.
263 Schmitz 1992, S. 42 f.
264 Hoffmeister 1957, S. 191; Schmitz 1992, S. 43 f.
265 Schmitz 1992, S. 44.
266 Anonymus 1966, S. 92.
267 Hoffmeister 1957, S. 193.
268 Anonymus 1966, S. 92.
269 Anonymus 1966, S. 92.
270 Anonymus 1966, S. 94.
271 Information Philosophie 19 (1991), Heft 3, S. 13.
272 Hoffmeister 1957, S. 189 f.
273 Anonymus 1966, S. 98.
274 Mossner 1980, S. 556; Streminger 1986, S. 109.
275 Vorländer 1977, Buch II, S. 6 f.
276 Hoffmeister 1957, S. 207.
277 Hoffmeister 1957, S. 205.
278 Salcia Landmann 1963, S. 228.
279 Hoffmeister 1957, S. 211.
280 Schmitz 1992, S. 37.
281 Schmitz 1992, S. 38.

282 Schmitz 1992, S. 23.
283 Fink-Henseler 1983, S. 79.
284 Rosenkranz 1969, S. 339; Köhler 1997, S. 128 f.
285 Köhler 1997, S. 161.
286 Information Philosophie 14 (1986), Heft 4, S. 30; Fink-Henseler 1983, S. 74.
287 Information Philosophie 12 (1984, Heft 1, S. 22.
288 Safranski 1990, S. 295.
289 Gwinner 1987, S. 179.
290 Gwinner 1987, S. 51.
291 Fink-Henseler 1983, S. 73.
292 Fink-Henseler 1983, S. 73.
293 Fink-Henseler 1983, S. 75.
294 Fink-Henseler 1983, S. 75.
295 Gwinner 1987, S. 198.
296 Weischedel 1981, S. 239.
297 Dessoir 1947, S. 49.
298 Schmitz 1992, S. 17; FAZ v. 17. 1. 1991, Nr. 14, S. 25; Jaspers 1961, S. 2.
299 Jaspers 1961, S. 2.
300 Rosenzweig 1994, S. 119.
301 Schmitz 1992, S. 34.
302 Kappstein 1926, S. 16.
303 Hensel 1947, S. 431.
304 Hensel 1947, S. 402.
305 Dessoir 1947, S. 34 f.
306 Dessoir 1947, S. 35; Schmitz 1992, S. 41.
307 Russell 1973, S. 254.
308 Russell 1973, S. 198.
309 Russell 1967, S. 183.
310 Toni Cassirer 1981, S. 327.
311 Toni Cassirer 1981, S. 129; Köhler 1997, S. 187.
312 Vallentin 1955, S. 157.
313 Köhler 1997, S. 189.
314 Schmitz 1992, S. 119.
315 Fink-Henseler 1983, S. 94.
316 Köhler 1997, S. 187.
317 Information Philosophie 8 (1980), Heft 1, S. 27.
318 Geier 1992, S. 23.
319 Karola Bloch 1981, S. 17.
320 Karola Bloch 1981, S. 136.
321 Münster 1977, S. 70 f.
322 Mitgeteilt von Wolfgang Fischer (Universität Duisburg).
323 Drury 1987 a, S. 119.
324 Pascal 1987, S. 56 f.
325 Pascal 1987, S. 47.
326 Monika Plessner 1995, S. 20.
327 Information Philosophie 8 (1980), Heft 1, S. 27.
328 Feyerabend 1995, S. 112 ff.

329 Feyerabend 1995, S. 177.
330 Die ZEIT v. 13. Juni 1997, Nr. 25, S. 50.
331 Information Philosophie 20 (1992), Heft 1, S. 31; Marquard 1981, S. 23.
332 Rosenkranz 1969, S. 217 f.
333 Anonymus 1966, S. 154; Hoffmeister 1957, S. 205.
334 Schmitz 1992, S. 24.
335 Schmitz 1992, S. 24.
336 Kranz 1996, S. 74; Fink-Henseler 1983, S. 84; Information Philosophie 27 (1999), Heft 1, S. 38.
337 Schmitz 1992, S. 36.
338 Information Philosophie 11 (1983), Heft 5, S. 56.
339 Safranski 1990, S. 382.
340 Rosenkranz 1969, S. 218; Henscheid 1983, S. 77 f.
341 Rosenkranz 1969, S. 421 f.
342 Meid 1991, S. 28.
343 Schmitz 1992, S. 38.
344 Eucken 1921, S. 53.
345 Jaspers 1961, S. 2.
346 Hoffmeister 1957, S. 202 f.
347 Hoffmeister 1957, S. 252.
348 Eucken 1921, S. 28.
349 Hensel 1947, S. 404.
350 FAZ v. 16. 1. 1991, Nr. 13, N 3.
351 Hensel 1947, S. 405.
352 Hensel 1947, S. 410.
353 Hensel 1947, S. 411.
354 Hensel 1947, S. 411.
355 Hensel 1947, S. 448 f.
356 Glockner 1969, S. 20.
357 Hensel 1947, S. 410.
358 Schmitz 1992, S. 41.
359 Schmitz 1992, S. 12.
360 Schmitz 1992, S. 16.
361 Schmitz 1992, S. 16.
362 Rothacker 1963, S. 48.
363 Gadamer 1977, S. 18 f.
364 Löwith 1989, S. 26.
365 Gadamer 1977, S. 31; Biemel 1973, S. 16.
366 Spiegelberg 1988, S. 41.
367 Dessoir 1947, S. 35; Meid 1991, S. 43.
368 Toni Cassirer 1981, S. 110.
369 Toni Cassirer 1981, S. 291 f.
370 Neider 1977, S. 21.
371 Wolandt 1981, S. 47.
372 Stein 1985, S. 156.
373 Viktor von Weizsäcker 1986, S. 20.
374 Jaspers 1984, S. 35.
375 Mann 1986, S. 295.

376 Jaspers 1984, S. 28 f.
377 Buggenhagen 1975, S. 131.
378 Meyer-Gutzwiller 1970, S. 156.
379 Saner 1970, S. 148.
380 Saner 1970, S. 44 f.
381 Information Philosophie 14 (1986), Heft 2, S. 17.
382 Rothacker 1963, S. 75.
383 Bartley 1983, S. 126 f.
384 Malcolm 1987, S. 42 f.; Weischedel 1981, S. 292 f.
385 Löwith 1989, S. 29.
386 Information Philosophie 15 (1987), Heft 1, S. 46.
387 Weischedel 1981, S. 274.
388 Lenk 1987, S. 14.
389 Stein 1985, S. 219.
390 Buggenhagen 1975, S. 151 f.
391 Information Philosophie 13 (1985), Heft 4, S. 68.
392 Gadamer 1977, S. 23.
393 Information Philosophie 20 (1992), Heft 5, S. 97.
394 FAZ v. 9. 4. 1998, Nr. 84, S. 37.
395 Feyerabend 1997, S. 117 f.
396 Albert in: Feyerabend 1997, S. 220.
397 Feyerabend 1995, S. 210-215.
398 Lenk 1987, S. 149; Lenk 1996, S. 96.
399 Pieper 1996, S. 117 u. S. 120.
400 Horster 1996, S. 125.
401 Rosenkranz 1969, S. 259.
402 Diogenes Laertius 1967, I 26 (= S. 15).
403 Diogenes Laertius 1967, I 26 (= S. 15).
404 Fink 1995, S. 29 ff.
405 Diogenes Laertius 1967, II 33 (= S. 90).
406 Aulus Gellius 1981, I 17 (= Bd. I, S. 68 f.).
407 Diogenes Laertius 1967, II 36 (= S. 92).
408 Diogenes Laertius 1967, II 36 f. (= S. 92).
409 Diogenes Laertius 1967, II 37 (= S. 92).
410 Diogenes Laertius 1967, II 35 (= S. 91).
411 Diogenes Laertius 1967, II 67 (= S. 106 f.).
412 Anonymus 1966, S. 17 f.; Diogenes Laertius 1967, II 81 (= S. 113).
413 Anonymus 1966, S. 11.
414 Diogenes Laertius 1967, II 74 (= S. 110).
415 Anonymus 1966, S. 10.
416 Hoffmeister 1957, S. 189.
417 Streminger 1986, S. 121.
418 Hoffmeister 1957, S. 174.
419 Vorländer 1977, Buch I, S. 194.
420 Schmitz 1992, S. 24.
421 Rosenkranz 1969, S. 30.
422 Safranski 1990, S. 404 f.
423 Gwinner 1987, S. 153.

424 Safranski 1990, S. 363 i. V. m. S. 415; Hübscher 1971, S. 71 u. S. 58.

425 Fink-Henseler 1983, S. 74.

426 Hensel 1947, S. 448.

427 Rothacker 1963, S. 39 f.

428 Russell 1967, S. 292 f.

429 Toni Cassirer 1981, S. 75.

430 Toni Cassirer 1981, S. 65.

431 Schmitz 1992, S. 117.

432 Schmitz 1992, S. 118.

433 Buggenhagen 1975, S. 131.

434 Information Philosophie 14 (1986), Heft 4, S. 30.

435 Popper 1982, S. 180.

436 Hoffmeister 1957, S. 175.

437 Feyerabend 1997, S. 119.

438 Ströker 1996, S. 72.

439 Annemarie Pieper 1996, S. 119 f.

440 Ernst Bloch 1975, S. 1.

441 Fink 1995, S. 92 f.

442 Aulus Gellius 1981, V 3 (= Bd. I, S. 271 f.); Fink 1995, S. 91 f.

443 Weis 1941, S. 31.

444 Meid 1989, S. 86.

445 Weis 1941, S. 58.

446 Diogenes Laertius 1967, II 72 (= S. 109).

447 Weis 1941, S. 76.

448 Aulus Gellius 1981, XIII, 5 (– Bd. II, S. 171 f.).

449 Diogenes Laertius 1967, II 127 (= S. 138).

450 Périer 1954, S. 39 f.

451 Weischedel 1981, S. 142 i. V. m. Finster/van den Heuvel 1990, S. 11.

452 Borowski 1980, S. 57.

453 Jacobs 1984, S. 16 f.; Medicus 1914, S. 13.

454 Funke 1983, S. 74.

455 Rosenkranz 1969, S. 249.

456 Gaulke 1996, S. 16 ff. i. V. m. Birnbacher 1981, S. 135 ff.

457 Meid 1989, S. 46.

458 Rosenzweig 1994, S. 121.

459 Glockner 1969, S. 14.

460 Marcuse 1975, S. 114.

461 Popper 1982, S. 330.

462 Russell 1967, S. 31.

463 Russell 1967, S. 23.

464 Russell 1973, S. 181.

465 Toni Cassirer 1981, S. 99.

466 Kaulbach 1975, S. 203.

467 Mayer 1978, S. 296; Karola Bloch 1981, S. 45.

468 Denker 1978, S. 44 f.; Münster 1977, S. 26.

469 Bartley 1983, S. 102.

470 Popper 1982, S. 1 f.

471 FAZ-Magazin Nr. 229 v. 20. 7. 1984.

472 Diogenes, in: Weis 1941, S. 11.
473 Diogenes Laertius 1967, I 83 (= S. 46).
474 Weis 1941, S. 36; Information Philosophie 19 (1991), Heft 4, S. 37.
475 Köhler 1997, S. 9.
476 Diogenes Laertius 1967, VI 38 (= S. 313).
477 Diogenes Laertius 1967, IV 8 (= S. 298) i. V. m. Weis 1941, S. 70.
478 Diogenes Laertius 1967, IX 27 (= S. 173).
479 Diogenes Laertius 1967, III 18 (= S. 157).
480 Köhler 1997, S. 7.
481 Köhler 1997, S. 7.
482 Hoffmeister 1957, S. 82.
483 Meid 1989, S. 94.
484 Fink 1995, S. 214.
485 Fink 1995, S. 42.
486 Specht 1980, S. 12 u. S. 138.
487 Schmitz 1992, S. 43.
488 Toni Cassirer 1981, S. 105.
489 Russell 1967, S. 329.
490 Russell 1967, S. 193.
491 Monika Plessner 1995, S. 38.
492 Monika Plessner 1995, S. 66 f.
493 Feyerabend 1995, S. 58.
494 Kant 1974, § 54 (= S. 190).
495 Jachmann 1980, S. 183 i. V. m. Wasianski 1980, S. 222; Kant 1974, § 54 (= S. 191).
496 Kant 1974, § 54 (= S. 191).
497 Kant 1974, § 54 (= S. 191).
498 Bergson 1921, S. 79.
499 Bergson 1921, S. 81.
500 Münster 1977, S. 58 f.; Bloch 1959, S. 122 ff.
501 Rothacker 1963, S. 133.
502 Rothacker 1963, S. 137.
503 Lützeler 1976, S. 105.
504 Rentsch 1996, S. 207.
505 Salcia Landmann 1963, S. 264.
506 Salcia Landmann 1963, S. 255.
507 Salcia Landmann 1977, S. 169.
508 Salcia Landmann 1977, S. 169.
509 Salcia Landmann 1963, S. 253.
510 Fink-Henseler 1983, S. 78.
511 Information Philosophie 23 (1995), Heft 5, S. 41.
512 Information Philosophie 20 (1992), Heft 5, S. 74.
513 Information Philosophie 25 (1997), Heft 1, S. 129.
514 Information Philosophie 25 (1997), Heft 3, S. 79.
515 Information Philosophie 14 (1986), Heft 5, S. 70.
516 Information Philosophie 18 (1990), Heft 4, S. 93 (nach Rolf F. Schütt).
517 Information Philosophie 20 (1992), Heft 5, S. 60.
518 Information Philosophie 26 (1998), Heft 2, S. 43.

519 Goethe/Schiller, Xenien.

520 Nachzulesen in: Martin 1969, S. 66–76.

521 Erschienen in: Kant-Studien 9 (1904), S. 1–3.

522 In: Sepp 1988, S. 240 f.

523 Rosenkranz 1969, S. 386.

524 Weischedel 1974, S. 45 f.

525 Augustinus 1950, S. 310.

526 Schleiermacher 1883, S. 38 (Lösung: Christkind); Bolli 1968, S. 287.

527 Schleiermacher 1883, S. 43 (Lösung: Verschieden); Bolli 1968, S. 287.

528 Schleiermacher 1883, S. 16 (Lösung: Weinglas).

529 Schleiermacher 1883, S. 28 (Lösung: Spitzbube).

530 Schleiermacher 1883, S. 30 (Lösung: Taschendieb).

531 Schleiermacher 1883, S. 35 (Lösung: Trauring).

532 Schleiermacher 1883, S. 46 (Lösung: Vergeben).

533 Schleiermacher 1883, S. 47 (Lösung: Vielleicht).

534 Schleiermacher 1883, S. 58 (Lösung: Futteral).

535 Schleiermacher 1883, S. 59 (Lösung: Zufrieden).

536 Köhler 1997, S. 185.

537 Diogenes Laertius 1967, III 5 (= S. 151).

538 Hoffmeister 1957, S. 201.

539 Information Philosophie 24 (1996), Heft 5, S. 93.

540 Fink-Henseler 1983, S. 76.

541 Fink-Henseler 1983, S. 76.

542 Schmitz 1992, S. 24.

543 Fink-Henseler 1983, S. 77 f.

544 Hoffmeister 1957, S. 205.

545 Henscheid 1983, S. 110.

546 Fink-Henseler 1983, S. 72.

547 Russell 1973, S. 39.

548 Henscheid 1983, S. 47.

549 Henscheid 1983, S. 68.

550 Henscheid 1983, S. 47.

551 Henscheid 1983, S. 57.

552 Henscheid 1983, S. 65.

553 Henscheid 1983, S. 65.

554 Borchardt 1980, S. 635 f.; Information Philosophie 16 (1988), Heft 4, S. 26.

555 Russell 1973 b, S. 186 ff.

556 FAZ v. 1. 4. 1995, Nr. 78, S. 27.

Kurzbiographien

Vorbemerkung:

Aufgenommen sind alle Personen, die in den Anekdoten als Philosophen behandelt wurden; andere Persönlichkeiten wie z. B. Gladstone werden nicht erwähnt.

Alle Angaben sind nach bestem Wissen und Gewissen, aber unvermeidbar subjektiv zusammengestellt; Vollständigkeit ist nicht angestrebt. In einigen wenigen Fällen waren einzelne Daten nicht oder nur ungenau zu ermitteln. Die Quellen der Angaben werden im Editorischen Anhang genannt.

Adickes, Erich (1866–1926), * Lesum (b. Bremen), † Tübingen; Professor für Philosophie in Münster (ab 1902) und Tübingen (ab 1904), Kant-Forscher

Adorno, Theodor W. (1903–1969), * Frankfurt am Main, † Visp (Wallis); Philosoph und Soziologe, nach Exiljahren in den Vereinigten Staaten ab 1949 Hochschuldozent in Frankfurt am Main, ab 1951 dort Leiter des Instituts für Sozialforschung und ab 1956 ordentlicher Professor für Philosophie und Soziologie

Albertus Magnus (1206–1280), * Lauingen, † Köln; Lehrer an der Dominikaner-Universität in Köln (u. a. von Thomas von Aquin); umfassender Gelehrter des Mittelalters, der seine Überlegungen stark an Aristoteles anschloß

Anaxagoras (um 500–428), * Klazomenai (Kleinasien), † Lampsakos; griechischer Philosoph, Astronom und Mathematiker aus Kleinasien; Lehrtätigkeit in Athen bis zur Vertreibung wegen des Vorwurfs der Gottlosigkeit

Anaximenes (um 585–525 v. Chr.); aus Milet stammender griechischer Naturphilosoph

Anaximines von Lampsakos (um 350 v. Chr.); griechischer Rhetor und Historiker; Schüler von Diogenes von Sinope und später einer der Lehrer Alexanders des Großen

Anscombe, Gertrude Elizabeth Margaret (* 1919); Schülerin von Wittgenstein und bedeutende Wittgenstein-Forscherin; ab 1946 Research Fellow in Oxford, seit 1970 Professorin für Philosophie in Cambridge (GB)

Antisthenes von Athen (444–368 v. Chr.); griechischer Philosoph; Schüler u. a. der Sophisten Hippias und Gorgias, später enger Vertrauter von Sokrates; Zeitgenosse des Diogenes von Sinope und Mitbegründer des Kynismus

Archelaos von Athen (480–410 v. Chr.); griechischer Philosoph aus Kleinasien; Schüler des Anaxagoras, dessen Lehren er weiterentwickelte; soll angeblich später ein Lehrer von Sokrates gewesen sein

Aristipp von Kyrene d. Ä. (ca. 425–355 v. Chr.); griechischer Philosoph aus Nordafrika, der kurze Zeit zu den Schülern des Sokrates zählte und sich dann als Wanderlehrer (u. a. am Hof in Syracus) verdingte; Gründer der Schule der Kyrenaiker

Aristoteles (384/83–322/21 v. Chr.), * Stageira, † Chalkis (Insel Euböa); einer der bedeutendsten griechischen Philosophen der Antike; lebte für eine Weile in der Schule Platons, ohne aber Platoniker zu werden; für einige Jah-

re Erzieher Alexanders des Großen; gründete 335 die Schule der Peripatetiker in Athen

Augustinus (354–430), * Tagaste (Numidien), † Hippo Regius (b. Karthago);
Philosoph und einer der einflußreichsten mittelalterlichen Kirchenväter
(Hauptwerk u. a. „De civitate Dei", „Confessiones")

Ayer, Alfred (1910–1989), * London, † London; Studium in Oxford und Wien
(dort frühe Berührung mit dem logischen Positivismus); Rückkehr nach
England 1933 als Dozent für Philosophie in Oxford; ab 1946 Professor für
Philosophie in London und ab 1959 in Oxford; bedeutende Arbeiten zur
Entwicklung der analytischen Philosophie

Baumgartner, Matthias (1865–1933); ab 1897 ordentlicher Professor für Philosophie in Freiburg i.Br, ab 1901 in Breslau; renommierter Erforscher der
Philosophie des Mittelalters

Baumgartner, Hans Michael (1933–1999), * München, † Bonn; Professor für
Philosophie in Münster, Gießen und Bonn (ab 1984); wichtige Arbeiten zur
Transzendentalphilosophie

Bergson, Henri (1859–1941), * Paris, † Paris; Professor für Philosophie am
Collège de France (ab 1900); Mitglied der französischen Akademie (ab
1914); 1928 Nobelpreis für Literatur; prägte die französische Philosophie
des 20. Jahrhunderts entscheidend mit

Bias von Priene (um 570 v. Chr.); griechischer Staatsmann; gilt als einer der
„Sieben Weisen" des Altertums

Bloch, Ernst (1885–1977), * Ludwigshafen, † Tübingen; gilt als marxistischer
Philosoph; Professor für Philosophie in Leipzig, ab 1961 in Tübingen; eines
seiner bekanntesten Werke ist „Das Prinzip Hoffnung" (1954)

Blumenberg, Hans (1920–1996), * Lübeck, † Münster; Professor für Philosophie in Hamburg (ab 1958), Gießen (ab 1960), Bochum (ab 1965), Münster
(ab 1970) und philosophischer Schriftsteller; Veröffentlichungen zur Gei-
stes- und Kulturphilosophie sowie zur Philosophie der Renaissance und
Neuzeit

Bocheński, Josef (1902–1995), * Czuszow (Polen), † Fribourg; Dominikaner-
priester (seit 1927); Lehrtätigkeit in Rom und Krakau; ab 1945 zunächst außerordentlicher, ab 1948 ordentlicher Professor in Fribourg (Schweiz); bedeutende Arbeiten zur philosophischen Logik

Bollnow, Otto Friedrich (1903–1991), * Stettin, † Tübingen; Professor für
Philosophie und Pädagogik in Tübingen (seit 1953); bedeutende Schriften
zur Existenzphilosophie und zur Hermeneutik

Brentano, Franz (1838–1917), * Marienberg (b. Boppard a. Rhein), † Zürich;
katholischer Priester (ab 1864); 1872 Professur für Philosophie in Würzburg, die er 1873 wegen Glaubenszweifeln wieder abgab und aus dem Prie-
sterstand austrat; 1874 Professur für Philosophie in Wien (bis 1880, dann
Rückzug ins Privatleben); Schriften u. a. zur Ethik und zur Psychologie

Carnap, Rudolf (1891–1970), * Ronsdorf (b. Wuppertal), † Los Angeles; zu-
nächst Philosophiedozent in Wien (1931) und Mitglied des Wiener Kreises;
Professor für Naturphilosophie in Prag (ab 1931). Aufgrund des National-
sozialismus ging Carnap 1936 in die Vereinigten Staaten; nach mehreren
Professuren an verschiedenen Universitäten blieb er schließlich 1954 als
Professor an der Universität von Kalifornien in Los Angeles; bedeutende

Arbeiten zur Logik und zur Sprachphilosophie (u. a. „Der logische Aufbau der Welt", 1928; „Bedeutung und Notwendigkeit", 1947)

Cassirer, Ernst (1874–1945), * Breslau, † New York; von 1919–1933 Professur für Philosophie in Hamburg; 1933–1935 Emigration nach Oxford, Göteborg und dann in die Vereinigten Staaten (1941), wo er erst an der Universität Yale, dann an der Columbia-Universität in New York als Professor für Philosophie lehrte; Neukantianer (Veröffentlichungen u. a. „Idee und Gestalt", 1921; „Was ist der Mensch?", 1944)

Cicero, Marcus Tullius (106–43 v. Chr.), * Arpinum (Latium), † Formiae; römischer Politiker, Rhetor und Philosoph; machte die römische Denkwelt mit der griechischen Philosophie bekannt

Cohen, Hermann (1842–1918), * Coswig, † Berlin; von 1876–1912 Professur für Philosophie in Marburg; nach seiner Befreiung vom Lehramt siedelt er 1912 nach Berlin über, um dort als Lehrbeauftragter an der Universität und als philosophischer Schriftsteller zu arbeiten; begründete zusammen mit Paul Natorp die Marburger Schule des Neukantianismus; Schriften u. a. zur Erkenntnistheorie („Logik der reinen Erkenntnis", 1902)

Cornelius, Hans (1863–1947), * München, † Frankfurt am Main; nach Studium von Mathematik und Physik Promotion in Chemie; 1984 habilitiert für Philosophie in München, 1903 ordentlicher Professor für Philosophie in München, 1910 in Frankfurt am Main; Arbeiten u. a. zur Logik und zur Kunstphilosophie

Crates → Krates

D'Alembert, Jean (1717–1783), * Paris, † Paris: französischer Naturwissenschaftler, gemeinsam mit Diderot Herausgeber der „Encyclopédie ou dictionnaire raisonné des sciences, des arts et des métiers", für die u. a. Rousseau und Voltaire als Mitarbeiter gewonnen wurden

Demokrit (460–371 v. Chr.), * Abdera, † Abdera; bedeutender griechischer Philosoph aus Thrakien; Schüler des Leukipp; Begründer des Atomismus

Demonax (um 150 v. Chr.); griechischer Philosoph und Kyniker aus Kypros; allerdings ist es fraglich, ob er wirklich gelebt hat oder der Dichter Lukian nicht einige Geschichten gesammelt und einer fingierten Person namens Demonax untergeschoben hat

Descartes, René (1595–1650), * Le Haye, † Stockholm; französischer Philosoph, Mathematiker und Naturwissenschaftler

Dessoir, Max (1867–1947), * Berlin, † Königstein (Taunus); nach Promotion als Mediziner Habilitation für Philosophie; 1920 ordentlicher Professor für Philosophie in Berlin; Schriften u. a. zur Ästhetik

Diderot, Denis (1713–1784), * Langes, † Paris; bedeutender Philosoph der Aufklärung, Kunstkritiker, Mathematiker und Dramatiker; zusammen mit d'Alembert Herausgeber der „Encyclopédie ou dictionnaire raisonné des sciences, des arts et des métiers"

Diodoros Kronos (um 300 v. Chr.); griechischer Philosoph und Dialektiker aus Kleinasien; steht in der Nachfolge des Zenon von Elea

Dilthey, Wilhelm (1833–1911), * Biebrich (Rheinland), † Seis (b. Bozen); 1866 ordentlicher Professor für Philosophie in Basel, ab 1868 in Kiel, ab 1871 in Breslau und ab 1882 in Berlin; wichtige Schriften u. a. zur Begründung des Begriffs der „Geisteswissenschaften" und zur Hermeneutik

Diogenes von Sinope (412–323 v. Chr.), * Sinope (Kleinasien), † Korinth; Schüler des Antisthenes; Diogenes ist zum Prototyp einer kynischen Lebenseinstellung geworden

Ebbinghaus, Julius (1885–1981), * Berlin, † Marburg; Sohn des Psychologen Hermann Ebbinghaus; ab 1930 Professor für Philosophie in Marburg; zahlreiche Arbeiten zur kantianischen Rechts- und Staatsphilosophie

Einstein, Albert (1879–1955), * Ulm, † Princeton; Naturwissenschaftler und Physiker; 1921 Nobelpreis für Physik (für die Entdeckung des photoelektrischen Effekts, nicht für seine Relativitätstheorie); seine Arbeiten haben die moderne Philosophie entscheidend beeinflußt

Engels, Friedrich (1820–1895), * Barmen, † London; Politik- und Sozialphilosoph; begründete zusammen mit Karl Marx den sogenannten dialektischen Materialismus

Erdmann, Benno (1851–1921), * Guhrau (b. Glomberg), † Berlin; 1879 ordentlicher Professor für Philosophie in Kiel, Breslau (ab 1884), Halle (ab 1890), Bonn (ab 1898) und Berlin (ab 1909); Schriften zur Erkenntnistheorie und Psychologie

Eucken, Rudolf (1846–1926), * Aurich, † Jena; 1871 ordentlicher Philosophieprofessor in Basel, ab 1874 in Jena; Nobelpreis für Literatur 1908; Vertreter einer idealistischen Philosophie des Geistes

Feigl, Herbert (1902–1988); nach dem Studium der Mathematik, Physik, Chemie und Astronomie Schüler von Schlick und Mitglied des Wiener Kreises; Promotion 1929; 1931 Umzug in die Vereinigten Staaten; besonderes Verdienst Feigls ist es, die Gedanken des Wiener Kreises in den Vereinigten Staaten verbreitet zu haben

Feuerbach, Ludwig (1804–1872), * Landshut, † Rechenberg (b. Nürnberg); Onkel des Malers Anselm Feuerbach; Schüler Hegels; 1828 für Philosophie habilitiert; nach Enttarnung einer anonym herausgegebenen Schrift „Gedanken über Tod und Unsterblichkeit" zur Aufgabe seiner wissenschaftlichen Karriere gezwungen; lebte in der Folgezeit als philosophischer Schriftsteller und hielt gelegentlich philosophische Vorlesungen in Heidelberg; philosophische Schriften in der Nachfolge Hegels

Feyerabend, Paul (1922–1994), * Wien, † Genolier (Schweiz); 1958 Gastprofessor und ab 1959 ordentlicher Professor in Berkeley; etliche Gastprofessuren (Minneapolis, Auckland, Berlin, London, Yale, Brighton, Kassel); seit 1980 auch eine ordentliche Professur in Zürich; moderner Wissenschaftstheoretiker; seine bekannteste und wirksamste Schrift ist „Against Method" (Wider den Methodenzwang, 1975)

Fichte, Johann Gottlieb (1762–1814), * Rammenau, † Berlin; Professor für Philosophie in Jena (1794), 1799 in den sogenannten Atheismusstreit verwickelt und Fortgang nach Berlin; 1805 Professor in Erlangen für ein Semester, dann in Königsberg (1806) und schließlich in Berlin (ab 1807); wirkte mit an der Gründung der Berliner Universität und wurde ihr erster gewählter Rektor; einer der bedeutendsten Vertreter des deutschen Idealismus

Fischer, Kuno (1828–1907), * Sandewalde (Schlesien), † Heidelberg; 1850 Habilitation in Philosophie; 1853 Entzug der venia legendi (= wissenschaftliche Lehrbefugnis); ein neues Habilitationsverfahren 1855 in Berlin führte zu

Schwierigkeiten; 1856 dann Annahme einer Professur in Jena; 1872 schließlich ordentlicher Professor in Heidelberg; Schüler Windelbands; wichtige Arbeiten u. a. zur Geschichte der Philosophie und zu Kant

Fromm, Erich (1900–1980), * Frankfurt am Main, † Muralto (Schweiz); Psychoanalytiker und Kulturphilosoph; Hauptwerke u. a. „Haben oder Sein" (1976); „Die Kunst des Liebens" (1956)

Gadamer, Hans-Georg (* 1900 in Marburg); 1939 Professor für Philosophie in Leipzig, 1947–1949 in Frankfurt a. M., ab 1949 in Heidelberg bis zur Emeritierung; bedeutende Schriften zur philosophischen Hermeneutik und zur griechischen Philosophie; Hauptwerk „Wahrheit und Methode" (1960)

Gans, Eduard (1798–1839), * Berlin, † Berlin; Schüler Hegels; 1820 habilitiert in Jura, ab 1829 ordentlicher Professor für Rechtswissenschaft in Berlin

Ghasali, Abu Hamid (1058–1111), * Tus, † Tus; Lehrer in Bagdad, später in Syrien; islamischer Mystiker und Philosoph, der erkenntnistheoretischen Skeptizismus mit neuplatonischen Momenten verband

Grassi, Ernesto (1902–1991), * Mailand, † München; ab 1948 ordentlicher Professor für Philosophie in München; Neubegründer einer humanistischen Auffassung des Menschen und Verfasser kulturphilosophischer Schriften

Habermas, Jürgen (* 1929 in Frankfurt am Main); 1964 ordentlicher Professor für Philosophie und Soziologie in Frankfurt a. M., seit 1971 Direktor des Max-Planck-Instituts zur Erforschung der Lebensbedingungen der wissenschaftlich-technischen Welt in Starnberg; 1982 Professor für Soziologie und Philosophie in Frankfurt a. M.; zahlreiche Auszeichnungen im In- und Ausland; bedeutender Philosoph und Soziologe der Gegenwart

Hartmann, Nicolai (1882–1959), * Riga, † Göttingen; Schüler von Cohen und Natorp; 1922 ordentlicher Professor für Philosophie in Marburg, 1925 in Köln, 1931 in Berlin und 1945 in Göttingen; zahlreiche Arbeiten u. a. zur Erkenntnistheorie, Ontologie und Ethik

Hegel, Georg Wilhelm Friedrich (1770–1831), * Stuttgart, † Berlin; nach der Habilitation 1801 Redakteur der Bamberger Zeitung und ab 1808 Gymnasialdirektor in Nürnberg; 1801–1807 Professor für Philosophie in Jena, 1816–1818 in Heidelberg und ab 1818 in Berlin; prominentester Vertreter der Philosophie des deutschen Idealismus

Heidegger, Martin (1889–1976), * Meßkirch, † Freiburg i. Br.; Schüler Edmund Husserls; 1923 ordentlicher Professor für Philosophie in Marburg, ab 1928 in Freiburg; 1945 Lehrverbot (aufgehoben 1951); nach der Emeritierung 1952 umfangreiche Vortragstätigkeit und Weiterentwicklung seines fundamentalontologischen Ansatzes; gilt als einer der bedeutendsten Philosophen des 20. Jahrhunderts; Hauptwerk u. a. „Sein und Zeit" (1927)

Heisenberg, Werner (1901–1976), * Würzburg. † München; Professor für Physik in Leipzig, Berlin, Göttingen; bis 1971 Direktor des Max-Planck-Instituts für Physik und Astrophysik; gilt als Begründer der Quantenmechanik, die das philosophische Denken des 20. Jahrhunderts stark beeinflußt hat

Hensel, Paul (1860–1930) * Groß-Barthen (b. Königsberg), † Erlangen; Schüler von Riehl und Windelband; 1897 ordentlicher Philosophieprofessor in Straßburg, 1902 in Erlangen; Schriften zur Ethik, zur Geschichte der Philosophie und zur Philosophie der Dichtung

Heraklit (um 550–480); griechischer Philosoph aus Ephesos; gilt als einer der bedeutenden vorsokratischen Denker; von seinen Schriften sind nur Fragmente überliefert, die ihres Tiefsinns wegen als „dunkel" gelten

Herz, Markus (1747–1803), * Berlin, † Berlin; Arzt und Philosoph; wichtiger Briefwechsel mit Kant

Hölderlin, Friedrich (1770–1843), * Lauffen (a. Neckar), † Tübingen; Studienfreund von Hegel und Schelling, Dichter der Romantik; Mitverfasser des ältesten Systemfragments des deutschen Idealismus

Hönigswald, Richard (1875–1947), * Altenburg (Ungarn), † New York; Promotion zum Dr. med 1902 in Wien, zum Dr. phil. 1904 in Halle; 1906 Habilitation für Philosophie in Breslau; 1919 ordentlicher Professor in Breslau, 1930 in München; wegen jüdischer Abstammung 1938 im KZ Dachau inhaftiert, dann 1939 Emigration in die Vereinigten Staaten; Neukantianer, ohne sich einer der herrschenden Richtungen dieser Schule zuzuordnen

Horster, Detlef (* 1942 in Krefeld); Lehrtätigkeit in Kassel, Utrecht und Berlin; seit 1981 Professor für Sozialphilosophie in Hannover

Horkheimer, Max (1895–1973), * Stuttgart, † Nürnberg; 1926–1930 Philosophiedozent in Frankfurt a. M.; 1933 Emigration in die Schweiz, danach in die Vereinigten Staaten; ab 1949 Professur für Philosophie in Frankfurt a. M.; Kulturphilosoph und zusammen mit Adorno Begründer der „Frankfurter Schule"

Hume, David (1711–1776), * Edinburgh, † Edinburgh; nach Jura-Studium private philosophisch-schriftstellerische Tätigkeit; für eine Professur in Edinburgh wurde er übergangen; danach Hauslehrer, Sekretär; nach einer weiteren fehlgeschlagenen Bewerbung in Edinburgh Bibliothekar, dann Arbeit in der schottischen Botschaft in Paris, schließlich Verleihung eines wichtigen Verwaltungsamts; Verfasser geschichtswissenschaftlicher und kulturkritischer Studien sowie philosophischer Werke; gilt als einer der wichtigsten Philosophen der englischen Aufklärung; philosophische Hauptwerke u. a. „Eine Untersuchung über den menschlichen Verstand" (1748), „Dialoge über natürliche Religion" (1779)

Husserl, Edmund (1859–1938), * Prossnitz (Mähren), † Freiburg i. Br.; ordentlicher Professor für Philosophie in Göttingen 1906, 1916–1928 in Freiburg; bedeutender Vertreter der Phänomenologie; Hauptwerke u. a. „Logische Untersuchungen" (1900), „Cartesianische Meditationen" (1931), „Die Krisis der europäischen Wissenschaft und die transzendentale Phänomenologie" (1936)

Isokrates (436–338 v. Chr.); Rhetor und Philosoph aus Athen; Schüler der Sophisten Gorgias und Prodikos; Begründer einer eigenen rhetorischen Schule

Jaspers, Karl (1883–1969), * Oldenburg, † Basel; 1916–1921 außerordentlicher Professor für Psychiatrie in Heidelberg, 1921–1937 und ab 1945 Professor der Philosophie in Heidelberg; seit 1948 in Basel; bedeutende Beiträge zur Existenzphilosophie, auch zur Pädagogik; wichtige Werke u. a. „Die Idee der Universität" (1932); „Existenzphilosophie" (1938), „Die großen Philosophen" (1957)

Kainz, Friedrich (1897–1977), * Wien, † Wien; Professor für Philosophie in Wien; Beiträge zur Sprach- und zur Kulturphilosophie

Kant, Immanuel (1724–1804), * Königsberg, † Königsberg; ab 1756 Privatdozent für Philosophie; ab 1770 ordentlicher Professor für Logik und Metaphysik in Königsberg; gilt als Begründer der Transzendentalphilosophie

Klibansky, Raymond (* 1905 in Paris), nach der Promotion bei Rickert Emigration nach England; dort Erlangung einer Dozentur und dann in Oxford einer Professur am Wolfson College bis zur Emeritierung; Herausgeber u. a. des Corpus Platonicum, der Werke von Meister Eckart und von Nicolaus von Cues; internationale Vortragsreisen und Tätigkeit für die Unesco

Krates von Theben (um 328 v. Chr.); Schüler des Diogenes von Sinope

Krings, Hermann (* 1913 in Aachen), 1960–1968 ordentlicher Professor in Saarbrücken, ab 1968 in München; wesentliche Beiträge u. a. zur transzendentalen Logik

Kroner, Richard (1884–1974), * Breslau, † Mammern (Schweiz); ordentlicher Professor für Philosophie 1924 in Dresden, 1929 in Kiel, 1934 in Frankfurt a. M.; Zwangsemeritierung 1935 durch die Nationalsozialisten und Emigration nach England (1938) und von dort in die Vereinigten Staaten; nach einigen Jahren Professor für Religionsphilosophie an der Temple University in Philadelphia; wichtiges Werk u. a. „Von Kant bis Hegel" (1921)

Lakatos, Imre (1922–1974), * Budapest, † London; seit 1969 Professor für Philosophie an der London University, ab 1971 auch noch in Boston; gilt als einer der einflußreichsten Wissenschaftstheoretiker des 20. Jahrhunderts

Landmann, Michael (1913–1984), * Basel, † Haifa; nach Rückkehr aus dem Exil in der Schweiz Habilitation für Philosophie 1949 bei Bollnow; 1951 außerordentlicher Professor, 1959 ordentlicher Professor an der Freien Universität Berlin; viele kulturphilosophische und anthropologische Schriften

Lask, Emil (1875–1915), * Wadowice, † Galizien (gefallen); Schüler Windelbands; Nachfolger in Heidelberg für die lange unbesetzt gebliebene Professur Kuno Fischers; Neukantianer

Lasson, Adolf (1832–1917), * Altstrelitz, † Berlin; nach Tätigkeit als Gymnasiallehrer Habilitation in Philosophie 1877; 1897 ordentlicher Professor in Berlin; gilt als Hegelianer

Leibniz, Gottfried Wilhelm (1646–1716), * Leipzig, † Hannover; Philosoph, Mathematiker, Naturwissenschaftler, Rechtsgelehrter, Diplomat und Historiker; gilt als der letzte große Universalgelehrte Europas

Lenk, Hans (* 1935 in Berlin); seit 1969 Professor für Philosophie in Karlsruhe; Beiträge zur Wissenschaftstheorie, zur analytischen und zur Sozialphilosophie

Levinas, Emmanuel (1906–1995), * Kaunas (Litauen), † Paris; Studium u. a. bei Husserl und Heidegger in Freiburg i. Br.; Arbeit als Lehrer; 1946 Direktor der École Normale Israélite Orientale; 1962 Professor für Philosophie an der Universität Paris-Nanterre; 1973 Wechsel in das Professorenamt an der Sorbonne; bedeutender Philosoph des 20. Jahrhunderts mit den Schwerpunkten Religionsphilosophie, Ethik und Phänomenologie

Litt, Theodor (1880–1962), * Düsseldorf, † Bonn; Professor für Philosophie in Bonn (1919–1920), Leipzig (1920–1937 und 1945–1947), ab 1947 in Bonn; wichtige kulturphilosophische und pädagogische Schriften, z. B. „Führen oder Wachsenlassen" (1927), „Das Bildungsideal der deutschen Klassik" (1955)

Lorenzen, Paul (1915–1994) * Kiel, † Göttingen; 1946 in Mathematik habilitiert; Gastdozent in Cambridge (GB); Professor für Mathematik und Geschichte der Mathematik in Bonn (1949–1956) und Kiel (1956–1962); ab 1962 Professor für Philosophie in Erlangen; wichtige Beiträge zur modernen Logik und zur Wissenschaftstheorie

Lotze, Hermann (1817–1881), * Bautzen, † Berlin; 1838 gleichzeitig Dr. med. und Dr. phil.; 1839 Habilitation in Medizin und 1840 in Philosophie; ordentlicher Professor für Philosophie in Göttingen (ab 1842), 1881 in Berlin; Beiträge zur Verbindung von Metaphysik und Naturwissenschaften bzw. Medizin

Löwith, Karl (1897–1973), * München, † Heidelberg; Student von Husserl und Heidegger; 1928 Habilitation in Philosophie; 1934 zur Emigration gezwungen; lebte in Italien, Japan und den Vereinigten Staaten; 1952 Rückkehr nach Deutschland als Professor für Philosophie in Heidelberg; Beiträge zur modernen Philosophie und zur Philosophiegeschichte (u. a. „Von Hegel bis Nietzsche", 1941)

Luhmann, Niklas (* 1927–1998), * Lüneburg, † Oerlinghausen; seit 1968 Professor für Soziologie in Bielefeld; einer der bedeutendsten Soziologen der Gegenwart, dessen Schriften auf Nachbarwissenschaften wie Philosophie und Pädagogik stark gewirkt haben (z. B. „Soziologische Aufklärung", 1970, „Die Wissenschaft von der Gesellschaft", 1990)

Lukács, Georg (1885–1971), * Budapest, † Budapest; seit 1945 Professor für Philosophie in Budapest; zahlreiche kultur- und sozialphilosophische Beiträge und politische Schriften

Lützeler, Heinrich (1902–1988), * Bonn, † Bonn; Habilitation 1930 in Philosophie und Dozent bis 1939; zwischen 1940 und 1945 von den Nationalsozialisten mit Rede- und Schreibverbot belegt; ab 1946 Professor für Kunstgeschichte und -philosophie in Bonn

Marcuse, Herbert (1898–1979), * Berlin, † Starnberg; 1954 Professor an der Brandeis University, ab 1965 in San Diego; gilt als marxistischer Philosoph im Umkreis der Frankfurter Schule

Marcuse, Ludwig (1894–1971), * Berlin, † München; als Jude 1933 emigriert und Umzug in die Vereinigten Staaten; 1944 amerikanischer Staatsbürger; Mitte der 50er Jahre Professor für Philosophie und deutsche Literatur in Los Angeles; 1963 nach der Emeritierung Rückkehr nach Deutschland; zahlreiche philosophisch-literarische Schriften

Maier, Heinrich (1867–1933), * Heidenheim, † Berlin; Professor für Philosophie 1900 in Zürich, 1902 in Tübingen, 1911 in Göttingen, 1918 in Heidelberg, 1922 in Berlin; Mitglied der Akademien in Berlin, Göttingen, Heidelberg und Kopenhagen; zahlreiche Schriften zur Logik, Erkenntnistheorie und Naturwissenschaft

Marquard, Odo (* 1928 in Stolp), seit 1965 Professor für Philosophie in Gießen; 1985–1987 Präsident der Allgemeinen Gesellschaft für Philosophie in Deutschland; vertritt einen skeptischen Standpunkt, den er in literarisch glanzvollen Schriften entfaltet (z. B. „Abschied vom Prinzipiellen", 1981)

Mauthner, Fritz (1849–1923), * Horschitz (Böhmen), † Meersburg; Sprachphilosoph, Schriftsteller und Literaturkritiker

Menedemos (350–276 v. Chr.); griechischer Philosoph; Vertreter der epikureischen Schule; gilt als letzter Kyniker

Mill, John Stuart (1806–1873), * London, † Avignon; bedeutender englischer Philosoph und philosophischer Schriftsteller, der nie an einer Universität lehrte, aber großen Einfluß auf die englische Universitätsphilosophie hatte; wichtige Werke zur Logik und Ethik bzw. zum Utilitarismus

Montesqieu, Charles de Secondat (1689–1755), * Bredé (b. Bordeaux), † Paris; französischer Jurist und Philosoph

Moore, George Edward (1873–1958), * London, † Cambridge (GB); 1911 Dozent für Philosophie in Cambridge, seit 1925 dort Professor bis zur Emeritierung; wichtige Beiträge zur mathematischen Logik

Natorp, Paul (1854–1924), * Düsseldorf, † Marburg; 1885 außerordentlicher, 1892 ordentlicher Professor der Philosophie in Marburg; begründete zusammen mit Cohen die Marburger Schule des Neukantianismus; Hauptwerke u. a. „Platos Ideenlehre" (1903), „Philosophie. Ihr Problem und ihre Probleme" (1911)

Nelson, Leonard (1882–1927), * Berlin, † Göttingen; seit 1919 Professor für Philosophie in Göttingen; von Kant beeinflußte Schriften zur Ethik, Erkenntnistheorie, Politik und Rechtslehre

Neurath, Otto (1882–1945), * Wien, † Oxford; Studium von Nationalökonomie, Geschichte und Philosophie in Berlin und Wien; Promotion 1906; Habilitation 1917 in Heidelberg über Kriegswirtschaftslehre; nach dem Ersten Weltkrieg arbeitet er in München als Beamter der Räterepublik und hat die Aufgabe, die Sozialisierung der Ökonomie voranzubringen; nach Zerschlagung der Räterepublik wird er zu vierzig Tagen Gefängnis verurteilt und dann nach Österreich ausgewiesen; bis 1934 ist Neurath Mitglied des Wiener Kreises; Mitte der 30er Jahre flieht er vor den Nationalsozialisten zunächst nach Holland, dann nach England

Nietzsche, Friedrich (1844–1900), * Röcken (Sachsen), † Weimar; bedeutender Kulturphilosoph des 19. Jahrhunderts

Nohl, Herman (1879–1960), * Berlin, † Göttingen; Professor für Philosophie und Pädagogik in Göttingen ab 1920; kulturphilosophische, ästhetische, pädagogische Schriften (z. B. „Die pädagogische Bewegung in Deutschland und ihre Theorie", 1933)

Otto, Walter F. (1874–1958), * Hechingen, † Tübingen; klassischer Philologe und Philosoph; bedeutende Schriften zur Erforschung der Antike (z. B. „Die Götter Griechenlands", 1929)

Pascal, Blaise (1623–1662), * Clermont, † Paris; französischer Mystiker, Mathematiker und Philosoph

Pieper, Annemarie (* 1941 in Düsseldorf), seit 1981 Professorin für Philosophie in Basel (auf dem Lehrstuhl von Karl Jaspers); ethische, transzendentalphilosophische und existenzphilosophische Schriften

Plessner, Helmuth (1892–1985), * Wiesbaden, † Göttingen; 1933 Flucht aus Deutschland; 1952 Rückkehr nach Deutschland und Professor für Soziologie in Göttingen; wichtige Beiträge zur philosophischen Anthropologie (z. B. „Die Stufen des Organischen und der Mensch", 1928)

Platon (427–347 v. Chr.), * Athen, † Athen; griechischer Philosoph; Schüler des Sokrates; drei Reisen nach Sizilien (u. a. zu Dionysios, dem Tyrannen von Syracus); um 385 Gründung einer eigenen Schule, der sogenannten „Akademie"; einer der bedeutendsten Denker der Philosophiegeschichte überhaupt

Plotin (um 203–270), * Lykopolis, † Minturnae; in seiner Heimat Ägypten wurde er Schüler des Ammonios Sakkas bis 242; Teilnahme am Persienfeldzug des Kaisers Gordian; Übersiedlung nach Rom und Gründung einer philosophischen Schule; gilt als einer der einflußreichsten Vertreter des Neuplatonismus

Popper, Karl Raimund (1902–1994), * Wien, † Kenley (b. London); frühe Begegnungen mit den Vertretern des Wiener Kreises; 1937 Emigration nach Neuseeland und dort Professor für Philosophie; 1949 ordentlicher Professor für Logik und Wissenschaftsmethodologie an der London School of Economics; zahlreiche internationale Auszeichnungen; einflußreiche Schriften zur Wissenschaftstheorie (z. B. „Logik der Forschung", 1935)

Protagoras (480–410 v. Chr.), * Abdera, † auf der Flucht aus Athen; sogenannter umherziehender Sophist; Bekanntschaft mit Perikles, auf dessen Vorschlag er für eine Kolonie eine Verfassung erarbeitete; zum Ende seines Lebens soll er der Gottlosigkeit angeklagt und zur Verbannung verurteilt worden sein; gilt (u. a. mit seinem „Homo-mensura"-Satz vom Menschen als Maß aller Dinge) als einer der bedeutendsten Vertreter der Sophistik

Reichenbach, Hans (1893–1951), * Hamburg, † Los Angeles; Professor für Philosophie in Berlin ab 1926, Istanbul ab 1933, seit 1938 in Los Angeles; gilt als Neupositivist

Rickert, Heinrich (1863–1936), * Danzig, † Heidelberg; 1896 ordentlicher Professor der Philosophie in Freiburg i. Br., dann ab 1916 in Heidelberg als Nachfolger Kuno Fischers; gilt als Begründer der südwestdeutschen Schule des Neukantianismus

Riehl, Alois (1844–1924), * Bozen, † Neubabelsberg; nach Studium zunächst Gymnasiallehrer, dann Habilitation 1870, 1878 ordentlicher Professor in Graz, ab 1882 in Freiburg i. Br., ab 1896 in Kiel, ab 1898 in Halle und ab 1905 in Berlin; gilt als wichtiger Vertreter des Neukantianismus (Werke u. a. „Der philosophische Kritizismus und seine Bedeutung für die positive Wissenschaft", 1876)

Rothacker, Erich (1888–1965), * Pforzheim, † Bonn; seit 1928 ordentlicher Professor für Philosophie in Bonn; kulturphilosophische und kulturanthropologische Schriften (z. B. „Einleitung in die Geisteswissenschaft", 1920)

Rousseau, Jean-Jacques (1712–1778), * Genf, † Ermonville (b. Paris); wechselhaftes Leben als Musik- und Hauslehrer, Privatsekretär und Diplomat; wird 1762 wegen seines pädagogischen Werks „Emile oder über die Erziehung" in einen Atheismusskandal verwickelt und flieht in die Schweiz; 1766 Fahrt nach England zu Hume; 1767 Rückkehr nach Frankreich, wo er bis zu seinem Tod zurückgezogen lebt und seine Erinnerungen schreibt; enzyklopädisch interessierter Schriftsteller, Musiker, Theologe, Naturwissenschaftler und Philosoph (Werke u. a. „Der Gesellschaftsvertrag" 1762)

Russell, Bertrand (1872–1970), * Trellek (Wales), † Penrhyndendraeth (Wales); 1890 Aufnahme eines Studiums der Mathematik und Philosophie; zwischen 1895 und 1901 Fellow in Cambridge; Zusammenarbeit mit Whitehead an dessen Hauptwerk „Principia Mathematica" (um 1910); ab 1910 Dozent in

Cambridge (bis 1916); aufgrund seiner kritischen Einstellung gegenüber dem Kriegsdienst mehrere Monate Gefängnisaufenthalt; ab 1920 Niederschrift zahlreicher populärer Bücher u. a. zu physikalischen, moralischen, pädagogischen und ethischen Fragen; 1939 bis 1944 Professor für Philosophie in Los Angeles; Rückkehr nach Cambridge und Verleihung einer erneuten Fellowship (= Dozentur) auf Lebenszeit; 1950 Nobelpreis für Literatur

Sartre, Jean-Paul (1905–1980), * Paris, † Paris; war eine Weile Lehrer, hat aber niemals festangestellt an einer Universität gelehrt; die Einkünfte aus seinen philosophischen und literarischen Schriften (u. a. „Das Sein und das Nichts", 1943; „Die Mauer", 1939; „Die schmutzigen Hände", 1948) ermöglichten ihm ein unabhängiges Leben; gilt als einer der Begründer der französischen Existenzphilosophie

Scheler, Max (1874–1928), * München, † Frankfurt a. M.; 1919 ordentlicher Professor für Philosophie in Köln, ab 1928 in Frankfurt a. M.; wichtige kulturphilosophische und anthropologische Beiträge (z. B. „Die Stellung des Menschen im Kosmos", 1928)

Schelling, Friedrich Wilhelm (1775–1854), * Leonberg, † Bad Ragaz (Schweiz); 1798 außerordentlicher Professor für Philosophie in Jena, ab 1803 in Würzburg, ab 1806 München, 1841 Berlin; gilt als einer der wichtigsten Vertreter der deutschen idealistischen Philosophie

Schleiermacher, Friedrich Daniel Ernst (1768–1834), * Breslau, † Berlin; nach Theologiestudium zunächst Hauslehrer, Hilfsprediger in Landsberg an der Warthe und Prediger an der Berliner Charité; 1804 außerordentlicher Professor für Theologie und Philosophie in Halle, 1806 dort ordentlicher Professor; nach Schließung der Universität Halle 1809 Rückkehr nach Berlin an die Dreifaltigkeitskirche; 1810 ordentlicher Professor für Theologie in Berlin und zusätzliche Abhaltung philosophischer Vorlesungen

Schlick, Moritz (1882–1936), * Berlin, † Wien (ermordet); Professor für Philosophie in Rostock, Kiel, Berkeley (1931–32) und Wien; gilt als Begründer des Wiener Kreises

Schopenhauer, Arthur (1788–1860), * Danzig, † Frankfurt a. M.; Promotion 1813 in Jena; Habilitation 1820 in Berlin; bis 1832 Lehrer an der dortigen Universität; dann Rückzug ins Leben als Privatgelehrter und bis zu seinem Tod philosophischer Schriftsteller

Seneca (um 4–65), * Cordoba (Spanien), † Rom; Erzieher des Kaisers Nero; Rhetor, Politiker, Schriftsteller und Philosoph

Sextus Empiricus (um 200–250), griechischer Arzt und Philosoph; Vertreter eines antiken Skeptizismus (z. B. „Grundriß der pyrrhonischen Skepsis")

Simmel, Georg (1858–1918), * Berlin, † Straßburg; 1914 ordentlicher Professor in Straßburg; bedeutender Philosoph und Soziologe des 20. Jahrhunderts

Simonides von Keos d. Ältere (um 556 v. Chr.), * Iulis (Insel Keos), † Akragas (Sizilien); Verfasser zahlreicher lyrischer Werke; längerer Aufenthalt in Sizilien als Berater des Tyrannen Hieron

Skinner, Burrhus Frederic (1904–1990), * Sussquehenna, † Cambridge (Mass., USA); Hauptvertreter des Behaviorismus

Sokrates (469–399 v. Chr.), * Athen, † Athen; angeblich Sohn eines Steinmetzen und einer Hebamme; machte als Hoplit mehrere Feldzüge mit; einmal in seinem Leben war er Ratsherr und verteidigte vergeblich ein Gesetz gegen den Zorn des Volkes; verheiratet mit Xanthippe, mit der er angeblich drei Kinder hatte; als zu Lebzeiten stadtbekannte Persönlichkeit wurde er von Aristophanes in seiner Komödie „Die Wolken" verspottet; in einem Prozeß u. a. wegen Gottlosigkeit wurde er zum Tode verurteilt; Sokrates gilt als das Urbild des Philosophen überhaupt

Stein, Edith (1891–1942), * Breslau, † Auschwitz; konvertierte 1922 vom Judentum zum Katholizismus; Schülerin Husserls; schrieb eine Reihe phänomenologischer Texte; von den Nationalsozialisten verfolgt und umgebracht

Ströker, Elisabeth (* 1928 in Dortmund), seit 1971 Professorin für Philosophie in Köln; wichtige wissenschaftsphilosophische Beiträge

Stumpf, Carl (1848–1936), * Wiesentheid, † München; 1869–1870 Priester; 1873 ordentlicher Professor für Philosophie in Würzburg, 1879 in Prag, 1884 in Halle, 1889 in München, 1894 in Berlin; wichtige Schriften zur Psychologie und Erkenntnistheorie

Thales von Milet (625–545 v. Chr.); griechischer Naturphilosoph; Zeitgenosse des Solon; zahlreiche naturwissenschaftliche Reisen u. a. nach Ägypten zur Vermessung der Pyramiden; Voraussage einer Sonnenfinsternis; gilt als einer der Sieben Weisen der Antike und als der erste Philosoph des europäischen Abendlandes

Thomas von Aquin (1225–1274), * Schloß Roccasecca (b. Neapel), † Kloster Fossanuova (b. Rom); gilt als der erste scholastische Kirchenlehrer und als einer der wichtigsten Philosophen des Mittelalters

Tillich, Paul (1886–1965), * Starzedel b. Guben, † Chicago; Religionsphilosoph und Theologe; 1924 Professor für Systematische Theologie in Marburg, ab 1925 Professor für Religionswissenschaften in Dresden, 1929 als Nachfolger Schelers Professor für Soziologie und Philosophie in Frankfurt a. M., 1933 Emigration in die Vereinigten Staaten: dort Professor für philosophische Theologie in New York, ab 1935 in Haward und ab 1962 in Chicago; Tillich versucht eine Vermittlung zwischen dialektischer und liberaler Theologie einerseits und zwischen Theologie und Philosophie andererseits

Troeltsch, Ernst (1865–1923), * Augsburg, †Berlin; Philosoph und Theologe; Professor für systematische Theologie in Heidelberg, ab 1915 für Religionsphilosophie in Berlin; 1922 Staatssekretär im Preußischen Kultusministerium; wichtige religionssoziologische und -philosophische sowie geschichtsphilosophische Schriften zum Problem des Historismus

Voltaire, François (1694–1778), * Paris, † Paris; bedeutender Schriftsteller und Philosoph der Aufklärung

Weber, Max (1864–1920), * Erfurt, † München; Nationalökonom, Soziologe und Politiker; seine wirtschaftswissenschaftlichen und soziologischen Schriften (z. B. „Wirtschaft und Gesellschaft", 1922; „Politik als Beruf", 1919) haben auf die Philosophie des 20. Jahrhunderts großen Einfluß gehabt

Weischedel, Wilhelm (1905–1975), * Frankfurt a. M., † Berlin; ab 1945 Professor für Philosophie in Tübingen, ab 1953 an der Freien Universität Berlin; religionsphilosophische und erkenntnistheoretische Beiträge (u. a. „Der Gott der Philosophen", 1971; „Skeptische Ethik", 1976)

von Weizsäcker, Carl Friedrich (* 1912 in Kiel); 1957–1969 Professor für Philosophie in Hamburg, ab 1969 Direktor des Max-Planck-Instituts zur Erforschung der Lebensbedingungen der wissenschaftlich-technischen Welt in Starnberg; zahlreiche philosophische und naturphilosophische Bücher (u. a. „Die Einheit der Natur", 1971; „Der Garten des Menschlichen", 1977)

von Weizsäcker, Viktor (1886–1957), * Stuttgart, † Heidelberg; 1930 ordentlicher Professor für Neurologie in Heidelberg, 1941 in Breslau, 1946 in Heidelberg; bedeutender Arzt und Philosoph; Schriften u. a. zur medizinischen Anthropologie

Whitehead, Alfred North (1861–1947), * Ramsgate, † Cambridge (Mass., USA); 1913 Professor für Mathematik am Londoner University College, 1914 Lehrstuhl für angewandte Physik am Imperial College in London, seit 1924 in Harvard (USA); bedeutende naturwissenschaftliche Veröffentlichungen („Principia Mathematica" zus. mit Russell 1910; „Prozeß und Realität", 1929)

Windelband, Wilhelm (1848–1915), * Potsdam, † Heidelberg; 1876 Professor für Philosophie in Zürich, 1877 in Freiburg i. Br., 1882 in Straßburg, 1903 in Heidelberg; bedeutender Philosophiehistoriker („Lehrbuch der Geschichte der Philosophie", 1892) und Neukantianer

Wittgenstein, Ludwig (1889–1951), * Wien, † Cambridge (GB); fand in Cambridge schon während des Studiums Anschluß an Russell und Moore; führte ein wechselhaftes Leben als Kriegsfreiwilliger, Volksschullehrer in Österreich, Architekt, akademischer Lehrer in Cambridge, Eremit in Norwegen, Hilfsdienstler im Zweiten Weltkrieg; Verfasser bedeutender erkenntnistheoretischer Werke, die fast ausnahmslos erst nach seinem Tod herausgegeben worden sind; bedeutender Philosoph des 20. Jahrhunderts

Xenokrates von Chalkedon (um 396–315/4 v. Chr.); griechischer Philosoph; Schüler Platons; schloß sich später Aristoteles an; leitete nach dem Tod Speusipps (405–334 v. Chr., Neffe Platons) die von Platon gegründete Akademie in Athen

Zenon von Athen (um 180 n. Chr.); griechischer Rhetor und Philosoph

Zenon von Elea (490/85 v. Chr.–ca. 445/440), einer der vorsokratischen griechischen Philosophen; Schüler des Parmenides und – laut Aristoteles – der Erfinder der Dialektik

Zenon von Kition (ca. 334–263 v. Chr.), griechischer Philosoph; Begründer der Philosophenschule „Stoa"

Literatur

Abendroth, Walter: Arthur Schopenhauer mit Selbstzeugnissen und Bilddokumenten. Reinbek: Rowohlt 1967 (= Rowohlts Monographien; Bd. 133).

Abicht, Ludo: Die Praxis der Philosophie. In: Bloch, Karola/Reif, Adelbert (Hrsg.): „Denken heißt überschreiten". In memoriam Ernst Bloch 1885–1977. Köln/Frankfurt am Main: Europäische Verlagsanstalt 1978, S. 235–254.

Anonymus: Humor seit Homer. Eine Sammlung der ältesten Witze, Schnurren, Scherze, Reparties, Bonmots, Facetien, Schwänke, Apophthegmata, Anekdoten aus aller Welt, über die der Leser nicht nur lachen, schmunzeln, zwinkern und lächeln wird, sondern die ihn auch zum Nachdenken über die seltsamen Zusammenhänge aller Kulturen anregen soll. Reinbek: Rowohlt 1966 (= rororo; Bd. 625).

Asmus, Walter: Richard Kroner (1884–1974). Ein Philosoph und Pädagoge unter dem Schatten Hitlers. Frankfurt am Main/Bern/New York/Paris: Peter Lang 1990.

Augustinus: Bekenntnisse. Hrsg. v. Wilhelm Thimme. Zürich: Artemis 1950.

Bartley, William Warren III: Wittgenstein, ein Leben. München: Matthes und Seitz 1983.

Baumgartner, Hans Michael: Fair play mit harten Bandagen. In: Hauskeller, Christine/Hauskeller, Michael (Hrsg.): „... was die Welt im Innersten zusammenhält". 34 Wege zur Philosophie. Hamburg: Junius 1996, S. 84–89.

Bergson, Henri: Das Lachen. Jena: Diederichs 1921.

Biemel, Walter: Martin Heidegger mit Selbstzeugnissen und Bilddokumenten. Reinbek: Rowohlt 1973 (= Rowohlts Monographien; Bd. 200).

Birnbacher, Dieter: John Stuart Mill. In: Höffe, Otfried (Hrsg.): Klassiker der Philosophie. Bd. 2. München 1981, S. 132–152.

Bloch, Ernst: Spuren. Neue erweiterte Ausgabe Frankfurt am Main: Suhrkamp 1959.

Bloch, Ernst: [Selbstdarstellung]. In: Pongratz, Ludwig J. (Hrsg.): Philosophie in Selbstdarstellungen. Bd. 1. Hamburg: Meiner 1975, S. 1–10.

Bloch, Karola: Geleitwort. In: Bloch, Karola/Reif, Adelbert (Hrsg.): „Denken heißt überschreiten". In memoriam Ernst Bloch 1885–1977. Köln/Frankfurt am Main: Europäische Verlagsanstalt 1978, S. 15–16.

Bloch, Karola: Aus meinem Leben. Pfullingen: Neske 1981.

Blüher, Hans: Werke und Tage. Geschichte eines Denkers. München: List 1953.

Borchardt, Peter: Art. „Feinhals". In: Mittelstraß, Jürgen (Hrsg.): Enzyklopädie Philosophie und Wissenschaftstheorie. Bd. 1. Mannheim/Wien/Zürich: Bibliographisches Institut 1980, S. 635–636.

Bolli, Heinz (Hrsg.): Schleiermacher-Auswahl. München/Hamburg: Siebenstern 1968.

Borowski, Ludwig Ernst: Darstellung des Lebens und Charakters Immanuel Kants [1804]. In: Groß, Felix (Hrsg.): Immanuel Kant: Sein Leben in Darstellungen von Zeitgenossen. Die Biographien von L. E. Borowski, R. B. Jachmann und A. Ch. Wasianski [1912]. Darmstadt: Wissenschaftliche Buchgesellschaft 1980, S. 1–115.

Buggenhagen, Arthur v.: Philosophische Autobiographie. Meisenheim am Glan: Hain 1975.

Burisch, Wolfram: „Bin Philosoph ohne Stelle. Können Sie mich brauchen?". Ein Denker unterwegs/Ernst Bloch und die Schweiz. In: Bloch, Karola/Reif, Adelbert (Hrsg.): „Denken heißt überschreiten". In memoriam Ernst Bloch 1885–1977. Köln/Frankfurt am Main: Europäische Verlagsanstalt 1978, S. 129–135.

Cassirer, Toni: Mein Leben mit Ernst Cassirer. Hildesheim: Gerstenberg 1981.

Cicero, Marcus Tullius: Gespräche in Tusculum. Hrsg. v. Olof Gigon. 5., durchgesehene Auflage München/Zürich: Artemis 1984.

Cicero, Marcus Tullius: De oratore/Über den Redner. Hrsg. v. Harald Merklin. 3. Auflage Stuttgart: Reclam 1997 (= RUB; Bd. 6884).

Dahrendorf, Ralf: Europäisches Tagebuch. Göttingen: Steidl 1995.

Denker, Rolf: Hoffen aufs Reich der Freiheit. In: Bloch, Karola/Reif, Adelbert (Hrsg.): „Denken heißt überschreiten". In memoriam Ernst Bloch 1885–1977. Köln/Frankfurt am Main: Europäische Verlagsanstalt 1978, S. 43–51.

Dessoir, Max: Buch der Erinnerung. 2. Auflage Stuttgart: Enke 1947.

Deussen, Paul: Mein Leben. Hrsg. v. Erika Rosenthal-Deussen. Leipzig: Brockhaus 1922.

Diogenes Laertius: Leben und Meinungen berühmter Philosophen. Hrsg. v. Klaus Reich. 2. Auflage Hamburg: Meiner 1967 (= Philosophische Bibliothek; Bd. 53/54).

Dönhoff, Marion Gräfin: Denker der Weltinnenpolitik. Zum 85. Geburtstag von Carl Friedrich von Weizsäcker. In: Die Zeit v. 27. 6. 1997, S. 11.

Drury, M. O'. C.: Bemerkungen zu einigen Gesprächen mit Wittgenstein. In: Rees, Rush (Hrsg.): Ludwig Wittgenstein: Portraits und Gespräche. Frankfurt am Main: Suhrkamp 1987 a, S. 117–141.

Drury, M. O'. C.: Gespräche mit Wittgenstein. In: Rees, Rush (Hrsg.): Ludwig Wittgenstein: Portraits und Gespräche. Frankfurt am Main: Suhrkamp 1987 b, S. 214–235.

Ebbinghaus, Julius: [Selbstdarstellung]. In: Pongratz, Ludwig J. (Hrsg.): Philosophie in Selbstdarstellungen. Bd. 3. Hamburg: Meiner 1977, S. 1–59.

Eucken, Rudolf: Lebenserinnerungen. Ein Stück deutschen Lebens. Leipzig: Köhler 1921.

Feyerabend, Paul: Zeitverschwendung. Frankfurt am Main: Suhrkamp 1995.

Feyerabend, Paul/Albert, Hans: Briefwechsel. Hrsg. v. Wilhelm Baum. Frankfurt am Main: Fischer 1997 (= Fischer Taschenbuch; Bd. 13434).

Fichte, Johann Gottlieb: Erste Einleitung in die Wissenschaftslehre [1797]. In: Fichte, Immanuel Hermann (Hrsg.): Fichtes Werke. Bd. I. Berlin: de Gruyter 1971, S. 417–449.

Fink, Gerhard (Hrsg.): Götter, Spötter und Verrückte. Antike Anekdoten. Frankfurt am Main/Leipzig: Insel 1995 (= Insel Taschenbuch; Bd. 1720).

Fink-Henseler, Roland W. (Hrsg.): Deutscher Anekdotenschatz. Geschichten um bekannte und berühmte Persönlichkeiten. Bayreuth: Gondrom 1983.

Finster, Reinhard/van den Heuvel, Gerd: Gottfried Wilhelm Leibniz mit Selbstzeugnissen und Bilddokumenten. Reinbek: Rowohlt 1990 (= Rowohlts Monographien; Bd. 481).

Funke, Reinold: Selbsttätigkeit. Zur theoretischen Begründung eines heute vernachlässigten Begriffs durch Fichte und seine Schüler. In: Vierteljahrsschrift für wissenschaftliche Pädagogik 59 (1983), S. 62–78.

Gadamer, Hans-Georg: Philosophische Lehrjahre. Eine Rückschau. Frankfurt am Main: Klostermann 1977.

Gadamer, Hans-Georg: [Erinnerungen an Husserl]. In: Sepp, Rainer (Hrsg.): Edmund Husserl und die phänomenologische Bewegung. Zeugnisse in Text und Bild. 2. Auflage Freiburg/München: Alber 1988, S. 13–16.

Gaulke, Jürgen: John Stuart Mill. Reinbek 1996 (= Rowohlts Monographien; Bd. 546).

Gawronsky, Dimitry: Ernst Cassirer: Leben und Werk. In: Schilpp, Paul Arthur (Hrsg.): Ernst Cassirer. Stuttgart/Berlin/Köln/Mainz: Kohlhammer 1966.

Geier, Manfred: Der Wiener Kreis mit Selbstzeugnissen und Bilddokumenten. Reinbek: Rowohlt 1992 (= Rowohlts Monographien; Bd. 508).

Geldsetzer, Lutz: Die Philosophenwelt. In Versen vorgestellt. Stuttgart 1995 (= RUB; Bd. 9404).

Gellius, Aulus: Die attischen Nächte. Hrsg. v. Fritz Weiss. 2 Bde. Unveränderter reprographischer Nachdruck der Ausgabe Leipzig 1875. Darmstadt: Wissenschaftliche Buchgesellschaft 1981.

Glockner, Hermann: Heidelberger Bilderbuch. Erinnerungen. Bonn: Bouvier 1969.

Goetz, Curt: Dreimal täglich. Rezepte. 16. Auflage Stuttgart: Deutsche Verlags-Anstalt 1985.

Gründer, Karlfried: Cassirer und Heidegger in Davos 1929. In: Braun, Hans-Jürg/Holzhey, Helmut/Orth, Ernst Wolfgang (Hrsg.): Über Ernst Cassirers Philosophie der symbolischen Formen. Frankfurt am Main: Suhrkamp 1988 (= stw; Bd. 705), S. 290–302.

Gwinner, Wilhelm: Arthur Schopenhauer aus persönlichem Umgang dargestellt. Ein Blick auf sein Leben, seinen Charakter und seine Lehre. Hrsg. v. Charlotte Gwinner. 2. Auflage Frankfurt am Main: Kramer 1987.

Hegel, Georg Wilhelm Friedrich: Wissenschaft der Logik II. Hrsg. v. Eva Moldenhauer und Karl Markus Michel. Frankfurt am Main: Suhrkamp 1986 (= stw; Bd. 606).

Heinrich, Hans Peter: Thomas Morus mit Selbstzeugnissen und Bilddokumenten. Reinbek: Rowohlt 1984 (= Rowohlts Monographien; Bd. 331).

Hempel, Carl G.: Der Wiener Kreis und die Metamorphosen seines Empirismus. In: Leser, Norbert (Hrsg.): Das geistige Leben Wiens in der Zwischenkriegszeit. Ring-Vorlesung 19. Mai – 20. Juni 1980 im Internationalen Kulturzentrum Wien. Wien: Österreicher Bundesverlag 1981, S. 205–215.

Henscheid, Eckard: Wie Max Horkheimer einmal sogar Adorno hereinlegte. Anekdoten über Fußball, Kritische Theorie, Hegel und Schach. Zürich: Haffmans 1983.

Hensel, Paul: Lebenserinnerungen. In: Hensel, Elisabeth (Hrsg.): Paul Hensel. Sein Leben in seinen Briefen. Wolfenbüttel/Hannover: Wolfenbütteler Verlagsanstalt 1947.

Hildebrand, Dietrich von: Max Scheler als Persönlichkeit. In: Hochland 26 (1929), S. 70–80.

Hübscher, Arthur (Hrsg.): Arthur Schopenhauer: Gespräche. Neue, stark erweiterte Ausgabe. Stuttgart-Bad Cannstatt: Frommann 1971.

Hübscher, Arthur (Hrsg.): Arthur Schopenhauer: Gesammelte Briefe. Bonn: Bouvier 1978.

Hübscher, Arthur: Erlebt – gedacht – vollbracht. Erinnerungen an ein Jahrhundert. Bonn: Bouvier 1983.

Hoffmeister, Heribert (Hrsg.): Anekdotenschatz. Von der Antike bis auf unsere Tage. Berlin: Verlag Praktisches Wissen 1957.

Hölderlin, Friedrich: Sämtliche Werke. Bd. II. Besorgt von Friedrich Seebass. Berlin: Propyläen 1923.

Horster, Detlef: Phänomenologie der sozialistischen Zukunft. In: Bloch, Karola/Reif, Adelbert (Hrsg.): „Denken heißt überschreiten". In memoriam Ernst Bloch 1885–1977. Köln/Frankfurt am Main: Europäische Verlagsanstalt 1978, S. 97–108.

Horster, Detlef: „... was die Welt im Innersten zusammenhält". In: Hauskeller, Christine/Hauskeller, Michael (Hrsg.): „... was die Welt im Innersten zusammenhält". 34 Wege zur Philosophie. Hamburg: Junius 1996, S. 123–128.

Hühnerfeld, Paul: In Sachen Heidegger. Versuch über ein deutsches Genie. München: List 1961 (= List-Bücher; Bd. 185).

Information Philosophie. 1 ff. (1972 ff.). Lörrach: Verlag Claudia Moser.

Jachmann, Reinhold Bernhard: Immanuel Kant geschildert in Briefen an einen Freund [1804]. In: Groß, Felix (Hrsg.): Immanuel Kant: Sein Leben in Darstellungen von Zeitgenossen. Die Biographien von L.E. Borowski, R.B. Jachmann und A.Ch. Wasianski [1912]. Darmstadt: Wissenschaftliche Buchgesellschaft 1980, S. 117–212.

Jacobs, Wilhelm G.: Johann Gottlieb Fichte mit Selbstzeugnissen und Bilddokumenten. Reinbek: Rowohlt 1984 (= Rowohlts Monographien; Bd. 336).

Jaspers, Karl: Heidelberger Erinnerungen. In: Heidelberger Jahrbücher. Bd. 5. Berlin/Göttingen/Heidelberg: Springer 1961, S. 1–10.

Jaspers, Karl: Philosophische Autobiographie. 2., erweiterte Auflage München/Zürich: Piper 1984 (= Serie Piper; Bd. 150).

Kant, Immanuel: Briefwechsel Bd. III: 1795–1803. 2. Auflage Berlin/Leipzig: de Gruyter 1922 (= Kant's gesammelte Schriften, hrsg. v. der Königlich Preußischen Akademie der Wissenschaften, Bd. XII).

Kant, Immanuel: Kritik der reinen Vernunft. Hrsg. v. Raymund Schmidt. Hamburg: Meiner 1956 (= Philosophische Bibliothek; Bd. 37a).

Kant, Immanuel: Kritik der Urteilskraft [1790]. Herausgegeben von Karl Vorländer. Hamburg: Meiner 1974 (= Philosophische Bibliothek; Bd. 39a).

Kappstein, Theodor: Fritz Mauthner. Der Mann und sein Werk. Berlin/Leipzig: Paetel 1926 (= Philosophische Reihe; Bd. 79).

Kaulbach, Friedrich: [Selbstdarstellung]. In: Pongratz, Ludwig J. (Hrsg.): Philosophie in Selbstdarstellungen. Bd. 3. Hamburg: Meiner 1977, S. 189–235.

Klibansky, Raymond: Aus dem Heidelberger Geistesleben. Autobiographische Anmerkungen. In: Müller, Elmar (Hrsg.): Heidelberg. Geschichte und Gestalt. Heidelberg: Universitätsverlag 1996, S. 270–283.

Kranz, Gisbert: Schmunzelkatechismus. Eine heitere Theologie. 6. Auflage München: Pfeiffer 1996.

Köhler, Peter (Hrsg.): Das Anekdoten-Buch. Stuttgart: Reclam 1997.

Kühnemann, Eugen: Mit unbefangener Stirn. Mein Lebensbuch. Heilbronn: Salzer 1937.

Landmann, Michael: Ernst Bloch im Gespräch. In: Unseld, Siegfried (Hrsg.): Ernst Bloch zu ehren. Beiträge zu seinem Werk. Frankfurt am Main: Suhrkamp 1965, S. 345–371.

Landmann, Michael: Ernst Bloch als Mensch. In: Bloch, Karola/Reif, Adelbert (Hrsg.): „Denken heißt überschreiten". In memoriam Ernst Bloch 1885–1977. Köln/Frankfurt am Main: Europäische Verlagsanstalt 1978, S. 59–61.

Landmann, Salcia: Jüdische Witze. München: Deutscher Taschenbuch Verlag 1963 (= dtv; Bd. 139).

Landmann, Salcia: Jüdische Witze. Nachlese 1960–1976. München: Deutscher Taschenbuch Verlag 1977 (= dtv; Bd. 1281).

Lenk, Hans: Kritik der kleinen Vernunft. Einführung in die jokologische Philosophie. Frankfurt am Main: Suhrkamp 1987.

Lenk, Hans: „… als er die Witze nicht mehr verstand …". In: Hauskeller, Christine/Hauskeller, Michael (Hrsg.): „… was die Welt im Innersten zusammenhält". 34 Wege zur Philosophie. Hamburg: Junius 1996, S. 90–97.

Liebmann, Otto: Kant und die Epigonen. Eine kritische Abhandlung [1865]. Besorgt von Bruno Bauch. Berlin: Reuther & Reichard 1912.

Löwith, Karl: Mein Leben in Deutschland vor und nach 1933. Ein Bericht. Frankfurt am Main: Fischer 1989 (= Fischer-Taschenbuch; Bd. 5677).

Lukian: Demonax. In: Ders.: Sämtliche Werke. Bd. 3. Hrsg. v. Hanns Floerke. 2. Auflage Berlin: Propyläen 1922, S. 59–80.

Lützeler, Heinrich: Heinrich Lützelers fröhliche Wissenschaft. In dieser Vorlesung darf gelacht werden. 2. Auflage Freiburg/Basel/Wien: Herder 1976 (= Herder-Bücherei; Bd. 569).

Lützeler, Heinrich: Persönlichkeiten. Freiburg/Basel/Wien: Herder 1978 (= Herder-Bücherei; Bd. 668).

Mader, Wilhelm: Max Scheler mit Selbstzeugnissen und Bilddokumenten. Reinbek: Rowohlt 1980 (= Rowohlts Monographien; Bd. 290).

Malcolm, Norman: Erinnerungen an Wittgenstein. In: Malcolm, Norman: Erinnerungen an Wittgenstein [1958]. Frankfurt am Main: Suhrkamp 1987, S. 39–136.

Mann, Golo: Erinnerungen und Gedanken. Eine Jugend in Deutschland. Frankfurt am Main: Fischer 1986.

Marcuse, Ludwig: Mein zwanzigstes Jahrhundert. Auf dem Weg zu einer Autobiographie [1960]. Zürich: Diogenes 1975 (= detebe; Bd. 20192).

Markun, Silvia: Ernst Bloch mit Selbstzeugnissen und Bilddokumenten. Reinbek: Rowohlt 1977 (= Rowohlts Monographien; Bd. 258).

Marquard, Odo: Inkompetenzkompensationskompetenz. Über Kompetenz und Inkompetenz der Philosophie. In: Ders.: Abschied vom Prinzipiellen. Philosophische Studien. Stuttgart: Reclam 1981, S. 23–38.

Martin, Gottfried: Platon in Selbstzeugnissen und Bilddokumenten. Reinbek 1969 (= Rowohlts Monographien; Bd. 150).

Mauthner, Fritz: Erinnerungen. Bd. 1.: Prager Jugendjahre. München: Georg Müller 1918.

Mayer, Hans: Ernst Bloch und die Heimat. In: Bloch, Karola/Reif, Adelbert (Hrsg.): „Denken heißt überschreiten". In memoriam Ernst Bloch 1885–1977. Köln/Frankfurt am Main: Europäische Verlagsanstalt 1978, S. 294–298.

Medicus, Fritz: Fichtes Leben. Leipzig: Meiner 1914.

Meid, Volker (Hrsg,): Hauptfach: Lachen. Anekdoten von Schülern und Lehrern. 3. Auflage München/Zürich: Piper 1989 (= Serie Piper; Bd. 1038).

Meyer-Gutzwiller, Paul: Karl Jaspers in Basel. In: Basler Stadtbuch. Basel 1970, S. 149–163.

Mossner, Ernst Campbell: The Life of David Hume. 2. Auflage Oxford: Clarendon Press 1980.

Münster, Arno: Tagträume vom aufrechten Gang. Sechs Interviews mit Ernst Bloch. Frankfurt am Main: Suhrkamp 1977 (= Edition Suhrkamp; Bd. 920).

Negt, Oskar: Der produktivste Ketzer des Marxismus. In: Bloch, Karola/Reif, Adelbert (Hrsg.): „Denken heißt überschreiten". In memoriam Ernst Bloch 1885–1977. Köln/Frankfurt am Main: Europäische Verlagsanstalt 1978, S. 282–283.

Neider, Heinrich: Gespräch mit Heinrich Neider. Persönliche Erinnerungen an den Wiener Kreis. In: Conceptus 11 (1977), S. 21–42.

Pascal, Fania: Meine Erinnerungen an Wittgenstein. In: Rees, Rush (Hrsg.): Ludwig Wittgenstein: Portraits und Gespräche. Frankfurt am Main: Suhrkamp 1987, S. 35–83.

Périer, Gilberte: Das Leben Blaise Pascals. In: Pascal. Hrsg. v. Reinhold Schneider. Frankfurt am Main: Fischer 1954 (= Fischer-Taschenbuch; Bd. 70), S. 38–71.

Pieper, Annemarie: Umwege zur Philosophie. In: Hauskeller, Christine/Hauskeller, Michael (Hrsg.): „… was die Welt im Innersten zusammenhält". 34 Wege zur Philosophie. Hamburg: Junius 1996, S. 116–122.

Platon: Sämtliche Werke. Jubiläumsausgabe zum 2400. Geburtstag. 8 Bde. Hrsg. v. Olof Gigon. Zürich/München: Artemis 1974.

Plessner, Helmuth: Husserl in Göttingen. Rede zur Feier des 100. Geburtstages Edmund Husserls. Göttingen: Hubert & Co 1959 (= Göttinger Universitätsreden; Heft 24).

Plessner, Helmuth: [Selbstdarstellung]. In: Pongratz, Ludwig J. (Hrsg.): Philosophie in Selbstdarstellungen. Bd. 1. Hamburg: Meiner 1975, S. 269–307.

Plessner, Monika: Die Argonauten auf Long Island. Begegnungen mit Hannah Arendt, Theodor W. Adorno, Gershom Scholem und anderen. Berlin: Rowohlt 1995.

Plutarch: Cicero. In: Ders.: Fünf Doppelbiographen. Teil 2. Bearbeitet von Konrat Ziegler, Walter Wuhrmann und Manfred Fuhrmann. Darmstadt: Wissenschaftliche Buchgesellschaft 1994, S. 959–1067.

Popper, Karl: Ausgangspunkte. Meine intellektuelle Entwicklung. 2. Auflage Hamburg: Hoffmann und Campe 1982.

Porphyrios: Über Plotins Leben und über die Ordnung seiner Schriften. In: Plotins Schriften. Hrsg. v. Richard Harder. Hamburg: Meiner 1958 (= Philosophische Bibliothek; Bd. 215c).

Rentsch, Thomas: Existenz und Politik. In: Hauskeller, Christine/Hauskeller, Michael (Hrsg.): „… was die Welt im Innersten zusammenhält". 34 Wege zur Philosophie. Hamburg: Junius 1996, S. 204–211.

177

Rosenkranz, Karl: Georg Wilhelm Friedrich Hegels Leben [1844]. 2., unveränderter reprographischer Nachdruck der Ausgabe 1844. Darmstadt: Wissenschaftliche Buchgesellschaft 1969.

Rosenzweig, Franz: Einleitung in die Akademieausgabe der Jüdischen Schriften Hermann Cohens [1924]. In: Holzhey, Helmut (Hrsg.): Hermann Cohen. Frankfurt am Main/Berlin/Bern/New York/Paris/Wien: Peter Lang 1994 (= Auslegungen; Bd. 4), S. 115–160.

Rothacker, Erich: Heitere Erinnerungen. Frankfurt am Main/Bonn: Athenäum 1963.

Russell, Bertrand: Mein Leben I. 1872–1914. Zürich: Europa 1967.

Russell, Bertrand: Autobiographie II. 1914–1944. Frankfurt am Main: Suhrkamp 1973 (= Suhrkamp Taschenbuch; Bd. 84).

Russell, Bertrand: Berühmte Männer, die ich kannte. In: Russell, Bertrand: Unpopuläre Betrachtungen [1951]. Zürich: Europa Verlag 1973 a, S. 179–185.

Russell, Bertrand: Nachruf [1937]. In: Russel, Bertrand: Unpopuläre Betrachtungen [1951]. Zürich: Europa Verlag 1973 b, S. 186–188.

Safranski, Rüdiger: Schopenhauer und Die wilden Jahre der Philosophie. Eine Biographie. Reinbek: Rowohlt 1990 (= rororo; Bd. 12530).

Saner, Hans: Karl Jaspers mit Selbstzeugnissen und Bilddokumenten. Reinbek: Rowohlt 1970 (= Rowohlts Monographien; Bd. 169).

Schleiermachers Räthsel und Charaden. 3., vermehrte Auflage mit einem Anhange von Räthseln und Charaden Ph. Buttmann's. Berlin: Verlag Wilhelm Hertz 1883.

Schmitz, Rainer (Hrsg.): Lachen im Selbstversuch. Gelehrtenanekdoten. München/Zürich: Piper 1992 (= Serie Piper; Bd. 1432).

Schopenhauer, Arthur: Die Welt als Wille und Vorstellung. In: Zürcher Ausgabe. Werke in 10 Bänden. Zürich: Diogenes 1977 (= Diogenes Taschenbücher; Bde. 20421–20430).

Sepp, Rainer (Hrsg.): Edmund Husserl und die phänomenologische Bewegung. Zeugnisse in Text und Bild. 2. Auflage Freiburg/München: Alber 1988.

Sextus Empiricus: Grundriß der pyrrhonischen Skepsis. Hrsg. v. Malte Hossenfelder. Frankfurt am Main: Suhrkamp 1968 (= Theorie; Bd. 1).

Spaemann, Robert: Der Streit der Philosophen. In: Lübbe, Hermann: Wozu Philosophie? Stellungnahmen eines Arbeitskreises. Berlin/New York: de Gruyter 1978.

Specht, Rainer: René Descartes mit Selbstzeugnissen und Bilddokumenten. Reinbek: Rowohlt 1980 (= Rowohlts Monographien; Bd. 117).

Spiegelberg, Herbert: [Erinnerungen an Husserl]. In: Sepp, Rainer (Hrsg.): Edmund Husserl und die phänomenologische Bewegung. Zeugnisse in Text und Bild. 2. Auflage Freiburg/München: Alber 1988, S. 40–42.

Spiel, Hilde: Die hellen und die finsteren Zeiten. Erinnerungen 1911–1946. Reinbek: Rowohlt 1991 (= rororo; Bd. 12830).

Stein, Edith: Aus dem Leben einer jüdischen Familie. Das Leben Edith Steins: Kindheit und Jugend. Freiburg i. Br./Basel/Wien: Herder 1985 (= Edith Steins Werke; Bd. VII).

Streminger, Gerhard: David Hume mit Selbstzeugnissen und Bilddokumenten. Reinbek: Rowohlt 1986 (= Rowohlts Monographien; Bd. 357).

Ströker, Elisabeth: Gelenkt, geführt, geleitet – auf Umwegen zur Philosophie. In: Hauskeller, Christine/Hauskeller, Michael (Hrsg.): „… was die Welt im Innersten zusammenhält". 34 Wege zur Philosophie. Hamburg: Junius 1996, S. 67–73.

Vallentin, Antonia: Das Drama Albert Einsteins. Eine Biographie. Stuttgart: Günter 1955.

Vorländer, Karl: Immanuel Kant. Der Mann und das Werk. Hrsg. v. Rudolf Malter. 2., erweiterte Auflage Hamburg: Meiner 1977.

Wasianski, Ehrgott Andreas Christian: Immanuel Kant in seinen letzten Lebensjahren. Ein Beitrag zur Kenntnis seines Charakters und häuslichen Lebens aus dem täglichen Umgange mit ihm [1804]. In: Groß, Felix (Hrsg.): Immanuel Kant: Sein Leben in Darstellungen von Zeitgenossen. Die Biographien von L. E. Borowski, R. B. Jachmann und A. Ch. Wasianski [1912]. Darmstadt: Wissenschaftliche Buchgesellschaft 1980, S. 213–306.

Weis, Hans (Hrsg.): Die Laterne des Diogenes. 3. Auflage München/Berlin: Oldenbourg 1941.

Weischedel, Wilhelm: Auch eine Philosophiegeschichte. In Reime gebracht. Darmstadt: Wissenschaftliche Buchgesellschaft 1974.

Weischedel, Wilhelm: [Selbstdarstellung]. In: Pongratz, Ludwig J. (Hrsg.): Philosophie in Selbstdarstellungen. Bd. 2. Hamburg: Meiner 1975.

Weischedel, Wilhelm: Die philosophische Hintertreppe. 34 große Philosophen in Alltag und Denken. 7. Auflage München: dtv 1981 (= dtv; Bd. 1119).

Weizsäcker, Carl Friedrich: Martin Heidegger im Zeugnis von Carl Friedrich von Weizsäcker. In: Wisser, Richard (Hrsg.): Martin Heidegger im Gespräch. Freiburg/München: Alber 1970, S. 13–15.

Weizsäcker, Carl Friedrich: Zeit und Wissen. München/Wien: Hanser 1992.

Weizsäcker, Viktor von: Natur und Geist. In: Ders.: Gesammelte Schriften. Bd. I. Hrsg. v. Peter Achilles, Dieter Janz, Martin Schrenck, Carl Friedrich von Weizsäcker. Frankfurt am Main: Suhrkamp 1986, S. 9–190.

Whitehead, Alfred North: Prozeß und Realität. Entwurf einer Kosmologie [1929]. Frankfurt am Main: Suhrkamp 1984.

Wichmann, Thomas: Descartes, René. In: Lutz, Bernd (Hrsg.): Metzler Philosophen Lexikon. 300 biographisch-werkgeschichtliche Porträts von den Vorsokratikern bis zu den neuen Philosophen. Stuttgart: Metzler 1989, S. 180–186.

Wittgenstein, Hermine: Mein Bruder Ludwig. In: Rees, Rush (Hrsg.): Ludwig Wittgenstein: Portraits und Gespräche. Frankfurt am Main: Suhrkamp 1987, S. 21–34.

Wolandt, Gerd: Richard Hönigswald: Philosophie als Theorie der Bestimmtheit. In: Speck, Josef (Hrsg.): Grundprobleme der großen Philosophen. Philosophie der Gegenwart II. 2., ergänzte Auflage Göttingen: Vandenhoeck & Ruprecht 1981, S. 43–101.

Editorischer Anhang

1. Die Anekdoten sind chronologisch nach dem Geburtsjahr der jeweiligen Hauptpersonen geordnet. Ein Verzeichnis der vorkommenden Philosophen ist eingerichtet worden; wer mehr über eine bestimmte Person erfahren möchte, mag die nachfolgenden Quellen zu Rate ziehen oder nach weiteren in nahezu jeder Buchhandlung geführten philosophischen Lexika fragen.

2. Die Anekdoten sind frei nacherzählt worden, nur in wenigen Fällen sind einige Sätze wörtlich zitiert, weil sie nicht besser ausgedrückt werden können. Für jede Anekdote ist eine Quellenangabe gemacht worden, um den Fundort (der nicht immer der Original-Fundort ist) transparent zu machen. Zugleich legt das Buch den Grundstein zu einer (nachweisbaren) Sammlung von Anekdoten um Philosophen, sozusagen zu einem „philosophischen Anekdotenarchiv von der Antike bis zur Moderne", das es in dieser Form bislang nicht gibt.

3. Die Kurzbiographien sind (mit wenigen Ausnahmen) anhand der folgenden Quellen erstellt, die der Leser zugleich als weiterführende Literatur benutzen kann:

dtv-Lexikon der Antike. Philosophie, Literatur, Wissenschaft. 4 Bde. 2. Auflage München: Deutscher Taschenbuch Verlag 1970 (= dtv; Bd. 3071–3074).

Geier, Manfred: Der Wiener Kreis mit Selbstzeugnissen und Dokumenten. Reinbek: Rowohlt 1992 (= Rowohlts Monographien; Bd. 508).

Hauskeller, Christine/Hauskeller, Michael (Hrsg.): „... was die Welt im Innersten zusammenhält". 34 Wege zur Philosophie. Hamburg: Junius 1996.

Hügli, Anton/Lübcke, Poul (Hrsg.): Philosophenlexikon. Personen und Begriffe der abendländischen Philosophie von der Antike bis zur Gegenwart. Reinbek: Rowohlt 1991.

Kampa, Daniel/Kälin, Armin C. (Hrsg.): Diogenes Autoren Album. Zürich: Diogenes 1996 (= detebe; Bd. 22900).

Kroh, Paul: Lexikon der antiken Autoren. Stuttgart: Kröner 1972 (= Kröners Taschenausgabe; Bd. 366).

Lutz, Bernd (Hrsg.): Metzler Philosophen Lexikon. Dreihundert biographisch-werkgeschichtliche Porträts von den Vorsokratikern bis zu den Neuen Philosophen. Stuttgart: Metzler 1989.

Nida-Rümelin, Julian (Hrsg.): Philosophie der Gegenwart in Einzeldarstellungen. 2., aktualisierte und erweiterte Auflage Stuttgart: Kröner 1999 (= Kröners Taschenausgabe; Bd. 423).

Schischkoff, Georgi (Hrsg.): Philosophisches Wörterbuch. 22. Auflage Stuttgart: Kröner 1991 (= Kröners Taschenausgabe; Bd. 13).

Volpi, Franco/Nida-Rümelin, Julian (Hrsg.): Lexikon der philosophischen Werke. Stuttgart: Kröner 1988 (= Kröners Taschenausgabe; Bd. 486).

Ziegenfuss, Werner/Jung, Gertrud (Hrsg.): Philosophen-Lexikon. Handwörterbuch der Philosophie nach Personen. 2 Bde. Berlin: de Gruyter 1949/1950.

4. Für das Verständnis von Wesen und Geschichte der Anekdote sind folgende Texte herangezogen worden:

Grothe, Heinz: Anekdote. Stuttgart: Metzler 1971 (= Sammlung Metzler; Bd. 101).

Köhler, Peter (Hrsg.): Das Anekdoten-Buch. Stuttgart: Reclam 1997.

Weber, Volker: Anekdote. Die andere Geschichte. Erscheinungsformen der Anekdote in der deutschen Literatur, Geschichtsschreibung und Philosophie. Tübingen: Stauffenburg Verlag 1993.

von Wilpert, Gero: Sachwörterbuch der Literatur. 5., verbesserte und erweiterte Auflage Stuttgart: Kröner 1969 (= Kröners Taschenausgabe; Bd. 231).

Philosophie in der Beck'schen Reihe

Nora K./Vittorio Hösle
Das Café der toten Philosophen
Ein philosophischer Briefwechsel für Kinder und Erwachsene
1998. 256 Seiten mit einer Abbildung. Paperback
Beck'sche Reihe Band 4017

Otto A. Böhmer
Als Schopenhauer ins Rutschen kam
Kleine Geschichten von großen Denkern
2., unveränderte Auflage. 1998. 210 Seiten. Paperback
Beck'sche Reihe Band 1232

Otfried Höffe (Hrsg.)
Lesebuch zur Ethik
Philosophische Texte von der Antike bis zur Gegenwart
2. Auflage. 1999. 438 Seiten. Paperback
Beck'sche Reihe Band 1341

Udo Marquardt
Spaziergänge mit Sokrates
Große Denker und die kleinen Dinge des Lebens
2000. 191 Seiten. Paperback
Beck'sche Reihe Band 1363

Ekkehard Martens
Ich denke, also bin ich
Grundtexte der Philosophie
2000. 269 Seiten. Paperback
Beck'sche Reihe Band 1364

Verlag C.H. Beck München